ED STAFFORD

WALKING THE AMAZON

860 DAYS. THE IMPOSSIBLE TASK. THE INCREDIBLE JOURNEY

860天!!

前所未有亞馬遜河徒步大冒險

愛德・史塔福特——著　紀迺良——譯

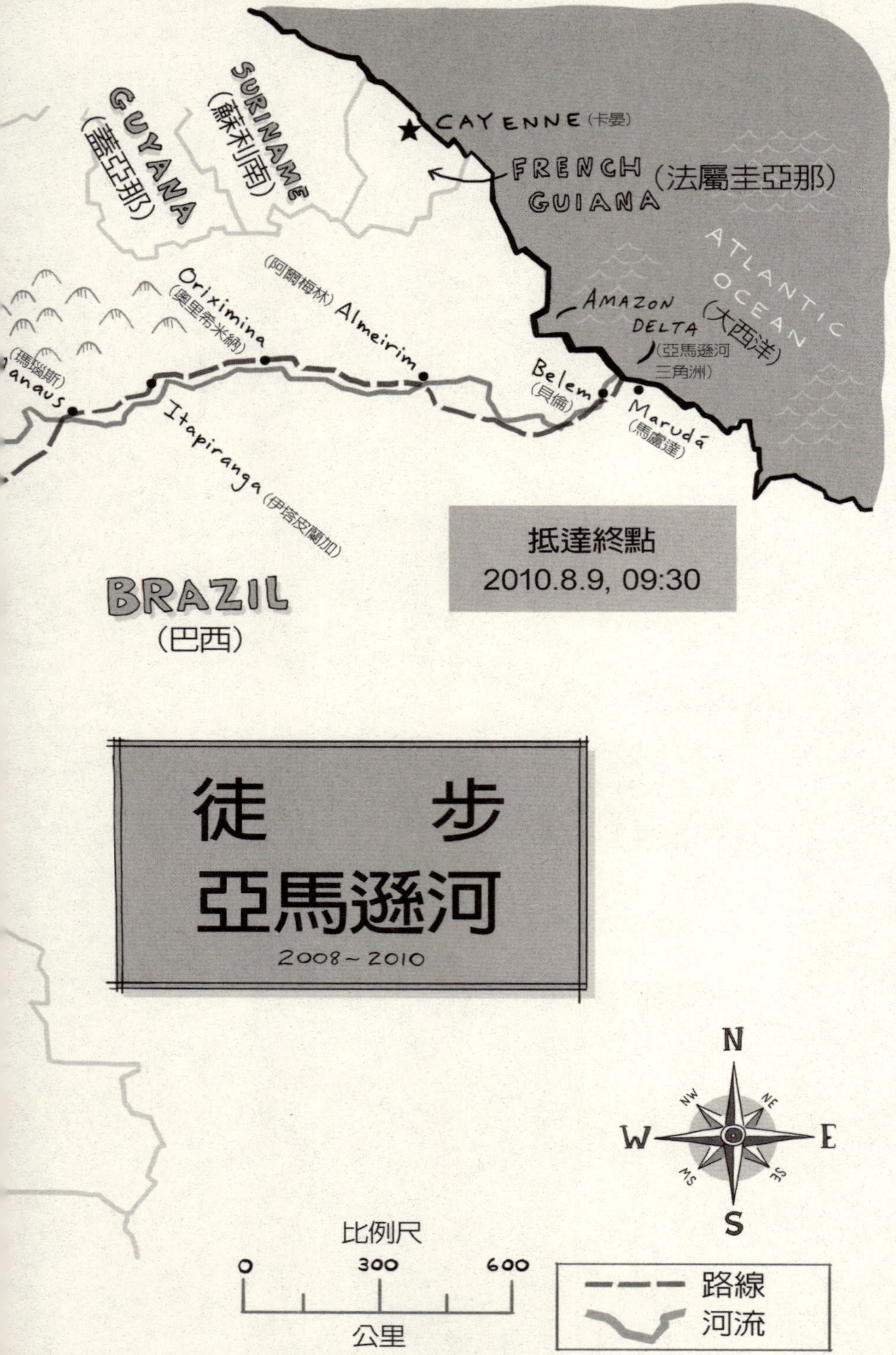
SURINAME
(蘇利南)
GUYANA
(蓋亞那)
CAYENNE(卡宴)
FRENCH GUIANA(法屬圭亞那)
ATLANTIC OCEAN
(大西洋)
AMAZON DELTA
(亞馬遜河三角洲)
Oriximina
(奧里希米納)
(阿爾梅林)Almeirim
(瑪瑙斯)
anaus
Itapiranga(伊塔皮蘭加)
Belem
(貝倫)
Marudá
(馬盧達)
抵達終點
2010.8.9, 09:30
BRAZIL
(巴西)
徒步
亞馬遜河
2008~2010
N
NW
NE
W
E
SW
SE
S
比例尺
0
300
600
公里
路線
河流

BOGOTA（波哥大）
COLOMBIA（哥倫比亞）
（提耶拉阿馬利羅）Tierra Amarillo
（茹魯阿"市"）Jurua "City"
（哥亞利）C
QUITO（基多）
ECUADOR（厄瓜多）
San Francisco de Orrellana（聖法蘭西斯科德歐雷拉那）
（佩瓦斯）Pebas
Iquitos（伊基托斯）
Amatura（阿馬杜拉）
Belem do Solimoes（貝倫杜蘇里
The Triple Frontier: Leticia, Tabatinga, Santa Rosa（三國邊境：雷蒂西亞、塔巴廷加、聖塔羅沙）
Requena（雷奎那。基斯抵達）
PERU（秘魯）
Contamana（康塔瑪那）
Pucallpa（普卡帕）
Nuevo Poso（新波索）
Bologhesi（波洛內斯）
Satipo（薩提波。喬的家）
Atalaya（阿特拉亞）
Quiteni（奎特尼）
（比查利）Pichari
LIMA（利馬）
San Martin（聖馬丁。路克離開）
Abancay（阿班凱）
Road to Cusco（通往庫斯科的道路）
Quehue（克偉）
Yauri（雅烏里）
（卡馬那）
Camaná
Nevado Mismi（密斯米雪山）
PACIFIC OCEAN（太平洋）
LA PAZ（拉巴斯）
BOLIVI（玻利維亞）
出發
2008.4.2

目錄

序 藍納夫·費恩斯爵士 007
前言 009

PART 1
秘魯及亞馬遜河源頭
1·想法誕生 013
2·尋找亞馬遜河源頭 041
3·走下世界最深的山谷 061

PART 2
紅區
4·紅區 081

5·亞西寧卡人 099
6·賈迪爾·「喬」·桑契士·李維拉 115

PART 3

到哥倫比亞的黑暗行程

7·「看好你的英國佬，否則砍掉他的腦袋」 135
8·憂鬱 153
9·在伊基托斯重新振作 173
10·通往哥倫比亞的毒品走私路徑 195

PART 4

巴西

11·進入巴西 213
12·飢餓 233

13．「有就有，沒有就沒有」 253
14．「全心投入」 275
15．「那個外國佬話不多」 289
16．最後衝刺 313
後記 331
徒步亞馬遜裝備清單 333
謝誌 339

序

當環球探險信託基金（Transglobe Expedition Trust, TET）第一次聽到愛德・史塔福特試圖徒步走完亞馬遜河全程時，我們向研究這個區域的幾位知名學者徵詢意見，他們的回應是——不可能。TET想贊助的是深具挑戰性因而有失敗風險的計畫，我們喜歡分攤這類風險，希望在排除萬難後，探險終能成功，對人類成就的進展產生深遠影響。我們的贊助人威爾斯親王查爾斯王子在描述一九七九年的環球遠征隊時，稱之爲「瘋狂」（因爲這是幾乎不可能的任務）但「非凡」（就其成就而言），愛德・史塔福特的計畫顯然很瘋狂，如果他跌破專家眼鏡，成功達成任務，也同樣是非凡的成就。

愛德出發時，有一名同事路克・柯利爾（Luke Collyer）相隨，但基於許多原因，路克在三個月後受夠了，返回英國，然而愛德未受阻擾，繼續向前。在整場探險中，令人印象最深刻的一面就是他務必成功的決心；他幾乎每天都要面對足以勸退大多數人的阻礙，但他展現了在此困難且危險的地形中，要成功必須具備的頑強意志力。探險之旅五個月後，愛德遇上了當地人賈迪爾・「喬」・桑契士（Gadiel 'Cho' Sanchez），他同意和愛德一起走五天，兩年過後，愛德和喬仍一起大步向前。

TET爲愛德和喬的成功感到欣喜，也非常欽佩，不只在於他們實質的成就，更在於愛德全心致力地在他的網頁上傳達環境和人道關懷的故事，世界各地的學童和大人都密切注意，這些故事讓人們注意到亞馬遜盆地及其周遭的眞實問題。

我很高興能以贊助人的身分參與這場探險，並期待聽到愛德的下一場探險，那一定是全然的瘋狂，希望也能同等非凡。

藍納夫・費恩斯爵士

（Ranulph Fiennes）

前言

接收到高頻無線電傳來如果我們決定繼續這段旅程將會喪命的警告後，我們抵達了亞馬遜河中一座礫石島的下游，我將隨身充氣筏丟進淺淺的褐色水流中，將沈重的背包從僵硬髒污的背部卸下扔進橡皮艇。

「愛德，小心背後。」喬冷靜地說著，我轉身看見五艘獨木舟飛快地朝我們而來，上面滿載當地印第安人，許多人站在狹窄的船上，張弓搭箭瞄準我們，坐著的則拿著巨大木槳拼命划船。媽的！我的T恤緊黏著身體，汗從鬢角涔涔而下，我的身體靜止不動但心跳加速，腎上腺素衝上腦門讓我能應付眼前的危險，我感覺到時間慢了下來，獨木舟在起伏的河中順水而下，這個危險畫面的背景是一片綠色懸垂的叢林，亞西寧卡人（Asheninka）男男女女的棕色臉龐看來尚武又好鬥，鮮紅的臉部彩繪線條相當突出，女人全都拿著大砍刀。

靠岸後，他們跳下船朝我們而來，現在男人的臉因憤怒而緊繃，瞪大雙眼，女人看來像著魔一樣。喬和我手無寸鐵，無處可逃，像動物一樣被困在島邊，所有感官都警覺了起來，我們的意識只有生存一事別無其他。

PART 1

秘魯與亞馬遜河源頭

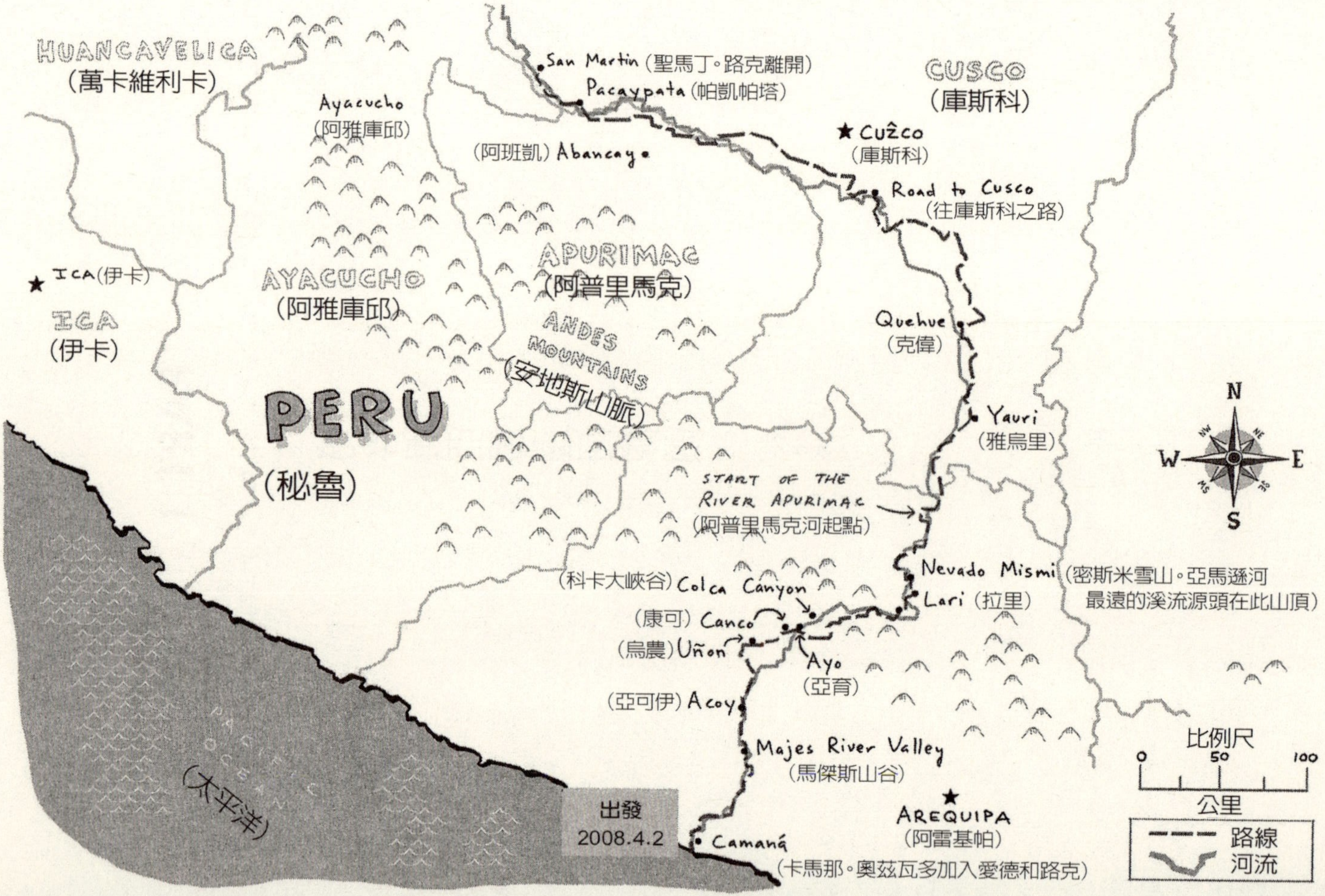
HUANCAVELICA
(萬卡維利卡)
Ayacucho
(阿雅庫邱)
San Martin (聖馬丁。路克離開)
Pacaypata (帕凱帕塔)
CUSCO
(庫斯科)
★ CuẑCO
(庫斯科)
(阿班凱) Abancay
Road to Cusco
(往庫斯科之路)
★ ICA(伊卡)
ICA
(伊卡)
AYACUCHO
(阿雅庫邱)
APURIMAC
(阿普里馬克)
ANDES MOUNTAINS
(安地斯山脈)
Quehue
(克偉)
PERU
(秘魯)
Yauri
(雅烏里)
START OF THE RIVER APURIMAC
(阿普里馬克河起點)
Nevado Mismi (密斯米雪山。亞馬遜河最遠的溪流源頭在此山頂)
(科卡大峽谷) Colca Canyon
Lari (拉里)
(康可) Canco
(烏農) Uñon
Ayo
(亞育)
(亞可伊) Acoy
Majes River Valley
(馬傑斯山谷)
PACIFIC OCEAN
(太平洋)
出發
2008.4.2
★ AREQUIPA
(阿雷基帕)
Camaná
(卡馬那。奧茲瓦多加入愛德和路克)
N
S
W
E
比例尺
0
50
100
公里
路線
河流

1 想法誕生

一場狂暴的熱帶大雨籠罩著無牆的酒吧，滂沱的雨勢蓋過了泥濘對街持續的克里奧爾鼓聲，大雨劃破平日濕氣，使得夜晚涼爽清新。我和一名探險嚮導夥伴路克．柯利爾（Luke Collyer）坐在酒吧裡，啤酒在手，呼吸著大自然清淨的力量，我們靠在木頭矮椅上，兩人都感受到一股強烈的興奮不安感，我們剛做出一個將永遠改變人生的決定，達成共識，要一起徒步走完亞馬遜河全程，我的眼睛發亮，咧著嘴對路克微笑，「他媽的，老兄，這一定會很瘋狂。」

那是二〇〇七年一月，我們在中美洲的英國前殖民地貝里斯爲英國遠征部隊探險組織（Trekforce）進行保育考察，我剛把野外基地從首都貝里斯市移到靠近瓜地馬拉邊境、較具拉丁氣息的小鎭聖伊格納休，這裡的居民多數是當地馬雅人和殖民西班牙人的「混血兒」，但是也有少數較新的克里奧爾移民（譯注1）。

隔天早上，我們穿著四腳庫踉蹌地走在野外基地附近，吃炒蛋三明治、喝進口伯爵紅茶，出乎

譯注1：西印度和南美各地的西班牙、法國移民的後裔。

意料的是當再度提起徒步亞馬遜河這個話題，兩人都沒有要退出這個君子協定的意思，我們大可以將這蠻勇的提議歸咎於酒精，但就在我們抓搔著鬍渣和蛋蛋等著淋浴時，對這個想法比昨晚還來得興奮。

兩年前，我受雇於一家英國公司到阿根廷巴塔哥尼亞成立科學研究考察，當時我剛開始和一名叫克羅伊的女孩約會，我們都熱愛旅行，決定一起申請這份工作，主導並管理這個寒冷天候的考察活動；克羅伊比我年輕，她的笑聲粗啞，身材曼妙，熱切地想做善事和保育脆弱生態，我們陷入熱戀，想做一番事業，而且在這個未知國度生存的意圖非常強烈，也很快地愛上了巴塔哥尼亞人討喜的自信與謙卑，我們找到阿根廷生物學家一起工作、從旁協助，克羅伊和我很努力讓義工性質的考察活動順利進行。

考察計畫非常成功，但在內心深處，我渴望返回熱帶，一方面是因為我畏懼寒冷，同時也擔憂我們依賴的設備數量以及在山上生存所需的經驗，我開始夢想一個我更熟知的簡單環境——叢林；在動輒八小時的長途車程中，我讓自己的思緒馳騁——我能構想出什麼樣的終極冒險呢？

我從未去過亞馬遜，我的叢林經驗多半來自中美洲，以及一些到婆羅洲的短途旅程，但亞馬遜確有其神秘之處，樹木想必更高大、野生生物更豐富多樣，人也無疑更兇猛、與世隔絕，想著到亞馬遜河讓我相當悸動，由於不知道該地區詳細的地理，我的想像受限於我的知識：有一條巨大的河流由西至東幾乎貫穿整個大陸，還有……就這麼多了，我聽過有人以獨木舟從源頭划到出海——驚人的耐力展現，歷時五個多月——但問題是我是個彆腳的划船手，當童子軍時的確在英國的水道裡划過幾次，但那冰冷沮喪的經驗足以讓我一輩子對此失去興致，眞是一項無聊又痛苦的運動，由帶著蠢頭盔的雞婆笨蛋指導。

我所嫻熟的是徒步探險，在一次長途車程後，我興匆匆地衝進巴塔哥尼亞野外基地，深知自己無意間發現了一個世界第一，「徒步亞馬遜河」，我鍵入幾個關鍵字，「源頭到出海亞馬遜」、「亞馬遜探險」，時間分秒飛逝。

我不斷搜尋並且露出微笑，除非有人能向皇家地理協會提出反證，否則人類史上沒有人曾「徒步」走完亞馬遜河全程，這可能眞的是前無古人的世界第一，我被深深地吸引著。

回到貝里斯兩年後，路克的到來以及他宣佈要在亞馬遜河划獨木舟，使得我必須採取行動，我從未爲夢想設定時間表，但我剛和克羅伊分手，這是這段時間以來頭一次能夠獨立思考，不用擔心或和其他人妥協；我立刻向路克指出，在亞馬遜河划獨木舟已經有過五次，最近還有個斯洛維尼亞的胖小子在亞馬遜河低緯度區游泳，我提出我的想法——世界第一的想法——用走的，路克想了五秒鐘，「算我一份，」他笑著說道，「咱們行動吧。」

我們對於要花多久時間毫無概念，但希望一年達成，在我們腦海裡這很好辦，於是把四千三百四十五哩（根據華盛頓國家地理協會測量的河流全長）除以三百六十五天，得出一個看來很合理的數字，一天走十一英哩，由於我們的叢林經驗多半是行走在小徑和小路上，路克和我天眞的爲能在十二個月後返家歡喜不已，多麼乾淨俐落。

路克三十五歲，我三十一歲，儘管個性大不相同，但內心深處都有「要幹一番驚天動地事業」的衝動渴望，都希望成就一番日後能夠回首而且引以爲傲的事蹟。

我看得出來路克眞的很渴望證明自己，他從未加入軍隊——這讓他有點後悔——但自我認識他以來，他帶領過幾次探險，大致來說他也很討人喜歡。發現彼此的狀況類似、有相同的探險夢想的確是種徵兆，這種巧合爲我們指出一條令人興奮的方向，我們也都能輕易地感染彼此的熱情。

路克二十多歲就失去雙親——他的父母在短時間內相繼過世，因此他必須非常獨立，他存夠了錢到澳洲旅行「發現自己」，但在他遠行期間，兩個兄弟的其中一個過世了，他在澳洲學會雜耍——從大砍刀到玩火樣樣都會——並且成了街頭藝人。回到英國之後，他取得好幾項戶外活動教練資格，並且熱中於登山，他從事戶外活動教學多年，薪資微薄但他樂在其中；二〇〇四年，他因其戶外技能成爲探險嚮導，到了二〇〇七年，他帶領過四次爲期三個月的叢林探險——全都到貝里斯——最近的三次到戴維斯瀑布國家公園，當時路克有一位認眞交往的女友凱蒂，她的家人也成了他的家人。

我的人生則大不相同，我是英格蘭東中部地區一個十六歲單親媽媽生的小孩，自嬰兒時期就由傑若米和芭芭拉．史塔福特夫婦收養，除了我父親時不時生病之外，我們就像其他家庭一樣幸福；

將我養成探險嚮導的家庭教育包括：第一，我們住在小鄉村，我在鄉間長大；第二，父母從小就鼓勵我和姊姊自己做決定；第三，我父親堅定的信念影響了我，如果你說出要做某事，就要試著去做，除非自己已經盡了全力，否則不該放棄。父親鼓勵我加入英式橄欖球隊和童子軍，這兩者對我的性格產生很大的影響。他們給我的愛顯而易見，收養從來就不是什麼問題。

知道自己有打橄欖球的天分後，我的自信大增；十三歲就有六呎一吋高，並且發現能從對手手中搶到球，然後閃過所有人，我覺得這眞是一項了不起的運動，這種自信擴展到生活其他層面，從私立石門中學畢業時，我是級長也是驕傲的橄欖球隊隊長。

我在童子軍領域也發展得很好，學到了露營、健行和戶外活動，這個童子軍的基地在鄰近的富列柯尼小鎭；我父母很重視教育，讓我和姊姊上私立學校，沈浸在童子軍的世界不只是重要的基礎教育，也和我的私校教育同時並存；和橄欖球一樣，戶外活動也是我所擅長，我熱愛學習親近自然所需的技能，在戶外很自在也很能幹，儘管富列柯尼在某些方面有些粗陋，但並不討人厭，我們不用圍著圈圈大喊：「Dib, Dib, Dib!」（譯注2）和練習打繩結，而是玩輪椅橄欖球、造東西、生火。

在阿賓漢住宿學校就讀的經驗無疑地也影響我的生命，這個學校仍正式地爲維多利亞女王服喪——男孩們穿得一身黑——很多男孩子他們都不知道怎麼激勵，包括我在內，我很快就感到幻

譯注2：Dib: Do your best，盡力做到最好。

滅，而且變得叛逆。

這裡的老師沒有兒童心理學背景，除了極少數人例外，其他人顯然對於教育兒童以及養育他們的第二職責同感厭煩；每個學期約有十二週，在學期間很少見到父母，年長的男孩子主掌宿舍，以他們在十七歲時認為對的古怪方式「教育」學弟，我們很幸運，沒有遭受太多身體霸凌（那個年代差不多已經結束了），但那樣的環境無益於健康、均衡的教養，我和許多男孩頭一年幾乎都在恐懼和困惑中度過。

近四年後，預料我的高等程度會考不會考得太好，我終於因為一些原因被退學，特別是因為破壞公物，我一向喜歡危險和刺激，當時帶著線鋸和工業用斷線鉗溜出宿舍製造混亂是最主要的發洩方式，當然這完全是誤入歧途的行為，但在一個門禁十點而且無法處理多數孩子真正需求的男生宿舍裡，這樣的行為也許可以理解。

我深信這個學校對我和許多與我一樣的孩子管教失當，至今我依舊認為身為代理父母親，他們有責任探究我的行為、善加利用我熱愛冒險的精神，而非只是把我貼上「壞學生」的標籤。

在鄰近馬基特哈伯勒鎮的布魯克豪斯學院取得高等程度會考甲等成績，我進入新堡大學（Newcastle University），儘管大學三年裡前兩年都在大麻煙霧繚繞的日子中度過，我還是取得地理學榮譽學士學位（譯注3）；被排他的大學橄欖球隊拒於門外後（只要出身對的學校，包你進入先發十五人），我加入當地喬弟人（譯注4）在惠特利灣組成的羅克利夫男子橄欖球隊（Rockcliffe

RFC），盡情享受每週一次的校外生活。

現在我是大學畢業生了，因為害怕坐辦公室，我加入英國軍隊，這對一個無法適應寄宿學校的人來說，也許是個奇怪的選擇，但我自認能夠忍受規範以便擁有勞動體力的戶外生活——一種我能發揮所長的生活；我一直堅信軍隊不會改變我，我希望能從中學習，但我不想成為那種官拜少校、傲慢自大的白痴，我從未真正擺脫人們第一次進入軍營時會描述的那種恐懼，儘管在軍隊裡有一些不錯的個人時光——大多和在塔姆沃斯的夜生活有關——但我不覺得自己融入軍隊。

經過順遂的四年，二〇〇二年我升至上尉，但我很高興合約即將到期，決定不予延長，在一次到北愛南阿馬的克羅斯馬葛蘭服役尾聲，我這麼告訴指揮官，體認到這也許是最好的決定（而且我確定對軍隊而言不是什麼大損失）時，他微笑以對，我開始尋找民間工作。

在倫敦金融界找工作幾星期後，我偶然間看到一則啟示，徵求探險嚮導到中美洲進行保育工作，這份工作提供的是三個月的合約，我接受了：讓我可以等待經濟復甦，更有機會成為股票經紀人；這次經驗影響我的人生最巨：我愛上了冒險、那裡的人以及這種生活方式，這是以戶外生活為業，卻沒有軍隊的規矩和固有的嚴肅，更重要的是，這整件事有我堅信的目的——我當童子軍的日

譯注3：授予成績優良大學畢業生的榮譽學位。
譯注4：Geordie，對英國東北部泰恩賽德區人的暱稱。

子意味著我對大自然有深厚的歸屬感，並且眞切渴望保護雨林，這兩者帶給我前所未有的快樂，保時捷911和滿酒吧金髮辣妹的夢想消逝了。

*

從那時起擔任探險嚮導五年後，現在我是遠征部隊探險組織在貝里斯的首席代表，我開始計畫如何讓路克和我的個人亞馬遜探險之旅成行，我們列了各方面必須準備的清單，底下這份清單可以看出計畫成行必須具備的所有事項：

1．研究。要做足功課，確認我們的計畫至少在理論上可行。
2．使命。這次探險的目的是什麼？是純粹爲了一己的英雄事蹟還是有更深刻的目的？
3．風險評估。我們必須衡量風險，標記最危險的區域，積極準備，確保我們不是去送死。
4．撤退計畫。萬一出了差錯，如何得到醫療援助或抵達安全地點？
5．訓練。我們必須達到適合這趟探險、遊刃有餘的程度，有沒有對該領域無知會有危險而必須專注的？
6．語言。光是在秘魯就有三十多種語言，我們至少必須以西班牙語（秘魯）和葡萄牙語（巴西）交談，以瞭解環境，掌握局面。

7．花費。我們必須估計探險的總花費和支出的帳目。

8．募捐。我們在英國計畫、組織時需要錢生活，探險活動本身也需要錢，我們的個人支出必須盡可能得到贊助（免費送給我們或折扣價），讓整體財務支出減至最低。

9．保險。我們必須找到適用於身處亞馬遜流域的保險配套，保配備故障、遭竊或遺失，以及醫療撤退和治療費用。

10．通訊。我們如何和外界聯繫？在雨林覆蓋下何種通訊方式可行？故障了怎麼辦？

11．網路。這是我們對贊助者、慈善機構、公眾以及所有人的窗口，也是大多數人體驗這場冒險的方式。

12．慈善機構。我們想幫助誰？如何募款？如何和這些慈善機構合作？

13．許可和簽證。我從何著手取得前往巴西原住民部落的許可，他們處於自治狀態，沒有政府部門監管他們的福利；我如何合法地在主要兩個國家待超過一般旅遊簽證給的三個月？

14．配備。我們必須確保帶上最好的設備，能夠長期暴露在叢林的濕氣與潮濕，以及山上的酷寒，從叢林靴到保暖手套、吊床、煤油火爐等所有一切裝備。

15．公關。人們如何認識我們？如果沒人認識的話，我們如何達到目標？

16．攝影。我們如何紀錄這趟旅程？從何著手確保將來有一天有人會看我們拍下的內容？我們能在鏡頭前自在地說話嗎？

17．出書。如何取得出書合約？我們會寫作嗎？

18．嚮導。我們能找到一天收費七美元的嚮導和我們同行嗎？而且要能說英語、西班牙語和克丘亞語（譯注5）。

19．拍照。兩個蹩腳攝影師如何捕捉絕佳的影像以便對人述說我們的故事？

上述任務中最重要的顯然是替探險找到捐款，有了贊助其他事項就能按部就班地進行，如果解決了現代社會最令人生厭的煩惱——金錢——我們重返自然的夢想就能成眞。

在試著寫提案書時，理解到這趟探險必須有個值得讓我們拋下一切的目的，我們立刻想到喚起保育雨林意識這一點，我們可以架設網站，定期寫部落格，讓大人小孩都能閱讀，及時跟上我們的探險進度，我們可以天天紀錄雨林，以及如何造成人類的損失，讓在學校或在辦公室的人都能參與，開始感受到自己和雨林的關聯。我們兩個都不希望成爲環保鬥士，我們都清楚貼上這個標籤就可能會與巴西當局爲敵，難以取得許可，因此並不想發起「立即行動！」運動，但是我們認爲可以教育並且喚起意識，我們一說到這裡便覺得很恰當也値得，現在有了値得在這一年中拋下一切的目標了。

爲了讓此行列入金氏世界紀錄，我們必須絕對精確，要百分之百走完全程，絕不使用車輛、船隻，甚至利用水流推進，當然我們必須渡水，這種時候會乘小船，但我們從一開始就知道每次渡水的每一米路程都要用手划，讓此行完全以人力前進。

我們也想到直接爲慈善機構募款。我們希望找一個雨林保育團體，因爲這很合理，有一個和我們探險目的相符的代表性慈善團體：雨林關懷組織。我父親幾年前因癌症過世，姊姊罹患肌痛性腦脊髓炎（現在仍是），因此英國癌症研究和肌痛性腦脊髓炎協會是另外兩個我想幫助的慈善團體。最後，我們想挑選地主國能受惠的慈善機構，後來找到了兩個總部在倫敦的兒童慈善機構：秘魯計畫和爲巴西兒童行動，這意味著我們可以回饋給所經之國，又不會因爲強烈支持反砍伐雨林組織惹惱當局。

我從不想裝作是因爲慈善組織和雨林意識而選擇徒步亞馬遜，這是我們的信仰，也很高尚，但最初的動機卻較爲自私：一開始冒險、挑戰和認可是核心動機，但冒險是讓另一部分動機得以發揮的必要條件，一場前人已經做過的安全徒步旅行不會吸引媒體注意，也就不會有同等的行善潛力，同樣的，我們也認爲純粹出於自私的理由去冒險空洞又無意義，自私與無私的目標不只兼容，到最後二者彼此不可或缺。

我們興奮得昏了頭，認爲這也許可以拍成一部好紀錄片，因此我和認識的唯一一位電視台工作

譯注5：南美洲原住民語言。

者克雷格．朗文聯絡，克雷格是個說話溫柔的傢伙，在一群強勢的人之間總是退居二線，但他說的話卻更值得一聽；「你們眞的瘋了，」他說，「我愛死了，這能拍成一部好電視。」他同意幫我們找製作公司，和我們一起拍攝紀錄片。

接下來要研究的是許可和簽證，當時秘魯和巴西通常只給三個月的旅遊簽證，我寫信給曾乘水上飛順亞馬遜河而下、之後乘坐獨木舟的南非探險家麥克．洪恩（Mike Horn），問他怎麼處理，他太太親切地回了信。

親愛的愛德：

謝謝你的來信。我們認爲不要對領事館和大使館透露太多你的探險行動，透過尋常管道取得所需的簽證，並且攜帶必要的安全防備措施，例如全球追蹤裝置、衛星電話等等。當局不懂得如何處理常規之外的事。

預祝探險之行一切順利！

謹致問候

凱西

凱西的話多麼睿智，現今回過來看我當時應該完全遵照她的建議，但那時候我堅持必須光明正大，因爲和凱西的丈夫麥克不同，我們對慈善團體有所承諾，因此爲了安全起見，我認爲在每個國家都必須百分之百遵守法律。

我聯絡領事館和大使館，開始了一段漫長且迂迴的歷程，試著取得在秘魯和巴西各停留九個月的延長文化簽證，要是我們的行程在每個國家超出六個月（我已經開始認爲有此可能），這會讓我們有一些緩衝時間。

說服企業提供免費裝備很值得一試但並非易事。我們是兩個頭髮漸禿的無名小卒，計畫著遠超出過往經歷的探險活動，企業要從這樁「贊助」中看出任何回報的機會非常渺茫，因此我們寫了無數的電子郵件但成效有限。

我認爲我在巴塔哥尼亞看過的一件裝備可以完美的運用在叢林裡——隨身充氣筏是單人小船，夠輕可以放進背包裡，我們知道必須渡過上百條支流，因此要有可行的策略；艾爾帕卡充氣筏（Alpacka）在加拿大製造，我寫信給他們，詢問能否提供協助，他們的回應很友善：他們有一些表面受損的筏子，可以以一只三百美元的價格賣給我們，這讓我們一只省下四百七十五美元，我認爲很划算，此外這是我們收到的第一個正面回應，我用信用卡買了三只——一個給路克、一個給我，另一個給理論上的當地嚮導；接著軒尼士吊床（Hennessy）願意提供我們兩套吊床組，奧特博格公司（Altberg）給我們幾雙手工叢林靴，每一件小小贊助都帶給我們極大的滿足，我們一點一點地讓此行成眞。

儘管有這些勝利，也累積了一點裝備，但是我們現在負債幾千英鎊，眞的需要財務贊助。

這個階段我們還在貝里斯計畫，我收到第五個慈善機構雨林關懷組織寄來一封謹愼的電郵：

> 首先，我們要確定並沒有鼓勵你去從事對你個人福祉有極度風險的行爲，你有探險背景，但我們希望和你會面進一步討論。你已經列出了我們能設想得到的危險，但同樣的我確信你可以預期進度有時會極度緩慢。
>
> 第二，獵食會造成衝擊，捕魚可能是你們的計畫之一，這是我們可以接受的方式，但我們並不鼓勵在非必要時獵捕哺乳類和鳥類，這點必須討論。
>
> 第三個問題是你們可能會和原住民接觸，這未必符合他們的最終利益。

這幾點都非常合情理，我們訂了禁獵原則後，探險行動開始成形，我們著手計畫如何攜帶食物以及在沿路的落腳處再補給，路克和我都略過關於原住民的問題，因爲我們鮮少有和他們打交道的經驗，只能想出很薄弱的說詞：「我們是好人，尊重所有人。」多麼天眞啊。

我們最早設定出發的日期是二〇〇八年一月，這讓我們會有足夠的時間準備，可以和家人一起過耶誕節，理論上看來也是個可靠的日子，我們和秘魯一家登山公司聯絡，他們堅定地告訴我們避免在十二月到三月間行走於安地斯山脈：那時是冬季，會有大雪，此外高漲的河水和峽谷也無法通行。

可惡！

我們兩人都缺乏雪線之上的經驗，就算不選在冬天，光是「越過安地斯山脈」也夠嚇人了，因此我們將出發日期延至四月一日，以確保逾五千公里的路途盡可能舒適。我心裡已經開始懷疑這場冒險會超過一年，因此我們可能至少必須忍受一次亞馬遜的洪水季。

現在是二〇〇七年五月，路克和我成了好友，過去是友好的工作夥伴，現在有強烈的共同目標要讓這場探險成行。

儘管我們努力取得裝備、效用和許可，但事實上和我們聊過的探險界人士都無法確信徒步走完亞馬遜河的可行性，主因是亞馬遜河流域地勢低窪，容易引發嚴重的水患，河水經常衝破河岸，水流從主河道灌進遠至七十公里的森林，這意味著毗鄰河道的森林一年到頭大多水淹過頭，不利於行走。

在我簡單的想法裡，我知道這種情況，我想只要和主河道保持安全距離即可，問題是我無從得知每個區域淹水的範圍，因此遍尋網路找更多訊息，最後偶然間發現一張解析度很低的照片，看來似乎將淹水森林與堅實土地以不同顏色區分，這張照片屬於美國太空總署的布魯斯·查普曼（Bruce Chapman），因此我寫信給布魯斯，問他能否分享這些資料；兩天後，寄來一張ＣＤ，沒有收費，裡面有整個亞馬遜河流域在高、低水位時的絕佳影像。太空總署的資料讓我清楚地從上空看穿整個雨林，並且對洪水高峰期淹水的範圍有整體概念。

這是一大突破，有了這些資料我可以在洪水來臨時在地圖上做註腳，並且可以規畫路線，繞過水患最嚴重的區域；沒錯，這些圖是一九九五年拍的，但從那時到現在地形並沒有太多變化，只有一些河形改變，我們有可行的計畫。

我們還是必須渡過每條支流旁淹水的森林——這是無可避免的——但現在我們可以用太空總署的圖從洪水最窄處渡河，在這種情況下，如果水太深無法行進，我們只須將隨身筏充氣，手持砍刀乘坐充氣筏在林中推進；想到坐著充氣筏穿越矮樹叢讓我們既害怕又興奮，想像著躺在水上吊床的夜晚，甚至設想一種燃燒盤，可以在幽暗水上的樹椏點火。

人們不斷地前往叢林，事實上，有上百萬人居住在亞馬遜河流域，亞馬遜河人口稠密，有利於糧食補給和裝備損毀時應變，水上交通也很繁忙，因此如果發生緊急事件，足以提供天然撤退策略，這些都是優點。但問題在於一旦我們遠離主河道避開洪水，所有原本容易解決的危險都變得有難度，如果到了沒有人煙的地方，就必須自力自強，從這些地方自行撤退既耗時又困難，保守風險評估的結果是「不能接受」；在許多地方沒有直升機、沒有搜救隊伍的情況下，我們必須做出決定，如果要進行這場冒險就必須承擔這些風險，因此，受傷或需要急救的病痛，如盲腸炎、蛇咬或頭部重傷都可能致命。

路克在五月底獲得第一件裝備贊助，他爭取到麥克派公司（Macpac）為我們提供帳篷和背包，這對路克來說意義重大，因爲他投身在湖區的外展工作，無法投入和我一樣多的時間在探險計畫上。

爲了找到資助此行的金援，我們認爲有必要提高探險的知名度，贊助商如果看到我們至少上了一些媒體版面會更刮目相看，問題是我和路克完全沒有在叢林合影的照片，因此我們和我的準姊夫傑若米一起擠上車，前往康瓦爾郡伊甸園區中的潮濕熱帶生物群落拍攝一些「眞實的」叢林照片。

在傑若米爲我們拍攝快照並且時不時提醒我們微笑的幾個小時裡，路克和我覺得我們顯然在熱帶蕨類植物和棕櫚樹之間站錯邊，一些染藍髮的老太太因爲我們在拍照，判定我們一定是名人，因此向我們要簽名。

二〇〇七年六月一日我上倫敦和班·梅傑會面，他是我在貝里斯和婆羅洲擔任探險嚮導時的老夥伴，我們在英國廣播公司（BBC）電視大樓的咖啡廳吃午餐；班現在是兒童電視節目主持人，他答應要給我一些BBC商店出品的秘魯地圖，但它們的用途有限，而且只能提供我需要的五十二張秘魯地圖中的一小部分，我有點失望，但班接著提到有一家公司也許能提供我們偏遠地區醫療訓練（我肯定需要），因此這場會面不算完全浪費時間。

吃中餐時班猶豫了一會。

「愛德——你去過蓋亞那嗎？」

「沒有，班。」

「你知道怎麼架設高頻無線電嗎？」

「不知道。」

「你和攝影團隊合作過嗎？」

「廢話，你知道我沒有。」

「你想不想為ＢＢＣ的新探險節目工作，擔任叢林營地經理？」

「讓我考慮一下……」我咧嘴而笑。

他們提供班這個工作機會，但他因為主持另一個兒童節目而無法接下，他讓我到ＢＢＣ位於布里斯托的自然歷史部門面試。由於在面試前一天，我的雙眼做了雷射手術，我在幾乎看不見的情況下和製作人史帝夫．格林伍德面試，面談很順利，史帝夫對我剛動的矯正手術很感興趣，兩天內我就加入了團隊；我從未做過電視，但這是個幕後工作，他們只是要找個能到蓋亞那的人，在兩個月的時間內管理印第安人團隊建立偏遠叢林營地，接著攝影團隊抵達，我要管理當地人，並確保營地隨時都有飛行燃料和廁紙，一紙三個月的合約，也是前陸軍探險嚮導的夢幻工作——我做的來。

帶領保育考察工作薪水微薄，因此ＢＢＣ的薪水是我近年來的最高薪，路克理解如果我拒絕就太蠢了；現在距離出發日七個月，如果我做了這個節目，就有足夠的錢在出發前四個月都不用工作，可以在倫敦租公寓、支付生活開銷，我必須在倫敦會見可能的贊助商；缺點是我遠行時，所有準備和籌錢工作都落在路克身上。

於此同時，路克安排了和醫療用品公司艾克斯梅德（Ex-Med）會面，我們一起到赫里福郡尋求建議，看應該帶什麼醫療用品，並希望能安排一些基本的熱帶地區醫療訓練，得知我們要會面的都是經驗豐富的軍方人士，我和路克必恭必敬地上門，接待的是主管蓋德．海利（Ged Healy）。

在我們自我介紹時，蓋德說：「嗨，愛德，你下個月要和BBC一起出發到蓋亞那不是嗎？」我有點訝異——也很佩服，我回答說是。他們調查過我們。

我們被帶進一間房，牆上框著一面燒得半毀的聯合國旗幟，路克指著銅匾上刻的「哈拉德（Herat），西部地區，阿富汗，二〇〇四」咯咯地笑了起來，我可以感覺到熱血湧上我的臉——這樣巧合的機率有多高？

「閉嘴，路克！」我默默地祈禱。

「愛德，你不是有個關於這面旗子的故事嗎？」路克興高采烈地說，而蓋德一臉冷漠地在一旁看著。

「什麼故事？」蓋德問道。

媽的！我別無選擇，開始敘述一段職業生涯中最自貶的故事；二〇〇四年我在哈拉德工作，在阿富汗史上第一次總統選舉期間為聯合國提供建言，我駐紮在市中心的聯合國總部，當時掌控哈拉德的軍閥伊斯麥．爾汗（Ismail Khan）被美國大使革了職，正如當時司空見慣的場景，當地阿富汗居民決定發起暴動，聯合國的高牆和建築外明亮的藍色標誌成了明顯目標。

我和一名叫馬格斯（Mugs）的辛巴威顧問走進大院，他是來自羅德西亞陸軍的老兵，是個可愛的老頭，年輕時閱歷豐富，他到阿富汗賺錢，養家活口對辛巴威的白人來說日益困難。

一開始我們站在一旁，看著群眾從外頭不斷敲擊車輛進出的金屬大門，接著石塊像雨一樣落到院內打在我們身上，這沒什麼稀奇的，因此只是冷靜地留意著可能會擊中我們的投擲物，接著，石塊變成汽油彈，建築物多處地方都著火了。

火光激起暴動群眾的狂熱，更猛烈持續地重擊大門，一名聰明的聯合國職員開了一輛四輪驅動車抵住車輛大門，防止群眾衝撞進來，馬格斯以濃重的辛巴威口音轉頭對我說：「應該也有人要到人行大門像這樣把門抵住，那邊隨時會失守。」

我同意——應該要有人去。我們兩人都沒有去做這件立即該做的事，只是看著，接著那扇小金屬門果然朝內爆炸，憤怒瘋狂的群眾蜂擁而進，揮舞著金屬棍棒和汽油彈。

我們手無寸鐵，別無選擇，只能逃到另一扇金屬門後的地下室，稍早之前聯合國的職員已經撤退到那裡，從敞開的大門可以看到選舉計畫中心的電腦遭群眾洗劫，扛到大街上。

現在四周以及上方的建築都著火了，如果不採取行動就會被燒死在地下室，我們向鄰近的美軍基地要求護衛，沒多久兩輛悍馬車抵達，從憤怒的群眾中強行開道進入大院，兩輛車一輛在前一輛押後，所有聯合國職員和顧問擠上白色的車，形成一條長長的護送隊伍，我開著一輛白色的聯合國四輪驅動車，穿過狂怒的群眾，從斜坡加速離開地下室。

這是我第一次在阿富汗開車，我知道一旦停下來或有所耽擱，群眾就會襲擊車輛，而我們將任憑處置，以佔領軍的身分待過北愛後，我知道下場會是什麼。

我們搖下車窗，讓粉碎的玻璃不再濺灑在身上，加速穿過群眾時，不斷遭到石塊攻擊，石頭砸進車內，抱著頭部的手被割傷了，我發瘋也似地開過毫無法紀的街道，群眾在最後一刻跳開前面的馬路。

當美軍基地的大門在我們身後關上時，腎上腺素終於平復下來，從各地面作戰單位傳回來的無線電報告說，城裡的許多聯合國建築物都被燒成平地。

從那天起，我和馬格斯再也無法直視彼此的眼睛，因爲我們沒有採取行動造成一場災難。當時有一名艾克斯梅德的醫生也在那裡，他在撤退時匆忙帶走一面燃燒中的旗幟；這就是這場會面的開場白，而我的原意是要讓蓋德對我和路克的專業與經驗刮目相看的，天啊！

但蓋德沒有反應，我完全不知道他做何感想，隨著談話轉向探險，他問我們一些基本事項，用什麼吊床？怎麼淨化水？打算穿哪種靴子？他在考我們——想知道我們是否夠資格嘗試這種探險。

到了某個時刻，他顯然很滿意，問我們想要什麼，我告訴他需求清單，他開始告訴我們他能提供的服務，他說可以提供完整的亞馬遜河流域疾病簡介，爲我們組合專業醫療器材，並且詳細介紹這些配備，太棒了，我們心想，但我們負擔不起這種服務，蓋德問我們醫療配備的預算有多少，我們說一份五百英鎊，好，就以這個價格提供，路克和我有點不知所措，我們內心狂喜，太神奇了，蓋德看來很支持我們。

他接著提到訓練，我們需要幾天的基礎訓練，幫我們解決難以處理的狀況，蓋德提出五天的密集創傷課程，接著是三天的熱帶醫學課程；心裡掂量著我們少少的預算，我告訴蓋德，恐怕無法負擔這樣的課程，又一次，蓋德問有多少預算，我們告訴他，「就以這個價格提供所有服務。」他說道。這一刻我和路克都驚呆了。

他接著問，當我們需要建議時，是否有二十四小時待命的醫生接電話，我們當然沒有，他接著提供這項服務——免費。

最後，蓋德說：「如果你們眞的遇上麻煩，無法取得醫療支援——怎麼辦？」路克和我迅速回答，這是這場探險固有的風險，我們沒有解決辦法，我們接受更大的風險就是死亡。

「要是我們有個前軍方四人小組，可以在十六小時內飛到你們傳送過來的任何網格坐標處，你們覺得如何？」

「這太好了，」我們結結巴巴地說道，「但同樣的，我們負擔不起這種等級的服務。」蓋德告訴我們有家保險公司處理這類服務，支付一定的保費，這個四人快速行動小組就會含在配套裡。

會議自然地來到尾聲，我們向蓋德和他的合夥人道謝，離開時還有點困惑。之後我們直接前往赫里福郡的酒吧喝酒慶祝；艾克斯梅德提供我們量身訂做的醫療器材、大量訓練、整個行程不間斷的醫療建議以及包含全世界最訓練有素的偏遠醫生保險配套，他們會來解救我們於麻煩之中。我們簡直不敢相信自己的好運，喝著啤酒，咧著嘴傻笑，這趟旅程因爲這次簡短的會面更加安全了。

二〇〇七年八月三日我飛往蓋亞那，這個節目叫做《美洲豹的失落之地》（*Lost Land of the Jaguar*），與當地印第安人和樸實的ＢＢＣ自然歷史部門團隊合作是一大榮幸。

我的職責是確保製作團隊的營地建成，並妥善管理當地人，製作團隊抵達時，我自然而然成了當地人和團隊之間的聯繫，並管理營地的每日運作。

經過三個月重振精神，我在十月底返回英國，準備好處理徒步亞馬遜的最後籌備階段。現在我有錢在倫敦租房子，在我離開後，事情進展不大，但現在我身處事情進展的核心，可以投入全部精力讓探險啓程。

儘管我對此趟探險的主要看法仍相當正面，但偶爾也會感到陣陣憂慮，並不是擔心被沒有先拜過碼頭的部落殺死，或在渡河時撞上岩石，而是沒有找到贊助者、沒有取得長期簽證以及沒有爲慈善團體籌得足夠的款項。

雖然這些煩惱都很眞實，但我的人生經歷過夠多的壓力時刻，讓我學會只要堅持下去、等待時機，就會有好事發生，讓好運持續下去。

我搬去和一名叫詹姆士．威克菲爾德的人同住，他在倫敦史托克威爾的公寓有間空房，我在閣樓成立辦公室，開始認眞辦簽證和許可。

二〇〇七年十一月我和路克去參加皇家地理協會的週末探索，這個活動並不是針對我和路克這類人，但我們利用機會拓展人脈，直接的成果是AST同意贊助，並且給我們兩個全球寬頻衛星行動通訊（BGAN）衛星網路連結，現在我們有通訊了——不只有衛星電話，還有可以在叢林中使用的寬頻網路連結，這個裝置非常好用，在後來的探險中，我用來和美國有線電視新聞網CNN做實況視訊，在全球二百四十個地區播出，每一件的重量差不多等於一本精裝書。

儘管有這麼多好運，但重點是我們迫切需要財務贊助商，如果沒有就必須取消此行，我痛恨向企業要錢，也不善於此，我寫信給上百家公司，解釋和路克還有我在同一陣線對他們的生意有多大的好處，我自己都不相信，因此毫無意外地，沒有人願意贊助；我覺得應該多打一些私人電話，因此對於自己在浪費時間產生罪惡感，因為我缺乏積極作為，這場冒險還沒開始就要失敗了。

十二月十三日晚上十點半，我和室友詹姆士坐在沙發上看汽車節目《英國瘋狂汽車秀》（*Top Gear*）、用水煙袋抽著加味菸草，電話響了。

「愛德，明天要不要一起去射擊？」是老朋友索爾．夏納格，他是個有趣的怪咖，曾是愛爾蘭禁衛軍軍官。

「飛靶射擊？」我問道，假裝知道自己在說什麼。

「不是，是獵雉雞。」索爾說道。這時候我有那種想像身處在一個遠超過自己程度且不自在的社交場合中常有的感覺。

「索爾，我沒那麼高檔，沒打過雉雞。」我嘀咕著，希望能拒絕他。

「你有花呢夾克吧？還有綠色威靈頓長統靴吧？」索爾的口氣聽起來像是每個體面紳士的衣櫥都該有這些標準配備。

「沒有。」我說，「我有連帽運動衫、破牛仔褲和一雙耐吉運動鞋。」

「那就去借，我明天六點來接你。」電話掛斷了。

詹姆士也待過軍隊，幸好他是個傳統的軍官，不像我，他有全套適合這類場合的得體服裝，他好心地借我花呢夾克、斜紋厚絨布褲子以及一雙綠色威靈頓長統靴，救了我一命。就算我感到格格不入，但至少看起來也要像是他們的一分子，嗯，除了大光頭和鬍渣之外。

射獵活動正如我所恐懼的一樣開場：一群在倫敦金融市工作、事業成功的富豪聚在一起拍背示好、吹噓他們的槍管長度，但索爾是個好夥伴，而這些人是他的朋友和生意夥伴，因此我盡力與所有人和睦相處；就像在這種場合中常見的情況，當你努力且眞誠地試著和人好好相處，隔閡消失了，你最終也會很開心，他們當然都是好人，只是和我活在不同的世界。

第一輪射擊滿糗的——因爲我什麼都沒打到。當大家圍著圈圈討論射下幾隻時，我心想「這下痛苦了」，我裝作無動於衷，只是來玩玩的，也不在意是否射中任何獵物；但我當然介意——我氣死了。

第二次射擊時情況不同了。他們指派一名助獵者當我的教練，他教我隨著雉雞移動槍管，說「尾巴、身體、嘴，砰！」這是個神奇的公式，我一隻接著一隻打中，看來可能有點殘忍，我很享受。看到羽毛爆開如煙火，雉雞在牠的路徑上停了下來，接著砰一聲落地，那是什麼感覺。砰——我又擊中一隻，砰，又一隻，眞是不可思議——我震驚於自己原始的狩獵本能復活。在第二次射擊結束時，我已經射中九隻，整個人志得意滿。

午餐時間我們在一棟莊園宅第休息，吃著豐盛的餐點，紅酒四溢，我非常放鬆，大談接下來的探險行動，因爲這是個驚險且充滿男子氣概的話題，同伴們都能接受，也對我做的事有興趣。

這天結束時，大家都說：「今天眞愉快！」彼此熱烈地握手，將雉雞丟進各自的後車廂離開，在我們就要各自踏上歸途時，其中一人把我拉到一旁：「愛德——眞高興認識你，剛剛在屋裡因爲有其他人在，我不想多說什麼，但你的探險正是我們公司有興趣贊助的類型，這是我的名片，下星期打電話給我。」

「哇靠！」我心想，「我沒聽錯吧，雖然還不確定，但他的確是自己走來說要給我錢！」

在一個月內我們就有了錢，這場探險全程有人付帳，我覺得自己是全世界最幸運的人，沒有認眞爲探險籌款且射殺雉雞的罪惡一天，成了一年之中最豐收的一天，我和路克的亞馬遜之行感謝強納森．「長槍管」．史托克（Jonathan 'Long Barrel' Stokes）和他的公司JBS贊助，有本事不如有人脈啊……。

我們在艾克斯梅德接受極佳的醫療訓練，用這筆新得的財富買了過多的設備，支付極其昂貴的保險（包括艾克斯梅德的快速反應小組），也訂好機票。在蓋亞那工作的錢已經花完了，我的信用卡積欠大筆帳單，大多是酒。我們就像要出征的戰士一樣派對狂歡，完全忽略了體能訓練，路克和女友訂婚了；二〇〇八年三月一日，我們帶著滿溢的行囊、充血的雙眼以及好幾層下巴，登上前往秘魯的飛機。亞馬遜召喚著，我們準備好面對前方的挑戰了嗎？壓力、危險、辛苦和災難？我不認爲我們有任何頭緒，我們希望有，但有點擔心，接著又喝了一杯酒。

2 尋找亞馬遜河源頭

坐在遠離歐洲的飛機上，我們用慣常的自嘲幽默來掩飾緊張，但在內心深處我想我們都瞭解，這次投入的是比過去任何事都還要挑戰極限的工作。如果你相信專家，我們很有可能會死。想著這趟探險的全貌讓人既急躁又緊張，因此我們專注在更具體的特定事物和細節上，忽視整件事的不祥陰影。

我們搭船和飛機走訪沿途的幾個主要城市，結交一些人（警察、僑民、地方政府），並且留下日後走回來時可用的補給品，三月底終於來到秘魯首都利馬，在一位說英文的友善秘魯人馬林（Marlene）的幫忙下，向秘魯國家地理研究所取得五十二張地圖，以及向內政部取得兩份九個月的延長簽證（後來發現是非法的）。我們從夜間巴士的後車窗向可愛的馬林揮手道別，然後將座椅打平，早上要抵達的目的地是海濱度假小鎮**卡馬那**（Camaná），打算從那裡以太平洋爲起點，越過安地斯山脈，尋找亞馬遜河最源頭。

吃了安眠藥，睡了近十二個小時，我意識到路克戳戳我的肋骨，指著窗外，透過因藥物而迷濛的雙眼，我們饒富興味也暗暗憂心地看著窗外，這景色就我們來說是些微失算，太陽還低懸在空中，在無盡的沙丘上投射出長長的陰影，「愛德，你到過沙漠嗎？」路克咯咯地笑著，我們開始嘲諷自己的不專業，「也許我們應該戴帽子，」我提議道，「還有一些防曬油，可能還要一瓶水。」放眼所及，沒看到任何灌木叢。

我們入住卡馬那的一棟粉紅色巨大鋼筋水泥旅館，旅館內有個空蕩蕩的游泳池，沒有西方人來過這裡——這裡也許一度是旅遊聖地，但在二〇〇八年三月，我懷疑有任何人想在這煙塵瀰漫的邊區村落度過寶貴的假期；那天晚上，我忍不住想到海邊看看太平洋——我們實際的起點——我不記得路克為什麼沒有一起去，我上了一輛出租摩托車，走了四公里路，我要他等我，我下車細細觀察這骯髒多石的海灘、小鎮的污水出水口以及成群的海歐和禿鷹。

撇開枯燥乏味不談，我非常激動，我就在這裡——在多年的夢想和經過十五個月的計畫——就在旅程的起點，然而看向內陸，漫天煙塵的小鎮背後隱約可見的貧瘠山丘令我非常憂心，我決定回到旅館查看新的地圖，看能否全程沿著水道穿過沙漠，上安地斯山。

大體上來說，每次想到這整趟旅程，我都能在很短的時間內振奮起來：部分是為這純粹的冒險激動不已，部分則是對我們信誓旦旦地宣稱可能達成的任務感到不安。

首先，我們必須和奧茲碰面；我們一開始決定不用嚮導，因為我是退役軍人，而且我們倆都是探險嚮導，認為有能力獨立完成這趟旅程。但隨著行程日益接近，我越發懷疑我的西班牙文是否夠好，另外在只講克丘亞語的安地斯山脈落腳時該怎麼辦，那就更不用說光在秘魯就可能遇上的三十二種語言，路克只會說幾個西班牙語單字。出發之前，有個朋友介紹我們和一位秘魯年輕人奧茲瓦多．泰拉卡亞．羅薩瓦度（Oswaldo Teracaya Rosaldo）聯絡，奧茲是個有抱負的嚮導，二十四歲，據說說著一口流利的克丘亞語、西班牙語和英文，透過兩封簡短的電郵，我和他談成一天七美元的薪資（從五美元開始討價還價），並且要他在二〇〇八年三月三十日和我們在卡馬那會面。我們至少在電子郵件上有一名嚮導了。

在阿根廷巴塔哥尼亞生活期間，我和許多南美登山嚮導合作過，我想像的是個有個性的人物，高大黝黑，有著粗糙的鬍渣，飽經風霜的臉龐帶著世故和犀利的智慧。但出現在我面前的男孩瘦如柴、剪個西瓜皮髮型，戰戰兢兢地多禮到沒個性，他穿著紅色的英格蘭足球襯衫，紅色尼龍運動褲，幾乎沒有任何裝備，也只會說一點英文，我深吸一口氣試著往好處想，我的西班牙文比他的英文好，這代表最終我們以西班牙文交談，結果就是我的西班牙文會進步。路克多半用英文對奧茲說話——除了最基本的溝通之外，其餘都由我翻譯。

我們給奧茲一些錢去買夾克和一些靴子。奧茲和我那位朋友去年共事過，所以我依舊相信他知道自己在做什麼。他回來時帶著一件假皮賽車手夾克，上面縫滿仿冒的贊助商標誌。那衣服很可笑，既不防水也不保暖，我開始疑惑這孩子到底有多少登山經驗。

路克和我將通訊器材分成三份，我們看著奧茲把器材塞進我們給他的防水袋，接著使勁地把那一大包重物塞進背包。我和路克憂心地對看著，你只有自己嘗試過這種不可能的技藝後，才會理解那有多荒謬，他連打包都不會，因此路克出手，很有技巧地指點他。

儘管事情的進展不是很順利，但其實我不太擔心，因爲我們需要的是會說克丘亞語也能和我們溝通的人，而現在已經有了，再說我們可以教奧茲和我們一起行走必須要會的技能，但最重要的是，他對這個新探險很熱中也很興奮。他花自己的錢來到秘魯的海濱會見兩個外國人，對他而言這已經是很勇敢的一步，因此我判定奧茲還可以——而且我們很幸運能有個秘魯人同行。

我們決定在四月一日愚人節出發——詭異的日子；我們還沒準備好，還沒把地圖割下來、還沒做好許多必要的調整，早餐吃蛋時我們決定延遲一天，給自己多點時間，在第二天從容出發。

四月二日早上，我們下樓吃早餐，這次背著龐大的帆布背包，這是我們第一次背上裝有十天份食物的背包，背包的重量讓我們相當震驚。當時沒有磅秤，但仔細想想我會說約有四十八至五十公斤，奧茲的比較少，因爲他的個子和背包都小很多，但一定也有近三十五公斤。有背包健行經驗的人都曉得，背這種重量簡直愚蠢，尤其是你計畫的是長達一年（或更久）橫跨整個大陸的步行。

我們都清楚，但問題是我們陷入一個迷思，想著這是十八個月的探險，而非三週登上密斯米雪山（Nevado Mismi）的行程。我們承諾要寫部落格，這表示一人帶一台Macbook、全球寬頻衛星行動通訊和數位相機；我們有兩部追蹤裝置，目的是在網站地圖上自動更新所在位置——這兩件裝置的大小和重量與一般磚頭沒兩樣；我們想拍紀錄片，所以都帶了高畫質攝影機、五顆備用電池、四十卷迷你DV拍攝帶和基本清潔用具。我們在Ginger TV受過一天半的攝影訓練。我們也要寫書，所以帶了好幾本防水的「雨中書寫」日記和適用於任何天候的特殊筆。

我們希望能做電台訪問和打緊急求救電話，因此有第二件全球寬頻衛星行動通訊裝置，附帶一顆備用電池和附屬電話，可以當成衛星電話。

每件電子儀器都有充電器，多數有電線彼此連接，而且也都有各自的橡膠乾燥袋，裡面有一些矽石小袋防潮。

這些還不包括步行所需的裝備，例如帳篷、衣服和導航儀器；任何機會或想法我們都接受，「再八百公克如何？」我們會無知地一笑，最後加起來變成驚人的重量，我們現在因爲這些承諾而步履蹣跚。

我們向旅館道別，走到街上攔了兩輛出租摩托車到海邊，我和兩件背包在前頭上了第一輛摩托車，路克和奧茲帶著剩下的背包坐第二輛，我非常興奮，即使是背包重量也壓抑不了探險啓程的滿心歡喜。

對著照相機說出「最後感言」：我們來了。我們穿著叢林靴步入海洋，讓這趟行程名副其實地徒步橫跨整個大陸。

走上海灘，海洋已在身後，沈甸甸的重量壓得雙腳陷入卵石中，我們開始交換眼色，一百公尺後我們氣喘噓噓，四百公尺後已經筋疲力盡，我們必須走四公里回到卡馬那，到沿著山丘蜿蜒的河流起點；當我們再度回到小鎮已經日正當中，意識到所有人都指指點點——巨大的背包是個奇觀，我們裝作滿不在乎地行走，就像我們常幹這種事一樣，還對著訕笑的群眾揮手；到達旅館時，我有個想法，趁電力還很充裕，用旅館的無線網路上傳啓程影片和寫部落格。

在極度疲累以及有點震驚的狀態下，這是個大家都迫不及待接受的藉口，卸下行李時，又想到不在這裡吃午餐還眞蠢，我們在午餐時間寫部落格；下午兩點，外面的太陽讓人無法忍受，「我們可以再待一晚，明天再出發嗎？」我大膽地提出來，儘管有些怯懦，因爲我們希望第一天能遠離卡馬那，卻只從海邊走了四公里，但這個提議再度被接受了；我們點了啤酒。

「明天，」我告訴自己，「我們會奮發，繼續向前邁進。」我們對前方所知有限，現在我們似乎猶豫不決，打包了十天的糧食——眞的需要這麼多？還是需要更多？前方有沒有商店？我們只有幾個當地人給的貧乏資訊，但我們不太擔心，未知也是興奮的來源。

隔天早上再度打包，最後一次離開這家有空調的旅館。因爲對前一天的進度有罪惡感，我們決定摸黑離開，在寒冷的清晨大步走在空盪的街道上，背包也變得能夠負荷。

我們遠離了卡馬那，隨即進入煙塵瀰漫的寬廣山谷，小河流經其中，有一條同樣灰撲撲的道路通往內陸。我們在整點休息十分鐘，然後繼續前進，隨著天氣越來越熱，背包似乎也越來越重，背帶陷進尚未習慣的肩膀，我們顯然無法勝任，但我的看法是一定很快就能上手。

在地圖上標出第一晚要抵達的小村莊，我們埋頭繼續向前，在傍晚抵達灰蒙蒙的落腳地點；當地人投來「奇怪外來者」的眼光，半掩的門悄悄關上，小孩跑開，我們問是否有商店，他們指向一戶用泥土和枝條建造的小屋，裡頭賣有汽水和甜餅乾，我們喝著色彩鮮艷的廉價汽水，問矮小友善的老闆娘知不知道哪裡可以過夜。

「當然！」她笑道，「你們可以在我的後院搭帳篷。」她領著我們穿過陰暗的店舖來到圍著籬笆的後院，裡面養雞和家畜。

因爲這是我們遇到的第一個慷慨人家，這一晚我銘記在心，這就是我期待的徒步探險——來到某地，遇到一些和善的人，待在他們的環境裡。第一晚是在滿是豬和雞的院子裡，我們搭起三頂單人小帳篷。第一天的步行把我們累壞了，因此決定試著減掉一些背包重量。

老闆娘和她的家人因此得到了英文小說、鳥類圖鑑、望遠鏡、一把大砍刀、指南針、多餘的衣物、帆布背包、釣具、電池、多餘的刀和其他許多東西。我們帶著「以防萬一」的裝備數量多到讓我覺得尷尬，也讓我體認到我們讓這趟探險的龐大規模給影響了，不過這一家人顯然很興奮，他們敦厚地爭辯著誰該分得什麼東西。

第二天我們收拾好帳篷，背包明顯輕了許多，我和路克的背包現在也許剩四十二公斤左右，我們又在正午的酷熱下艱難地行走，但仍苦苦掙扎行進，汗如雨下，沒有太大的進展。路克的錶在陽光直射下，刻度顯示爲攝氏五十度，他的靴子太小，腳已經起了大水泡，別無他法，只能換上卡駱馳鞋（塑膠涼鞋）。

第一週大多在平地行走，但酷熱和背包重量讓我們的身體吃不消，馬傑斯山谷（Majes

Valley）寬闊豐饒，我們一開始對沙漠的擔憂到目前爲止是多餘的，河水非常冰冷，因爲是直接來自安地斯山脈的冰河。我們在種植綠色作物的原野艱苦跋涉，四周環繞著灰塵瀰漫的棕色山岳。

接著看似走到了路的盡頭，河水又寬又急切過谷底，但充氣筏不在身上，因爲進入南美洲時把筏子存放在庫斯科（Cusco），準備到了叢林中再使用，因此往前的路似乎中斷了。然而就在這時出現了一名老者，指示我們跟著他，他領著我們爬上陡峭的山谷邊，沿著山壁的一條狹窄小徑行走，左手邊的落差又陡又近，我們沒有問他從谷底繞路要花多久時間，他只是一直向上爬，接著他轉身，含糊地往山谷上方一比，就返回他的村落，我們意識到被帶進一個危險的處境，沒有別的選擇，只能沿著幽暗的小徑行走，光線漸漸黯淡。

晚上六點一過我們就開了頭燈，在黑暗中跌跌撞撞尋找下一個不知在何處的安身地點，可憐的奧茲只有一個我們在英國買的手搖式手電筒；要找到平坦有水的營地令我們緊張，我們彼此嘲笑著來掩飾不安。山谷邊土石鬆軟，我們移開好幾顆石塊，將它推下山坡，如果我們有人從小路上掉下去就麻煩了，因爲左手邊的山谷非常險峻，而且這條小路不過是條沿著陡峭山邊的羊徑。我身後斷斷續續歇傳來奧茲搖手電筒的呼呼聲。

我們對於讓自己陷入這樣的處境一直感到焦躁，直到終於開始下坡，接著聽到遠處的狗吠聲，當向黑暗看去，發現微暗的閃爍燈光，繼之來到這偏遠村落時，我們希望這裡的人很和善，能讓我們紮營。

我後來發現，一般普遍不建議入夜後出現在秘魯鄉村，因爲居民對於夜行者較爲迷信。此時我來到一戶人家，盡可能熱情地說「晚安」，一名老婦人出來應門，問我們是誰，來這裡做什麼，我們向她解釋，她說有幾名背包客也剛經過這裡，我們一定認識，「多久以前？」我們問道。「大概兩年前，」她說。

她和她兒子不但讓我們在屋外的泥地上紮營，還邀請我們坐到錫屋頂小屋的火爐邊，送上大杯的甜熱飲。在暗夜裡焦慮地走過山崖後，這杯飲料眞是棒極了，我爲之著迷，問道這麼神奇的飲料到底是什麼，老婦人笑著回答：「茶。」

接著他們又端上幾大盤用大蒜和奶油煮的淡水蝦，今天才捕獲的，路克、奧茲和我狼吞虎嚥地吞下肚，眼裡充滿喜悅和難以置信，一再地說「不勝感謝」；用完餐後，我們在黑暗中搭帳篷，帶著疲倦、飽足與身處安全之處的欣慰感鑽進睡袋，那晚我們覆蓋在溫暖、慷慨款待的毯子下安然地熟睡。

第二天早上，毯子從我們僵硬的身上掀了開來，奧茲瓦多爲我們翻譯這位老婦人認爲我們該付的高額帳單，儘管知道這個價錢不合理，但吃得好睡得好，我們也就付了，這只是代表往後在接受任何款待前，必須先尷尬地討論價錢，要不然很快就會把錢花光。

這個村落鮮有人至的一個跡象是有幾個毫無遮掩的印加墓地，路克和我原本甚至不知道印加人會做木乃伊，直到我們在途中眞的碰上一具木乃伊，接著發現連著毛髮和皮膚的屍體以及人頭散布在山坡上，這景象引人入勝，也令人毛骨悚然，我們理解到這一定是最近山崩後才露出來的。

馬傑斯山谷的北端盡頭通往著名的科卡大峽谷（Colca Canyon）入口，儘管山谷給人寬闊如畫的感覺，但走過峽谷底部卻沒那麼容易；科卡大峽谷是世上第二深的峽谷，僅次於我們幾個月後就要通過的阿普里馬克（Apurímac）大峽谷，這兩個峽谷最深之處，山頂與河床的落差高達三公里。通常河水塡滿科卡峽谷兩側垂直山崖之間的谷地，沒有小徑，有些地方也無法步行通過，因此我們必須計畫路線，取道其中一側的山頂，沿著峽谷兩側山間取道的問題在於我們將很難取得水源，此外在每次橫跨流進科卡河的支流峽谷時，都必須爬上爬下幾千公尺，但別無他法。

在第一週的偏遠地區探險後，馬傑斯山谷北端和我們見過的零星樹枝泥土小屋大相逕庭，它連接到秘魯的道路系統，因此突然間我們又回到了有飯店、旅館，甚至遊客服務中心的地方。有個名叫賽諾莉塔．馬貝爾的漂亮女孩在遊客服務中心工作，她幫我們計畫通過科卡峽谷的路徑，她在峽谷周圍的幾個山上偏村有熟人，可以聯絡他們，讓他們知道我們就要抵達。她怎麼和這些只有步行或騎驢子才到得了的偏遠村落聯繫呢？當然是打手機。

第一個要抵達的山村叫**烏農**（Uñon），坐落在海拔兩千七百公尺處，比賽諾莉塔．馬貝爾的遊客服務中心高出一千八百公尺，這是兩天的步行行程。可愛的馬貝爾問我們是否需要她請烏農村民派個人和驢子下來，幫我們上山，由於我們已經有點吃力了，覺得這是個好主意，因為我們即將開始爬一些險峻的山。

大概就是這時候，路克和我對於這趟探險該如何進行的看法開始明顯分歧，他希望盡可能享受這場歷險，因此用驢子馱裝備的想法非常誘人，我想對我而言也是，只是我覺得這樣不對，我心裡總是想像著我們背著自己的所有裝備，因此我只同意驢子用來扛食物和水，但裝備自己背。

爲什麼？因爲我們已經同意這是一場人力探險，我眞的覺得這是我想採行的方式。從前的探險家如亨利．莫頓．史丹利（Henry Morton Stanley）進到非洲，以大批的當地人做爲挑夫，還有成群的牲口馱著所有行裝。我喜歡的現代探索是自己動手，投入精力，這是和單純觀光不同的地方，因爲體能展現本身就是巨大的挑戰。然而我還是妥協了，同意雇用驢子。

和驢子會合的地點安排好了，馬貝爾也用手機指示用驢子馱一天份量的食物下來，因此我們第一天攀登得相當快速，因爲只需背一天的食物；那天晚上，我們在預計和驢子碰頭的地點紮營，並且在一座灌溉用蓄水池下淋浴，這個人造游泳池裡的冰河水從一個小石孔溢出來，形成一道近乎冰凍的淋浴水柱，刺進我們瘀青的肩膀，冷冽的力道讓我們高叫出聲。

到目前爲止還沒看到驢子的蹤影，到了早上，情況更明顯了，看來我們被放鴿子了，因此我們吃下僅存的食物當早餐——用覆盆子果醬把一小盤義大利麵條嚥下去——上山前往烏農。

如果說在平地已經很吃力，那麼爬上陡坡更是讓步調瞬間減緩，我們舉步維艱，因此要爲自己設定小小的目標才能持續前進並且保持正面態度，我要前進到那個彎、那顆石頭、那棵仙人掌；到了上半午，在灰撲撲的小徑上行走數百公尺後，我們遇到兩頭驢子和牠們的主人從陡峭的山坡上朝我們走來，持續不斷的攀爬讓我們又餓又累，只想把背包堆到驢子背上；我們熱情地和那人打招呼，他似乎認爲這是個快樂的出遊日，驕傲地拿出依約準備的食物——一包乾義大利麵和一隻剛宰的雞——這不是你在陡峭的山邊上會想到的食物，但奧茲終於在我眼前發揮他的潛力，沒一會兒功夫，已經拔好雞毛、切塊，佐著大蒜，用路克修理好的破舊煤油火爐煎，義大利麵在加水前甚至還烘過，不到四十分鐘，我們已經在大口呑下雞肉義大利麵。

有了新生的力量，驢子主人很訝異我們拒絕將背包放上驢背，自己背著艱難地緩步上山，老人和驢子跟在我們身後，現在他們有點多餘了，但我很高興路克也認爲他必須背自己的包。前往烏農的路途非常峻峭，但我們停下喘口氣時，看見了美麗的印加殘垣，以及來自早已消逝的古文明的古老梯田。

我們轉進一個高懸在陡峭峽谷上的村莊，有著整齊的農田和一個個土石屋小聚落，我們爲烏農古雅的美深深著迷，這趟上山花了十小時；因爲賽諾莉塔．馬貝爾，我們受到村長艾拉德（Elard）熱烈歡迎，他爲我們導覽整個村莊，包括我們要睡的空房，沒有公路上到這個村莊，因此我們看到學校裡的網路和手機收訊都大爲驚奇，每一件東西（碟形天線、發電機、電腦和沙發）都是驢子馱上來的。村裡有座漂亮的粉紅色教堂，俯瞰美麗的廣場，廣場上成千的蜜蜂從土裡的小洞飛進飛出。

艾拉德告訴我們，烏農如何因爲氣候變遷而必須做調適；過去一年下雨四個月，現在幾乎很少持續超過一個月，作物乾枯，牲口也受害，村民必須另謀出路。他們唯一設想得到的生存方式就是爭取道路系統延伸，讓他們連接到秘魯其他地區以及外面的世界，如果成眞，由西班牙人建立、二戰中德國人持續運作的金礦就能重新啓動帶來收入。路克和我對於這個幾世紀以來與世隔絕的美麗村莊要以道路和秘魯其他地區相通感到哀傷，也很榮幸成爲少數最後一訪其浪漫隱密面貌的人。

要翻過山到下一個村莊亞育（Ayo），我們必須先從兩千七百公尺處爬升到四千五百公尺越過山脊，我們的第一位嚮導和他的驢子已經完成任務，於是我們雇了另一位當地人赫克特和他的驢子同行，那頭驢子扛了這趟行程的食物、水以及路克過小的靴子，路克在掛鞋子時引起我的注意，他知道我認爲把鞋子掛在驢背上是錯的，而我知道他對於扛自己所有裝備和遵守以人力完成這趟行程的約定不太在意，對我而言，這動搖了此行的根本，也使我們無法宣稱我們遵守初衷；這裡幾乎沒有水源，因此驢背上的大半重量來自兩罐裝滿水的十公升汽油桶。

少了食物和水，並且除了我們認爲必要的裝備之外，盡量減少行李，路克和我的背包重量變得更輕，剩三十五公斤。但即使負擔變輕，這個海拔高度稀薄的空氣開始影響路克，他顯然很擔心這段路程的生理挑戰，因此腳步調整的非常緩慢，堅稱他不會急速行進，我們會很慢抵達，但絕對到得了；赫克特和奧茲沒有耐心，消失在前方，我和路克待在後頭，但也希望能加快速度——至少加快一點點。

在十二個小時裡，我們一點一點爬升，直到登頂，並且找到掩蔽處紮營。那個下半天，我的速度變得和路克一樣慢，我納悶著是否曾背同樣的重量在這樣的高度持續這麼長一段時間，我沒有，路克也沒有——這是我們必須適應的狀況。現在已經行進了兩週，而且開始出現裂痕，回想起來，當時的進度不算什麼——只是小意思——但已經是我們兩人走過最長的艱苦跋涉了。

那天到最後路克和我找到了節奏，這是最後幾次我覺得我們合作無間，我們定時休息並且努力維持穩定的步調，甚至把奧茲和赫克特拋在身後，就像個團隊，在彼此的陪伴和支持中得到力量。到了山頂，赫克特遞給我一個他啜飲了一整天的塑膠瓶子，「這是治感冒的。」他說，我笑了，完全清楚這是什麼飲料，接過來牛飲一番，灌入的藥草和酒精在我的胸腔擴散，感覺就像尿液溫濕了保溫潛水服一樣。

路克穿著卡駱馳鞋很舒服，我也喜歡不穿襪子和厚重靴子的想法，因此加入他的行列，穿上這種非常規的登山鞋。沒錯，我們得不時停下來從腳上拔下仙人掌刺，但風吹過腳踝而且腳不會濕悶悶地裹在大皮靴裡，我覺得得到解放。

在四千五百公尺的高山上紮營很冷，赫克特用馬鞍被做了個舖蓋；踩著受凍的雙腳，我們早早就啓程下山前往亞育，並在傍晚抵達，由於赫克特很討人喜歡，我們也受到歡迎，獲准睡在村民集會所。

受夠了驢子和斜坡，我想從這裡改變路線，沿著峽谷底部靠近河流的地方行走，我們和一些當地人討論，他們認爲太瘋狂了：水位非常高，而且谷底無法通行；結果另一條路也同樣危險：一條狹窄、蜿蜒的碎石上坡路，接著越過六百公尺高的尖峭山脊，這需要大量攀爬——但這次又背了近四十公斤（多出了食物），因爲對驢子來說太陡了。

對我而言，路克是一名好搭檔在於他是登山和划艇教練，我一開始就清楚告訴他，在這兩個領域歸他主導，因爲他的登山和划艇經驗都勝於我。那天早上路克抬頭看著我們要翻越的山脊，他形容是「穩死的」。

我們在漆黑中出發，從亞育走到山腳下橫越谷底，從那裡開始，我們以之字形路徑爬上漸陡的碎石坡，直到抵達山頂幾近垂直的峭壁，我們要走的路放眼望去根本就看不到，因此對前方相當恐懼；我又穿回叢林靴，但赫克特的驢子弄丟了路克的靴子，因此他穿著卡駱馳鞋試圖征服這段非常危險的山路。

赫克特已經回家了，由艾福倫接替，他是個結實的男子，帶著尖鋤在不太穩固的碎石路上爲我們砍出踏腳處，他輕輕鬆鬆爬上斜坡，而路克、奧茲和我背著沈重的背包步履艱難地落在後頭，我們爬上險峻的溪谷、橫越細長的岩架，這段路並不安全——我們很清楚——好幾次落石掉到我頭上，我們慢慢通過峭壁——只有一度用到繩索——深知只要一失足就會致命；手握之處通常會碎裂，這趟攀爬雖然沒有很高的技術性，卻是我最冒險的一次，我很高興至少沒有穿著卡駱馳鞋。路克脫掉他的涼鞋，穿著襪子走了一會兒，有好幾段路我提議以繩索將我的靴子垂降下去和他共穿，但他拒絕了，看來很有自信；有一度他幾乎喪命，他緊抓的石頭幾乎讓他失去平衡跌落懸崖，在死亡邊緣搖搖晃晃，最後他穩住了，石頭掉落，人沒有跌落，艾福倫此時很樂天地握住繩索，但路克比這位矮小的嚮導重很多。

危險無疑讓我們進入高度警戒狀態，路克和我最後愛上了這最後階段。但另一方面，奧茲則清楚地表明登山嚮導也許不是他最佳的職業選擇——在好幾個路段我們必須指導他，因爲他嚇壞也凍壞了。

下山的路程沒那麼糟，我們抵達一個小村莊**康可**（Canco），坐落在科卡峽谷最難抵達之處。康可是個安恬的地方，只有幾戶人家在這狹小的谷底耕作，飼養牲口和種植作物。在這類村莊啤酒稀有又昂貴，儘管如此，我們還是很高興能買幾瓶冰啤酒，慶祝我們挺了過來。

第二天，我們走上峽谷南邊的陡坡前往**卡巴納康德**（Cabanaconde），我因爲近距離看到大量的安地斯山脈兀鷹隨著出峽谷的上升氣流浮動而振奮不已，這種張翅近三公尺寬的巨大鳥類振奮我的心靈，也給我力量，我試著引起路克的興趣，但他只看到禿鷹，並繼續埋頭苦走。我們那天的失算是累計爬了四千公尺，代表我們必須在路邊的溝渠過夜，距離目的地還差幾公里。

從卡巴納康德到**拉里**（Lari）的二十二公里又是公路，而且這次整天都是緩下坡。拉里這個天主教小鎮是科卡峽谷末端的一桶金，我們將由此開始尋訪亞馬遜河的最源頭，籠罩在高聳的安地斯山脈陰影下，我們知道從這裡到密斯米雪山和卡瓦山塔河（Carhua Santa）（距亞馬遜河出海口最遠的支流）上游只有兩天的路程。我們已經走了三個星期，現階段非常疲憊，需要休息，因此休兵幾天恢復體力，並且在攻頂之前調整裝備。

路克的未婚妻凱蒂此刻正在秘魯旅行，希望能和路克見面，他顯然也很想念她，在我們行走時，只要能收到手機訊號，他就會打電話給她或傳簡訊，由於我們知道會在拉里停留幾天，他們在此會面很合理，路克和凱蒂入住一家旅館，奧茲和我則睡覺、買補給品，之後就無聊至極。

我們三個星期的長途跋涉，經由科卡峽谷登頂的行程是受到麥克·洪恩啓發，他在九〇年代乘水上飛在亞馬遜河順流而下，在更下游則使用獨木舟，麥克沒有使用動力橫跨整個大陸。我們想繼承他的衣缽，完成同樣的行程，但這次不借助水流向下，如果我們採取步行，就是第一個經由亞馬遜河最遠的源頭，完全以人力橫跨整個大陸的人。麥克已經設下了標準，因此搭巴士到通往密斯米雪山最近的道路是不可行的。

凱蒂和路克淚眼汪汪地道別，並承諾幾星期後在庫斯科再見。路克、奧茲和我由拉里出發，尋找亞馬遜的源頭，我們將十天份的糧食綁在新嚮導費里西亞諾的幾頭小驢子上；這階段的地圖很棒——比例尺一比十萬的軍用等級地形圖——因此我們將源頭的維基經緯度輸入全球定位系統，然後出發。這次上升的高度很快就超過路克過去的登山經驗，他看來比我們其他人都還爲高山症所苦，就這一點我無法理解，因爲一、我們服了藥片，二、我們在過去三週逐漸爬升高度，因此他的身體現在應該適應了。我確定他一定能感受到我的沮喪，他在部落格寫到登頂日那天時，也同樣拐彎抹角地表達他的沮喪，他說當他在後面艱難地行進，我跑在前頭把奧茲瓦多高舉過頭還做跳躍動作，這當然是虛構的，是他製造效果的誇大描述，但我感受到他的字裡行間充滿疏離感。

在為我們抵擋強烈風雪的羊棚待了一晚後，我們登上密斯米雪山所在的山脊，尋找位於北端的村莊，在那裡可以找到亞馬遜河的最源頭和著名的白色十字，我們的維基坐標在七公里之外，但路克和我多次研究山的形狀，憑直覺就知道該往何處尋，我們都覺得彷彿來過這裡，用內在「力量」引導我們下到一處寬廣、平坦且綠草如茵的山谷，跳過長滿青苔的小溪，直到我指向一大片岩石裸露的絕壁底部，路克也同意看到了十字。

我們快步衝上最後幾公尺，一切就如同我的想像，一道顯著的水瀑從十公尺高的岩壁上傾瀉而下，很明顯地看得出來為何十字會立在這裡，如畫的泉水恰如其分地直接從岩壁流出來。

我們拍了幾張照片、錄了影，然後注意到在十五公尺之下還有另一個鐵十字，那是一九七一年立的，聲稱那裡才是眞正的源頭，另一處還有一塊巴西地理研究所的牌匾。我對這些考察隊的無聊舉動翻了翻白眼——他們全都在這山坡上的不同地點宣稱不同的眞正源頭——事實上隔天我們又發現第二塊牌匾標明了第四個亞馬遜河的「正式」源頭。

我們回到平坦的區域，在卡瓦山塔河谷底紮營，那晚我們將鬧鐘調到清晨四點半，準備在早上五點出發。

二〇〇八年四月二十五日清晨五點四十五分，我看著錶，一陣恐懼衝上背脊，好像太遲了就要有大麻煩似的，我無力地爬出睡袋，暗夜的酷寒穿透薄薄的防寒衣，夜空晴朗，我們的帳篷結冰起皺，我叫醒一個個睡得迷迷糊糊的同伴。

我們有點想把費里西亞諾留在營地看守裝備，但是後來決定一、就算有人大老遠上來了，也不會偷東西。二、費里西亞諾在山底下住了一輩子，如果能看到上面的風景，那實在太棒了；他欣然同意。

我們是在四千九百九十公尺處紮營，因此距離山頂只剩六百一十公尺，帶著剛好夠的必需品，費里西亞諾穿著用老舊輪胎做的人字拖，我們開始緩步上坡；路克帶著裝有繩索和醫療裝備的唯一背包，當他速度慢了下來，我提議要幫他拿，也許這讓他覺得必須依賴我，他拒絕了，並且繼續緩慢上山。就是在這種時刻，我必須承認和路克的關係佔據了我太多心思，我們就要攻頂了，上面有亞馬遜泉水的源頭，天空是最清澈的藍色，景色美不勝收，而我想的卻都是「他爲什麼不把那個該死的背包給我？」

幸好我們理解到這趟山路必須保持警覺，之後便都不再對彼此生氣，我們走上陡峭的雪堆破雪開道，持續迂迴爬升直到置身明亮的陽光下。

我不曾有過懼高症，但抵達山脊時，看著腳下垂直陡落的山崖，拿著相機竟全身凍結——嚇壞了，那是一種急遽上湧的恐懼，我必須去克服、以微笑化解、嘲笑自己的憂懼，才能夠爬上鋒利的山脊。

我和路克輪流在前面踢步開道，帶領四人小組爬上稜線，上到山脈的最高峰——密斯米雪山——儘管先前有些牢騷，但當我們在中午之前走完最後一段登上五千六百公尺高峰時，都欣喜地互相擁抱。

我不是個登山高手，登頂的經驗讓我深深陶醉，再加上想到從這裡開始，我們就要沿著亞馬遜河最長的河道行走，過游牧民族的生活、身上背著必需品、靠我們的智慧生存達兩年之久，就覺得我是世界最幸運的人，走到這階段我非常開心，這一刻我可以清楚地想像我們完成整個旅程，可以看到我們破破爛爛地衝進大西洋——這個成就的狂喜已經深植在我的靈魂，我知道完成探險之前我絕不會放棄。

路克則更加欣喜，他的手機收到訊號，他打給了凱蒂。我很清楚我沒有任何想打電話的人，仔細想了一下這是否困擾我，接著我對自己微笑，很高興在接下來的兩年能自在地過我想過的生活。

3 走下世界最深的山谷

雖然徒步亞馬遜聽起來該像是《男孩故事報》（譯注1）裡描述的充滿水虎魚（譯注2）、蛇和美洲豹的歷險，但在行走二百公里後，我們離叢林或大家熟知的亞馬遜河還很遠，跨越安地斯山脈比較像是一場冒險跋涉假期——但要完成任務我們還是得做。

離開位於密斯米雪山北坡的營地，費里西亞諾穿著他輪胎製的涼鞋，帶著驢子返回拉里，路克、奧茲和我則往反方向邁步，沿著卡瓦山塔山谷前進。那裡的土地貧脊且空曠，讓我聯想到浩瀚版的英國山峰區（English Peak Distric），在這高海拔的廣闊地域裡，有些地方相當泥濘，因為背著沈重的背包，即使是平坦的地形也很難行走，這個高度樹木無法生長，我們沿著平原上的蜿蜒小溪行進，一天只下山幾公尺。

四月二十八日下午，我記得我被奧茲給惹毛了，因爲他很自豪都不會累，而我那天走得很辛

譯注1：*Boy's Own*，一八七九～一九六七年在英國針對青少年發行的故事報，內容多以探險故事爲主。
譯注2：原產於南美的淡水魚，有時結群咬死人和動物。

苦，激怒我的原因是我背著他的食物（理由我忘了），因此當我們停下來休息時，我甩下背包，拿出奧茲的食物，魯莽地扔到他面前。我當時不能理解為何我的情緒受到影響，但那天晚上的日記顯示出我眞正的想法：

二〇〇八年四月二十八日日記：

今天我讓自己想著路克的壞處，這會造成不良後果，因爲如果他不是個好的夥伴選擇，那我也只能怪自己，因爲他是我選的。我開始氣我自己，但他是徒步亞馬遜計畫的另一半，我越快調整到最佳狀況、不要浪費精力生他的氣越好。我知道我夠堅強，可以和路克一起實現這趟探險——我只要積極正面、不要被他激怒，就如我所說的，他是個好人。

第二天，路克看起來很疲倦，奧茲提議走一條穿過原野的路線（路克也同意），結果卻很泥濘，奧茲和我換個角度想，自嘲我們濕答答的鞋和褲子——那天是大晴天，腳濕了沒關係；路克跟上來，滿臉怒容，咒罵奧茲，這是路克第一次這樣對待奧茲，「夠了，路克。」我介入，對他指出在大晴天濕了腳只是小事一樁。

我們爬過一小面陡坡，走上煙塵瀰漫的小徑，我走在前頭，轉頭看到路克和奧茲在爭辯誰該走在後面，眞是雞毛蒜皮小事。我必須承認我大聲嘲笑他們兩個，路克勃然大怒：「你竟敢在奧茲瓦多面前嘲笑我！」他憤怒的雙眼比他的話語還凌厲，因此我轉頭默默地繼續向前走。

沒多久，我們在一個山丘上休息，我告訴路克，不該將他的沮喪發洩在奧茲身上。

「聽著，路克——我昨天的舉動程度較輕——我並不是只責備你——但我們不該因爲疲倦而彼此出氣，也許相互嘲笑是更好的方式，免得我們的行爲像個傻瓜。」路克還是認爲我應該更支持他，因此約莫又走了一小時後，我爲了在奧茲面前嘲笑他向他道歉。

我已經厭倦了和路克爭辯，爭吵越來越頻繁，我們都變得更敏感且易怒，嬉鬧玩樂從我們之間消失了。由於路克看起來非常疲倦，他在四月三十日提議買兩頭驢子時，我勉強同意了，畢竟這趟探險他也有一半的份——我們還是可以說走完了亞馬遜全程——但我希望不要有驢子協助，不過爲了保持和諧，我讓步了。

五月一日，每頭驢子付了四十英鎊後，我們向一位老農夫領了兩頭老驢，牠們已經一年沒有工作了，防止牠們逃跑的方法就是綁住後腿，有一次牠們鬆綁，照管驢子的奧茲試著套上轡繩，但讓牠們趁機逃了，我們追了大片原野終於抓到牠們並且套上繩索。這兩頭驢子非常狂野，但奧茲接下訓練牠們的挑戰，而且看來對這新任務很滿意。

我必須承認驢子減少了我們的體能消耗，到了叢林時就會把牠們賣掉。買到驢子的第一天我們沒有走太遠，因爲我不舒服，我們早早紮營，午睡過後，我醒來看到美麗的夜晚，路克和我走上山丘，坐在岩石上長談。

路克告訴我，他對於我先前沒有支持他依舊感到受傷，因此我決定對他完全坦承，我告訴他我對於他語言不通以及拖慢大家的速度感到沮喪。在我看來，這些都是事實，但這是我第一次讓他知道我眞正的感受，我認爲還有兩年的路要走，如果要保持良好的關係，就必須對彼此誠實，否則沒有成功的機會。他知道我的感受眞是太好了，無論這是否是殘酷的事實，他現在知道自己的狀態，而且看來能夠接受。

這番談話後，空氣似乎變得清新，我們也都鬆了一口氣，吃了一頓豐盛的晚餐，有大豆蛋白肉和洋芋粉，並且與奧茲練習英文和西班牙文，情況看來好轉了。

隔天我們橫越一片廣袤無垠的平原，接著右轉第一次進入狹小的阿普里馬克山谷（Apurimac Valley）。阿普里馬克河標示著錯綜複雜水道的起點，我們將沿此到達眞正的亞馬遜河。阿普里馬克河後接著埃納河（River Ene）、之後是坦博河（River Tambo）、接著是流入亞馬遜河的烏卡亞利河（Ucayali）阿普里馬克河很窄，在險峻的山谷中蜿蜒流動，讓人彷彿置身威爾斯，山谷散佈著裸露的岩層。在荒蕪的平原走了一個星期後，美麗的景致振奮了每個人，我們抬頭挺胸、恢復談笑。傍晚時分，夕陽溫暖了大片成列的金色高聳岩石，傲視著壯麗的河谷；這個區域被水侵蝕，水在白天滲入岩縫，晚上凝結，導致岩石裂開，形成一片破碎的荒原，有著摩天大樓般大小的嶙峋墓石。

二〇〇八年五月四日日記：

今天可以說是到目前爲止最棒的一天，並不是最興奮或最有趣，但卻最怡人，看著阿普里馬克山谷壯麗的風景，沒有任何口角，午餐時間我們去游泳，飯後甚至在鵝卵石河濱打盹。

隨著山谷漸深，開始變得更像峽谷，對驢子來說路漸趨難行，小路不是太陡就是過窄，牠們難以通行，因此我們被迫往上，離開山谷，向兩邊較平坦的空曠處走去。

有時候在峽谷頂端之下，路就在前方，我們便沿著走；通常走在廣闊的大草原上，而羊群、南美野生羊駝和美洲駝就在那吃著草。

五月十一日，結束了漫長的二十五公里路程後，我們抵達克偉地區（Quehue）的**克丘亞鎮**（Quechuan），那天是市集日，廣場上擠滿了闊邊高頂氈帽的男子和穿著彩色裙子、戴棕色圓頂帽的婦女。奧茲告訴我，克丘亞婦女穿的傳統服裝和帽子是西班牙統治下的產物，當時每個地主的工人都有其特定款式，以和其他地主的工人區隔，這在我看來很詭異，這麼著名的民族服飾實際上卻是強制的農夫制服。

克偉有種奇怪的氛圍，我們穿過廣場時，受到的騷擾比平常還多，乞丐拉著背包要錢，孩子們指指點點、笑著我們，我們不以爲然，但因爲驢子害怕吵嘈的群眾，我們離開城鎮，往北四百公尺找到一處有掩蔽的平坦原野紮營。

一直有人告訴我們這裡的人不一樣，有較多的小偷和不會幫助我們的「壞人」，無論是我們想太多了，或者只是變得更與世隔絕，我們都覺得在曠野的帳篷比在鎮公所或鎮上教堂舒服多了。我們匆匆吃完從鎮上帶來的鮪魚和一些麵包，在六點半天色變暗時爬進睡袋。

對於那些到秘魯觀光，想稍微超出舒適範圍、不只待在擁擠印加小徑的人來說，阿普里馬克河的上游令人驚豔，這裡的峽谷不到二千公尺深，兩旁桉樹叢生，藍色的冰河水汩汩地流過肥沃谷底。

儘管此刻我們對團隊都較滿意了，但從日記上看得出來，我開始盼望有其他夥伴。路克和我在一起至今七十五天，我渴望不同的話題，遺憾的是我們的興趣並不相符，因此我很快就對他的獨木舟歷險和在英國某處攀爬峭壁的故事生厭，而他似乎對我熱中的話題也沒興趣，我們都愛看電影，但有一次我們討論彼此都看過的電影卻只有幾部而已。

這是一項挑戰，需要積極面對並且尋找彼此的優點，但這真的是一大挑戰。

五月十七日，我們在下午稍早的時候抵達一個偏遠小村落**聖塔露西亞**（Santa Lucia），坐在陽光下空無一人的廣場喝可樂，吃著在當地商店買的秘魯版奧利奧巧克力餅乾，四周高山環繞。

那間商店是該區域典型的商家：幾個木架子上擺著各種顏色的溫熱氣泡飲料和一包包的甜餅乾，有時候會有鮪魚罐頭或鹹牛肉和一袋袋的義大利通心粉；商店老闆很親切，告訴我們有個人和我們同方向，可以和我們同行。我們欣然接受，因為當地人總是知道捷徑；我們出發了，路克殿後和新朋友走在一起，沒多久路克就追上來，告訴我即使以他的破西班牙文，都可以感覺到那個人有點怪，我往後退和那人說話，發現他的確怪怪的，但兩分鐘後我就覺得無聊了，因此再度加快腳程。

當蜂鳥正好出現在我面前，我迅速拿出相機拍攝這難以捉摸的生物時，那個人開始拉扯相機要看螢幕，快如閃電的蜂鳥並不好拍，而當有個古怪的秘魯人使勁扯著相機就更難拍了。

我們再度上路，我把這個怪人塞給奧茲，因爲他們可以用克丘亞語溝通，五分鐘後，奧茲就生氣了，他說那個人瘋了，我們得和他走不同方向，他說那人認爲我們是偷牛賊，從他們村子偷了這兩隻驢子。我們繞道往山丘上走去，希望能避開那位在正下方小徑上行走、不受歡迎的夥伴。

於是他跑上山丘朝我們而來，他擋住去路，撿起一塊石頭，說不准通行。奧茲青春的雙眼充滿怒火，他斬釘截鐵地告訴那人他的行爲有多愚蠢，我們只是旅客，那人指著我的登山杖，說我們持有秘密武器；爭吵持續，我和奧茲在一旁看著，那個小小的秘魯人拿著顆石頭讓我們既困惑又好笑，然而他可不覺得好笑，幸好有個頭腦稍微清楚一點的當地人出現，讓那人冷靜下來。出面調停的叫艾斯特凡，他警告我們不要經過那個瘋子位在前方的村落，他說他們都一樣，老是互相吵個不停。

我們接受他的建議，沿著據說較窄也較危險的高處路徑走，以避開傻子村，最後我們在那個村落的正上方四百公尺處紮營。我想我們多少都預期夜裡會有人造訪，因此隔著帳篷大聲說笑，要佈陷阱等揮舞著乾草叉的狂人村民到來，但我們都睡著了，而他們也沒來。

庫斯科是座西化的大城市，有兩座大教堂，並不在我們的路線上，但我們必須一訪；它位於阿普里馬克峽谷北方四十公里處，是我們抵達利馬之前存放叢林裝備的地方，庫斯科代表了誘人的西式食物和酒吧，在行走五十天後，非常具有吸引力。

整體而言，秘魯的物價很便宜，大約六索爾兌一英鎊，我們通常可以在秘魯人工作吃飯的地方以少於一英鎊的價格吃東西。但庫斯科則大不相同，物價高過倫敦，如果你選擇了通霄營業的夜店和酒吧，等於可以住豪華旅館、吃精緻美食和嗑特製毒品（譯注3）。由於庫斯科鄰近馬丘比丘（Machu Picchu）遺跡，使它成為南美最大的旅遊景點，在這裡不用說西班牙文就能通行無阻。

我害怕在庫斯科待太久會將探險的精神狀態拋諸腦後，也會花太多錢，而且體能下滑，因此建議只讓路克到庫斯科，我和奧茲以及兩頭驢待在阿普里馬克的一個小村莊，由路克去換裝備，並且再度和凱蒂見面。

但到了五月二十日，距離前往庫斯科只剩一天，我們都很累了，沒有一個人曾步行過五十天，文明的呼喚太強烈了，我改變立場，建議奧茲我們兩人也舒舒服服地休息幾天，將驢子交給阿普里馬克一位好心的農夫，向光彩奪目的大都市出發。

在路克和凱蒂見面的同時，我趕工處理行政工作——記帳、將已拍攝的影片數位化，並且把影帶快遞回英國，我整理叢林使用的裝備，並且將羽絨睡袋、防寒衣和雨衣也寄回英國。此刻終於知道此行真正會歷時多久和花費，原本從ＪＢＳ取得的贊助金額不夠我們抵達終點，因此我和他們聯繫，追加資金，此刻我對金錢的憂慮遠超過旅程中的自然天險；我終於聯絡上ＪＢＳ的執行長強納森，他通情達理，並且答應幫忙，我鬆了一口氣，但知道從這裡開始必須強力控制花費，這代表少到城鎮、少從國外買昂貴的器材，必須盡可能使用在南美可以取得的裝備。

此時不提到我和路克迥異的金錢觀就很難正確地敘述這個故事。路克到馬丘比丘觀光（凱蒂付帳），而且依我看來到餐廳吃最好的食物（探險基金付帳），他很快恢復體重。我開始厭惡他出現在這趟探險中，儘管在抵達庫斯科的前幾週我們的關係漸入佳境，但此時兩人的關係再度惡化。

當時我們的一些朋友正在庫斯科旅遊，因此我花了一個晚上的時間在酒吧裡拿我和路克的問題煩他們，我懷疑我的判斷，想知道我是否不可理喻。我眞的很希望他們說是我大驚小怪，但就某些方面來說，他們的看法和我相同讓我鬆了一口氣，雖然他們沒有任何解決方法，但似乎也認爲我和路克不是合拍的旅行搭檔。

我們離開庫斯科是六月初，我冷漠地看著路克和凱蒂道別——凱蒂哭成淚人兒，他們想再見面的需求似乎和我們要完成的事業相違背。這是世界首次的探險，必須全神貫注和給與承諾，我覺得奧茲瓦多比路克還投入。

我們領回驢子，付了農夫一筆超時寄放費用，高興地再度上路。我意識到，在走路時，腦袋會找一些事情想，因爲通常沒什麼好想的，這種能量常會變成負面，而這種負面情緒最終會聚焦到探

譯注3：Designer durgs，受管制藥物的衍生物，經過製毒者在化學結構上加以改造，以規避現今的法律條文。

險夥伴身上；我落入了這個陷阱，在腦海裡把此行的所有問題都歸咎於路克。有一些是他的錯，但回顧起來，我很快就發現歸罪路克其實讓事情變得更糟，我覺得自己失去控制，因爲錯在他而不在我。如果我對某些事情能擔起責任，就能取得更多優勢，對我而言，如何控制心智是個像山一樣高的學習過程，而我還只在小丘上。

六月十一日，我從晚上八點睡到清晨六點，整整十個小時，起床時覺得是幾個月來最清醒的時刻，時機正好，因爲那天要爬升一千一百公尺。

在海拔約四千公尺處，我們找到一個可以安身的小村莊，在綠草地上一條汩汩流動的小溪旁紮營，結果證實五月在庫斯科丟棄防寒裝備爲時過早了，因此穿著棉襯衫在薄薄的叢林睡袋裡度過寒冷的一夜，我們太過期待叢林，以至於過早換裝備以期遠離高山，眞是白痴。

過了漫長艱辛的幾天，經常上上下下超過兩千公尺，我試著專注在具體的目標上；我不喜歡和驢子同行，因此專注在度過接下來的十來天、賣掉驢子，屆時這趟徒步探險就會變得更有彈性也更有趣。這趟艱辛的苦行，有了馱獸變得沈悶也沒有挑戰性；我夢想著叢林、吊床、釣魚和營火。

由於我們有自己的驢子，因此就沒有熟悉路徑的當地驢夫跟隨，這代表必須自己領路，路克和我決定輪流，一人一天，這樣才不會彼此相左，此外沒有當班的那個人，那天也可以放鬆。

儘管我喜歡拿我進行探險的方式開玩笑，但其實我對自己的能力很有信心，對別人的期望也很高。在我看來，路克的導航太籠統，他常說「過了這山嘴」就到了，給我的印象是他不太確定我們所在的位置，要不是我們互有口角，這也沒什麼大不了的，我們並不需要非常精確，然而對我來說——我希望這裡沒有對他不公道——這又是他另一個沒有適當貢獻的例子。

我的每一篇日記都顯示我執著於有多失望——以及過了這麼久後感覺一直沒變有多厭煩。事後看來，我竟然從未看出顯而易見的解決方法，我總是認爲我們會解決爭端，或者一旦進入叢林，這趟探險就會改變，我們都會快樂一些。

隔天一早，我想我是在找麻煩，路克過來提議和我一起瀏覽路線，我告訴他我不需要這麼做——今天是他帶路，我只要跟隨。我不太記得確切的爭吵過程，但當我告訴路克他帶路遜斃了，事情就爆發了。

路克大發雷霆，我知道會發生這種狀況，然而我在一旁看著，對他連珠砲似的憤怒咒罵大爲驚奇。他對我非常生氣，但我愚蠢的那一面，在他的爆發中得到樂趣。我完全承認是我製造了這個狀況，要打破我們試圖好好相處失敗後長久的沈悶，看到他釋放一些怒火感覺很舒暢。奧茲瓦多和驢子耐心地在一旁看著，就像看著兩個英國佬釋放彼此壓抑的敵意。我們都在顫抖——就像一段走味婚姻中最猛烈的爭吵；如果我們在倫敦，早就分道揚鑣了——但這場探險讓我們一天二十四小時都在一起——因此釋放一些壓力是必要的。

爭吵使我們延宕到午餐時間才出發，我覺得我們之間的氣氛變清新了，也感到寬慰，不用再壓抑這些感覺。對我來說，這是必要的誠實發洩，卻不知道這是路克的最後一根稻草，雖然我們又一起走了兩星期，但他已下定決心要離開。

我們在佈滿尖刺植物的灰色山丘上沿著似路非路的小徑行走；在滿是羊和南美野生羊駝糞便的斜坡營地搭起防雨帆布蓬頂；對喝醉酒的克丘亞男人胡說八道，想把他搞迷糊；也好奇老人家的嘴在嚼了一輩子的古柯葉後，沒有刷洗僅存的幾顆牙會有多髒。

在我們抵達叢林時，路克堅持他需要從美國寄來的專業用叢林靴，我們全都累壞了，因此將驢子交給另一位好心的農夫，前往阿班凱（Abancay），到郵局領路克的靴子。由於路克堅持靴子非常重要，我把靴子的運送問題交給他，我們等了一天又一天。

這次休息代表有機會放鬆一下，讓腿好好休息。幾天後，路克的靴子仍然沒寄來，我告訴他無論如何都要出發了——我無法忍受這樣枯等著不動。我們沿著公路又走了幾天，直到到了胡安尼帕卡（Huanipaca）出口點，路克終於收到靴子。

我的日記顯示我對前方路途明顯無知：我認為要走到埃納河才會開始有叢林；我認為谷底會很寬闊，可以沿著谷底行走在河邊，而且我認為關於紅區（Red Zone）（秘魯惡名昭彰的恐怖分子堡壘和毒品走私中心）的謠言都太過誇張，走過那個區域是小事一樁。

在我們走下一個大山嘴進入峽谷時，遇上兩名矮小的男子，不許我們通行。在意識到進入紅區時，我們恭敬有禮，拿出護照和許可，但他們不肯讓步。我後來提出了個想法，雇用他們同行，他們認為這是個好主意，因此護送我們踏上他們的土地。在行走聊天時，他們說這裡正上演礦區所有權的土地紛爭，我們被誤認爲是外國的礦場調查人員。

他們也買下了驢子。我們不再需要驢子了，而且可以走在牠們無法通行的谷底。我們以略少於買進的價格賣出，我很高興，這場探險終於有一次進帳；看著牠們離去讓路克很難過，我必須承認連我都稍稍觸動心弦，因爲這兩人各拉了一頭驢往反方向走。這兩頭老驢可能是第一次分離，天曉得會分開多久。

走了驢子換成兩名當地的小夥子——賽吉爾和魯賓——他們同意收費同行。他們只是單純務農的孩子，不習慣背重物，因此老是要求停下來。我們下降到谷底，在熱帶高溫下掛起吊床，路克和我測試刺網，半小時內就抓到一條鱒魚。河裡的生物生氣勃勃，此外想到在剩餘的探險行程中，就要可以在清澈的水中洗澡，我們都非常開心。在我們身後是幾個月骯髒、汗流浹背的貧脊山丘，現在可以泡在河裡，只要我們高興，隨時都可以洗淨髒污。

這兩名當地的年輕小夥子說，我們走過的所有古柯葉田，都是要種來加工成古柯鹼的，小農在夜裡將葉子賣給毒梟（毒販），毒梟接著將古柯葉加工成一種潮濕、像起司一樣的物質，之後包裝送到阿班凱等地，再分銷到哥倫比亞進一步加工和提煉。

二〇〇八年七月一日，早餐吃了炸魚和麵條，一行五人從谷底出發。我們知道如果峽谷兩邊無法通行，可能必須繞道，往上越過小山嘴，但少了驢子拖累，我們有信心能應付各種地形。

沒多久就抵達一個路段，那裡的水向一面垂直山崖奔馳而去，魯賓和奧茲都不會游泳，但無論如何，險惡的湍流都不是選項。路克決定往上爬行，越過右邊的山丘，我也同意了；除了往回走之外，實在也沒有別的選擇。

阿普里馬克峽谷的陡峭兩側沒有路徑，要走上去並不是那麼容易；那裡太過險峻，連走都困難，我們必須握住尖刺的植物，並且希望腳下的石頭不會滑落。但路克決定直接走上去，和三位秘魯人的建議相左，然而他們還是跟著他，不過沒多久——坡度實在變得太陡——當地人就向左分岔而去，繞著山側而行，直到他們找到一處可以攀登的山脊。在山上待過幾週之後，悶熱讓我們難以忍受，汗水濕透了衣服，貼在身上。

我呼喊路克，建議他跟隨當地人，他沒有回應，「你有沒有聽到我說什麼？」我在他身後叫著。「有！」他粗魯地回答，又繼續攀爬。

我們四個撇下路克，讓他繼續令人膽顫心驚的攀爬。我們跳過一個容易跨越的溪谷，接著開始攀登一個岩石山嘴；在某個路段，我們的右手邊出現一幅遠景，可以看到路克正在爬坡，「天啊，」我心想，「看起來好危險。」

路克正爬上一個山丘，他憑藉著鬆垮的石塊，緊抓著細小的植物，一失足就會喪命；他可能爬兩步，地面就滑動，他又回到原點，眞是不忍卒睹。但我們可以看出他現在全心投入，而且就算往回走可行，也可能更危險。他花了約二十分鐘爬了四十公尺，我眞的覺得我隨時要目睹並且拍攝他的死亡。當他爬完最陡的路段，我們也決定開始再度攀爬；攀爬變得越來越困難，山嘴頂點看似遙遙無期。

如果大聲喊叫，路克和我可以聽到彼此的聲音，我問他還剩多少水，「幾乎沒有了。」我聽到微弱的回答。我祈禱那遙遠的山嘴標示著一條路徑的起點，通往另一端安全有水的地方。經過六個半小時的攀爬（最後三個半小時沒水喝），我看到走在前面的兩位當地人和奧茲的身影出現在上方山嘴的地平線上，路克和我沒有走在一起，但在差不多的高度上，還落後他們一百公尺。

很難表達此刻我有多麼疲憊，鬆軟的山坡和背包的重量讓我不勝負荷，我向下跌落十公尺，摔到仙人掌堆裡，因爲筋疲力盡，我一動也不動的又躺了兩分鐘，身上扎滿仙人掌刺，口乾舌燥，脫水、頭部陣陣作痛。

奧茲從上方大喊，爲我加油打氣，但我覺得很虛弱，幾乎虛脫，感到挫敗，我開始不在乎是否能爬到頂，接下來發生的事我永生難忘：二十四歲的奧茲，小我八歲、比我輕三十公斤，走下山丘來幫我，他來到我身邊，卸下我的背包，把背包背上山，我奮力地跟上他，最後一段路約五分鐘，到了山頂我癱倒在地。

我覺得難爲情，被這地形、酷熱、草木以及年輕的秘魯男子擊敗了，他們現在憐憫地看著我。我有半個小時沒想到路克，但在我躺在山脊上——爬坡四個小時滴水未進——我開始擔心他的安危。

接著奧茲帶來壞消息，這裡沒有路，我們無法以不到一天的路程下山找到水，我們被困在渺無人煙的貧脊山嘴上，在世上最深的峽谷裡。

「路克，」我叫道，「你聽得到我的聲音嗎？」

我聽到微弱的回答：「我眼裡進了東西。」

「我派奧茲下去幫你，待在那別動。」

「他可不可以帶些水來？」路克回應。

我沒有回答。

奧茲和賽吉爾也都沒水了，他們下去幫路克，我知道我幫不上忙，這讓我非常厭惡自己。我躺在仙人掌下，魯賓盯著我看。

二十五分鐘後，賽吉爾爬上山，奧茲背著路克的背包跟在身後，最後才是路克，他在我身旁倒下來。

「我們這次搞砸了。」他很實在地說道。

「還有更糟的呢，老兄，」我說，「沒有水了。」

路克承認他一路上幾度幾乎暈過去，我們都覺得無法繼續前進，但賽吉爾告訴我們，在山嘴之上的兩小時路程外有個小鎮，加上背包我們至少要花四個小時才到得了。現在我們完全嚥下了自尊，派出賽吉爾和魯賓帶著空袋子和一百索爾鈔票上山到鎮上，要他們買下商店裡所有飲料。他們大約在下午四點出發，我和路克躺在塵土上，奧茲用大砍刀砍下仙人掌的葉片，拔去尖刺後切成碎片。咀嚼仙人掌後汁液滲進我們乾涸的嘴，感覺眞是棒透了，我很快就恢復活力能夠坐起來，並且想著要再去砍幾片，而我也這麼做了。

這兩名當地小夥子在天黑後一小時回來，幾公里外就看到他們的手電筒，他們倒出袋子裡所有的東西：用借來的汽油罐裝了十公升水、兩瓶三公升裝的印加可樂（黃色）和可口可樂，以及十罐煉乳，我們留了一半以上到明天早上和登山時飲用，接著開始大口咕嚕咕嚕地喝下這些提神的飲料，我一輩子從來沒有這麼珍惜過飲料。那天路克和我被擊敗了，多虧這三位秘魯年輕小夥子，我們才過得去，這對我們兩人來說都是難堪也是羞辱的一課。至今我仍不知道爲何和當地人相比之下，我們做得如此糟糕。

隔天早上花了三個小時到達鎮上，遇上對我們感興趣的群眾，他們聽說了蠢白人沒水喝的故事。儘管才上午，我們住進一家錫屋頂的泥牆旅館，洗衣服、洗澡，然後整個下午躺在陽光下。旅館主人人很好，想幫我們找到新嚮導，因爲賽吉爾和魯賓返回他們村莊了，經過一番尋找，我覺得他因爲沒有找到任何嚮導而感到不好意思，因此同意和我們同行——我怕是沒記下他的名字了。

到了下個高懸在峽谷邊上的村莊，好心的旅館主人繼續幫我們找嚮導，最後終於找到一名叫塞吉歐的男子，他有著淘氣的笑容，體格健美：寬大的胸膛、結實的大腿，矮小的身軀沒有一絲贅肉。塞吉歐他同意丟下新婚妻子和小嬰兒與我們同行，他熱愛走路，很興奮地加入我們——我完全不知道他會待多久。

那位不知名的旅館主人、塞吉歐、奧茲、路克和我再度走下阿普里馬克峽谷。這個路段谷地寬闊，風呼嘯地吹下來，我們在河邊紮營，路克和我為秘魯人煮晚餐；路克整理了一張再補給需求清單，架設全球寬頻衛星行動通訊，並且寄了一封電郵到英國，在那封電郵之後發生的事將永遠改變這場探險的形式。

PART 2

紅區

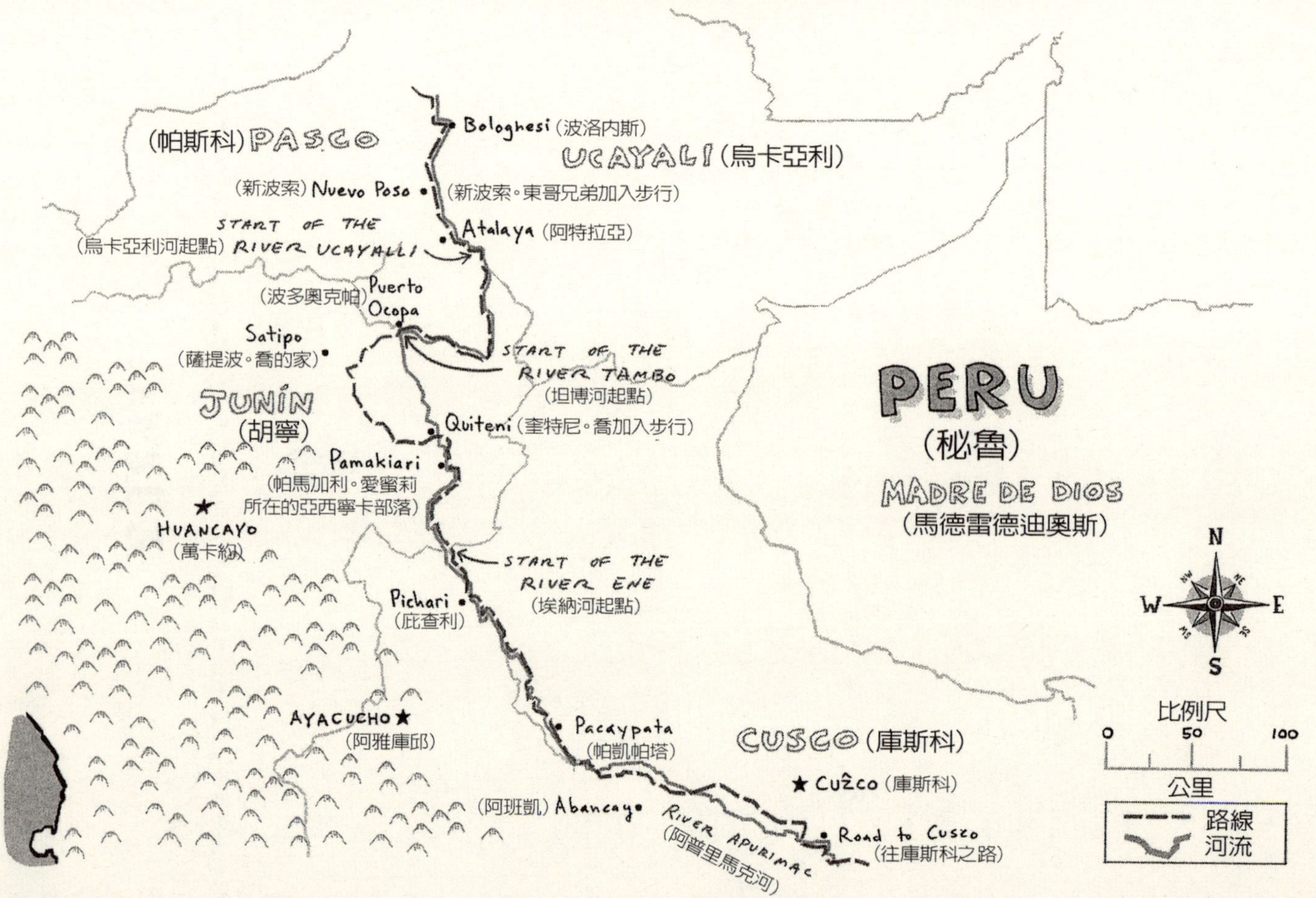

PERU
(秘魯)
(帕斯科)PASCO
UCAYALI(烏卡亞利)
JUNÍN
(胡寧)
MADRE DE DIOS
(馬德雷德迪奧斯)
CUSCO(庫斯科)
Bologhesi(波洛內斯)
(新波索)Nuevo Poso
(新波索。東哥兄弟加入步行)
Atalaya(阿特拉亞)
START OF THE
RIVER UCAYALLI
(烏卡亞利河起點)
Puerto
Ocopa
(波多奧克帕)
Satipo
(薩提波。喬的家)
START OF THE
RIVER TAMBO
(坦博河起點)
Quiteni(奎特尼。喬加入步行)
Pamakiari
(帕馬加利。愛蜜莉
所在的亞西寧卡部落)
HUANCAYO
(萬卡紛)
START OF THE
RIVER ENE
(埃納河起點)
Pichari
(庇查利)
AYACUCHO
(阿雅庫邱)
Pacaypata
(帕凱帕塔)
Cuzco(庫斯科)
(阿班凱)Abancay
RIVER APURIMAC
(阿普里馬克河)
Road to Cusco
(往庫斯科之路)
N
S
W
E
NW
NE
SW
SE
比例尺
0
50
100
公里
路線
河流

4 紅區

二〇〇八年七月三日日記：

路克決定回家了。

今天早上起床時，我非常惱怒，他讓他的未婚妻凱蒂寄了三十公斤的再補給裝備到秘魯，三十公斤!!因此我要求他連上衛星電郵，試著阻止包裹寄出，因爲這會花上三百英鎊。當他在筆電上作業時，他念出要求的物品清單，這樣我才能提出意見，判斷哪些是必需品，哪些不是。清單包括一台MP3播放器，這又讓我生氣了，因爲我要他也給我弄一台，而他卻只要求一台。

因此我對路克說：「老兄，爲什麼只有一台MP3？你知道我也想要！」

「因爲我要離開這場探險了。」路克用疲倦、放棄的神情說道。

「什麼？」我結巴了，說出他承諾過的人：慈善機構、贊助商、學校。

「我知道，」他說，「這是我做過最困難的決定之一，但我寧願不要失去我們的友誼，和你之間產生不愉快——我可以感覺到已經出現了。」

「老兄——我們可以談——會沒事的。」

「愛德，聽我說，」路克提高聲調，「對你來說談一談什麼事情都解決了，但對我卻不是，上次你所做的評論至今仍刺痛我，我們上次爭論過後我就想離開了。」〔大約兩個星期以前。〕

「媽的，老兄，好吧，」我顫抖地說道，「如果這是你想要的，那麼你就走吧。」

我對於接下來朝我襲來的情緒毫無準備，那是全然的興奮，我就要隨心所欲地進行這次探險，減少待在城鎮裡，可以在各方面完全掌控這場探險。

路克離開我並不難過，但很失望，我們的關係在這趟旅程中搞砸了，我想他會後悔做出這個決定——放棄一生一次的機會——但我絲毫不想改變他的心意；所有事情都變得明朗，儘管未曾盤算過路克會離開，但突然間一切都更合理。

路克並沒有改變心意，因此我們為他計畫退場，我提議給他一半探險贊助金，這樣他可以自己繼續步行或和奧茲同行，但他沒有興趣。這是個很安全的提議——我們都知道他只想回家。

我們再度爬出阿普里馬克深谷來到**聖馬丁鎮**（San Martin），在這段長途爬升中，我的腦子忙著想我剛得到的自由，我要小心別在路克面前表現出對此行前景有多麼興致高昂，而且對他的離開表現太興奮也很不體貼。

我為什麼不難過一點？是這樣的，平心而論，路克和我在投入這場探險之前是同事，我們在貝里斯的考察之初以及末尾共事的時間大約三星期，那段期間相處愉快，但回到英國後，我們從未打電話給對方，甚至也沒有互通電郵，省下了路克會寄給通訊錄上名單的群組信。

即使在探險開始之前，我記得我對路克的心態，一開始我覺得他是完美的搭檔：他是探險嚮導、我們相處愉快，重要的是，如果爭吵也不會是世界末日，因為我們之前不是密友。

有趣的是，每次我們吵到一定程度，談及無法一起行走時，我預設的選項是必須獨自繼續向前，路克的選項則是他想回家。這就是我們之間的差別。

因此路克的決定引發的初始震撼一消退，我立刻感覺到自由之情高漲，現在我可以拋掉過去幾週來的負面情緒，開始以我的方式進行探險。

二〇〇八年七月五日日記：

今天我呼吸到清新的空氣，我的頭腦清醒，腦袋裡轉著各種機會和想法，讓我覺得比前幾週更有生氣、對此次探險更加熱中。

路克在那天早上五點上了巴士，我起床為他送行，我看得出來他很難過——就像是在一段破裂的關係中分手——在分離的時刻，我認為我倆都想著：「我們辦得到的，讓我們再試一次。」但內心深處我知道他離開是對的決定，我為此感謝他。

回想起來，對於所發生的事，我必須負很大的責任，這是我的探險概念，但我選擇了路克加入，我認為是我說服了他划獨木舟是娘兒們做的事，我們應該徒步走過亞馬遜；我認為是我以熱情誘使他投入一件他從未深切渴望完成的探險，因此，他的那些行為或特質都不是他的錯——他只是在做他自己，他已經盡力了，最後做出高尚的決定，自己離開。

路克走了之後，我慢步走回搖搖欲墜的下榻旅社，奧茲和塞吉歐才剛起床，塞吉歐的雙腳在地板上騰空搖晃，他坐起身露出早晨調皮的笑容安撫了我，我和兩個好人在一起——我並不是隻身一人——我們會沒事的。塞吉歐是個很親切的人，身上流露出自信的氣質，那天他告訴我以前如何賺到比我給他的日薪五十新索爾還多的錢，他曾是毒品走私犯，我可以從他講述如何在漆黑的夜裡，沿著蜿蜒狹窄小徑走過一大段上坡下坡的路程，看出他熱愛這份差事；他帶著一小包（幾公斤）的可卡因鹼，整個過程中腎上腺素不斷上湧。儘管才二十二歲，塞吉歐已經有太太和一個小嬰孩，因此他不想再繼續這種危險交易，但他的眼中閃爍著光芒，這告訴我此刻他是個好夥伴。

那天奧茲在塞吉歐的協助下買了食物補給品，我開始重新計畫探險之事，我們很快就發現不太需要更動，路克的兩個主要工作是買食物和煮飯，而奧茲根本沒問我就接下這些任務，這趟探險更精簡了。

我接下寫部落格的工作，這本來也是路克的責任之一，我寫信給所有慈善機構和贊助商，讓他們知道路克離開了，他們都能體諒也很支持，長途探險總是會發生這種事。

那天晚上我們三人坐在聖馬丁，向下凝視著峽谷，啜飲著印加可樂，一邊討論行程；我們在阿普里馬克峽谷的東邊，它的兩側高處都有小徑，但痛苦的是每一次遇到水道流進峽谷，就得上下攀爬一千公尺，這讓人筋疲力盡也消磨心智；也因爲我剛取得單獨領導地位，我建議嘗試稍微冒險一點、更有趣實際上也更容易的方式，我的想法是走下谷底，沿著河流行進，下面沒有毒品走私犯，我們可以釣魚，而且整天都是下坡，再也沒有爬坡。

他們兩人贊同了——或答應了——我不確定，但事後看來，我是否眞的有徵詢過他們的意見。

我們隔天早上出發，不斷地往下走，進入黑暗的峽谷深處；灰撲撲的上半段路很簡單，但越往下，要穿過密密麻麻的竹林，使得我們經常必須匍匐前進，然後從縫隙間鑽出來，走進底部臭氣薰天的泥塘，我的涼鞋深陷泥沼就像雙腳包在滿是豬油的塑膠袋一樣。

現在天氣暖和了，我們想要甩掉一些重量，因此讓路克帶著雨衣回利馬，現在回想起來更驚人的是把我的靴子也帶回去了，這顯示出我們多常走在空曠的塵土小徑上，也顯示我一開始對於單獨領導地位有多不安。

我們在峽谷底部湍急的河邊紮營，很難找到平坦之地睡覺，因此鑿了一個石頭平台放床墊。奧茲很會煮飯，現在我們丟棄了煤氣爐，奧茲在石頭堆裡升了小火——幾乎就像個烤爐——不僅讓鍋子保持平衡，也讓那高效率的微小火光保持在內。

奧茲總是能進一步煮出更好吃的食物，那晚的開胃菜是草莓果凍粉（十五人份）做成的濃稠甜飲料，我們三個人分著吃，接著他烤米，並且用大蒜炒罐頭鮪魚。

吃飯時我注意到奧茲和塞吉歐的對話速度太快，我很累的時候會聽不懂，路克走了之後，簡單的交談也沒了，直到我的西班牙文有顯著的進步。晚飯後我很快就上床去，並且拍了一段視頻日記、寫了日誌，奧茲和塞吉歐又聊了一陣子，他們的聲音蓋過隆隆的水聲，剛好聽得見。

第二天早上，我們在世界上最深峽谷的崎嶇谷底醒來，前一晚我們累到無暇欣賞周遭的風景；構成「鵝卵石河濱」的石頭每個直徑達三到四公尺，河水高漲時會塡滿谷底，水位遠高過頭頂，水勢兇猛危險。

我們小心翼翼地在石頭上行走，我的計畫的問題立刻浮現了出來，我們的背包太重以至於無法敏捷行動，並且不斷冒著扭傷腳踝的風險在大圓石間大步跳躍，前進相當費力——既危險又緩慢——但在峽谷拐彎處是更可怕的光景，河岸消失了，河水的力道集中在兩面峻峭的岩壁之間。

理解到我將大家帶上一條危險路徑，我開始懷疑自己的判斷，各種選項在我腦中飛快閃過；河流無法行走，我們前一天走下來的右側岩壁看來又太陡，無法再往回爬，只剩攀爬左側岩壁的這個選擇了——毒販使用的那一側。我們開始爬上左側的一個山嘴，隨即遇上竹子和荊棘阻礙進度，我們的手、膝蓋和腳踝扎滿黑色的小尖刺，三個小時前進二百公尺，而且喝光了水。

我問塞吉歐上方是否有水源，「有，」他說，「但我們不能到那裡——那是毒販使用的。」我開始急躁不安，我們到底在幹麼？試圖爬上一面眼前沒有小徑的峽谷峭壁，這峭壁出奇地陡峭，密密麻麻佈滿針刺植物，而且是毒販經常出入的地方？

接著，在驚恐和壓力之下，我倉促地做出另一個決定，我們必須再走回河邊，穿過狹窄的峽谷；奧茲和賽吉歐使用那兩只隨身充氣筏，我在後面游泳。避免使用船隻順流而下，這是我探險規則的灰色地帶，我們絕不能借助河水前進，但在情急之下，我試著明確果斷。在我們小心翼翼地下山回到河邊時，對於即將游泳通過峽谷，我的胃部劇烈翻騰，而奧茲和賽吉歐都不會划船，是水上生手，無法直線航行。我們下到谷底時已經下午了，俯視峽谷看不到峭壁的盡頭，因此無法估計這段狹窄谷地的長度。我拿出地圖計算這段峽谷的長度，好知道要在水中行進多長的距離：二．五公里；我開始覺得越來越失控，我不知道會不會遇上激流——非常有可能——這絕對是拿所有人的生命在開玩笑，我在想什麼？我只是從一個悲慘地獄換到另一個罷了。

「史塔福特先生，你來到桑德赫斯特（譯注1），你們村裡是不是少了個白痴？」我的腦海裡可以聽到在陸軍受訓時，我的第一位掌旗軍士嘲弄的蘇格蘭口音；「來根雪茄吧，史塔福特先生。」

譯注1：Sandhurst，英國陸軍軍官學校所在地。

後面這句是套用英國一支老電視雪茄廣告，意思是深呼吸，給你自己思考的時間。我知道因爲我加在自己身上的壓力，使我讓其他人失望了，我太倉促，需要冷靜下來、深呼吸，我告訴自己「我們沒有時間壓力」，我看了看錶，下午兩點半，決定先紮營。我們找到一小塊沙灘生火，我坐在石頭上，往喉嚨灌進又熱又甜的咖啡，接著拿出地圖，慢慢審視所有選項。一旦我鎮定下來，唯一一個明智的選擇便自動浮現在眼前；我發現山谷東側（右邊）有個山嘴，那裡夠淺可以爬上去。雖然這會花上一整天，但是可以接上我們四十八小時前離開的小徑，這意味著承認走下峽谷完全是在浪費時間，也代表明天早上有一大段路要爬，但就考慮到毒販這一點來說，這是比較安全的一側，而且我們知道，一旦爬到那裡，頂端就會有條可以重新接上的小徑。

找到較安全、較明智的路徑後，我難爲情地回想著這一天，信心受到嚴重打擊；我坐在阿普里馬克峽谷谷底，感受到前所未有的渺小和自憐，我有能力獨自走完這旅程嗎？我會不會害我們三人都喪命？

翻出我朋友喬治給的古巴雪茄，那是要讓我在歡慶時刻抽的，我想現在正是需要撫慰的時刻，我點燃雪茄，吸著那溫順如皮革般的煙味。我做了三個錯誤決定，讓我們陷入兩處困境。我和自己約定，不要尋找簡單的選項，也不要讓自己在壓力下做出特定決定，從現在起，我要對所有人的生命負起全責，我必須深入探索找出帶領我們離開這狼狽處境的沈著和自信。

隔天早上我起床時，百分之百覺得好多了。奧茲很快地在山嘴上找到小徑，我們只爬了四小時就抵達這條小徑（我們在三天前離開的那條）。

這條路徑迂迴地環繞在高懸於山谷一側的山嘴，直到我們下降進入一個如畫的村莊**洛馬華克**（Locmahuaeco），位在一個重滿沈甸甸的橘子和甜檸檬樹的山谷裡。在這美得不可思議的村莊裡，我們發現一家商店，有新進的汽水和餅乾，經營商店的年輕夫妻很高興地歡迎他們的第一批來客，我們立刻在這愉快的氛圍中放鬆了下來——放鬆到犯了一個根本錯誤，沒有要求見村長。這對年輕夫婦看來悠閒又友善，看來似乎也沒有必要見村長，他們建議我們把吊床掛在足球場的門柱之間。

抵達足球場時，我利用這寬大的空間攤出四張六呎的卷式太陽能充電板，為筆記型電腦使用的十二伏特摩托車乾電池充電；好奇的小孩過來給我們甜檸檬，直到我們再也吃不下為止。

就在我躺在吊床上正要寫日記時，村長傳喚我和奧茲參加村民會議，要求看我們的通行證，我們當然沒有，我們像調皮的學生一樣，一路咯咯笑著去參加會議；在金屬屋頂的小屋裡，我解釋我們是誰，在這裡做什麼，整個村莊的人都集合起來，討論如何處置這些突然出現並且在足球場紮起營來的外來客，接著奧茲再複述給那些聽不懂我的破西班牙文的人聽，每個人看起來都相當嚴肅，婦女較男性更甚。村長記下我們的護照和身分細節，說因為這裡是紅區，如果我們發生什麼事，他們會受到懷疑，還告訴我們之後每進入一個村莊都要告訴村長，我們深深道歉並且感謝他們的建議；當他們說可以走了，我走向戶外的黑暗中，鬆了一口氣，不會再有問題了。

「白痴！」奧茲大吼——太快也距離小屋太近了，我們全都拔腿狂奔，就像孩子在街上惡作劇那般。我必須認眞看待這些人，他們置身在法律之外，因爲這裡根本沒有法律——當然沒有警察，還有大量的毒品交易。「該長大了，史塔福特，」我在吊床上斥責自己，「這不是遊戲。」

第二天早上，這對剛搬到村裡的年輕夫婦爲我們煮了一隻老母雞和一種當地的根類植物絲蘭（yucca）當早餐，比起其他多數村民，他們明顯來得悠哉和正常。我們離開時，大家都滿臉笑容，我們沿著一條寬闊的道路爬上谷壁，離開這個村莊。吃完早餐後大家都感到身強體壯，但這條路很陡，我必須全神貫注在腳步上以跟上這兩個秘魯人。在山頂時，塞吉歐的步伐沒變，用大拇指和食指張開彈弓的橡皮圈，瞄準右邊的樹叢，他經常這麼做——向左邊、右邊丟小石子，都徒勞無功，不過這次他高聲歡呼，抖掉他的背包到矮樹叢裡撿東西，他打中了一隻小山鵪，我們晚餐有肉吃了。

那天很辛苦，多次出現岔路，每次都要猜走哪一條才對，最後走到了路的盡頭，我們發覺自己正小心翼翼地走下山坡，時而失足滑倒，邊走邊緊抓著樹根和樹枝。

我們在一條水流強勁的小溪裡脫光衣服洗澡，洗去一個早上的髒污。我們猜想走丟的那條路就在上方，因此開始沿著一個山嘴向上爬，通過越來越濃密的樹林，我才理解到探險經過三個多月後，終於第一次踏入叢林。我筋疲力盡，面對被樹叢包圍的熟悉感露出微笑，樹蔭的陰涼和植物潮濕的氣味歡迎我回到這久違的環境。

三個小時後，我們水平前進四百公尺，垂直爬升二百公尺，穿過茂密糾結的矮樹叢，在倒落的樹木間爬上爬下前進，現在已經是傍晚，沒有道路的蹤影，也沒有水，我們紮了營，生小火，油煎那隻鴿子，由於沒有水，我們細細地咀嚼那多汁的鴿肉，並且以香蕉口味的甜餅乾當做布丁。由於進度一直非常緩慢，我們都同意不能繼續待在河的這一側穿越多山的叢林，因爲沒有足夠的食物，而且根據地圖顯示，照這樣的速度可能要幾週後才能到下一個村莊。塞吉歐知道在阿普里馬克峽谷的另一側有一條通道可以一路通往聖法蘭西斯科（San Francisco），因此儘管遇上毒販的風險大幅升高，我們還是計畫利用毒販那一側的小徑，盡快離開這裡。

隔天起床時，沒有水喝，但是有毛毛雨，我們幾乎是一路直直地下坡來到河邊，一．五公里的距離下降了六百五十公尺。在山坡陡降時，我們像猴子般在樹木間擺盪，一個多小時就到了河邊，最後危險的幾公尺，落到濕滑的岩石上，我們終於把筏子充氣渡到對岸。每個人都咕嚕嚕地大口喝下二公升的水，奧茲煮了一大鍋麵，我們狼吞虎嚥地吃完。看到上方有農田，這意味著有路，有路就有進度，我們開始攀爬陡峭的山坡。

二〇〇八年七月十日日記：

在五十公尺上坡的某處，我雙臂環抱著塞吉歐的腰增加他的重量，好讓他把奧茲拉上一面沒有可握之處的垂直岩壁；很滑稽的行爲，但別無選擇。生命就繫在枯樹不會突然折斷或一團雜草不被拉出地表上。我們一走上小徑，便靜靜地上坡——突然間非常清楚已在毒梟的地盤。

一當我們稍稍放鬆，便停下來坐在樹下大啖甜檸檬。我今天吃了八顆，這是免費的食物又不用背——何樂而不爲呢？

我們繼續爬坡，背著沈重的背包爬了八百公尺後，我意識到這變得有多容易、我們的體能能夠勝任。我們找到一條很棒的路徑——保持在極高的標準上——拐過彎進入蒼鬱森林覆蓋的山谷。塵土飛揚的山丘日子已拋在身後，兩群吼猴在深谷間相互嚎叫，彷彿宣告著來到叢林入口。吼猴的音量在哺乳類動物中排名第二（僅次於藍鯨），牠們的叫聲充塞峽谷，就像一群群恐龍正相互叫陣準備大打一場。這些喧鬧聲令我振奮，離開經驗不足的山區，進入我最愛的環境——熱帶雨林——令我感到舒適。

阿普里馬克河後段仍屬於紅區，我慢慢瞭解到埃納河也一樣危險，在平和寧靜的表象底下，我察覺到不祥的眞相：大量的毒品製造與走私在此進行，我們幾乎每天都要應付毒品走私犯。塞吉歐警告我，如果我們誤入運作中的毒品工廠，會立即被殺掉，「沒別的選擇。」他說，因爲利潤太過龐大，毒販不能冒著讓外人知道位置的風險，如果當地人知悉製作細節也會三緘其口，他們珍惜自己的生命。

販毒產業擁有衛星電話、網路、全球定位系統和現代武器，配備遠比秘魯警方精良，因此警方根本沒有勝算，打擊毒梟唯一成功的行動是由軍方展開——但顯然不常見。

我們睡在路邊的壕溝，早上五點半啓程後，大約在早餐時間晃進一個叫**密拉維珍**（Villa Virgen）的小鎮。小鎮才剛從前一晚的盛大派對中回神，多數人還醒著而且爛醉如泥，鎮長搖搖晃晃地朝我們走過來，滿臉通紅、眼睛充滿血絲，他要求看我們的文件，我笑著問他能否推薦好的旅社，他一臉迷糊地指著旅館的方向，並且歡迎我們來到密拉維珍。我們待了一晚，第二天早上向笑容可掬的塞吉歐道別，剩下奧茲和我繼續上路。

二〇〇八年七月二十四日日記：

我們在庇查利（Pichari），奧茲對未來幾天、幾週非常憂心，他很怕當地的印第安人和毒品走私犯。我覺得他的恐懼可以理解，沒有人認爲前方的路是安全的，所有人都不斷地告訴我們，過去從來沒有人徒步行經這裡。

我也很擔心，但在心底我認爲這是對未知的恐懼，事情會比我們預期的容易。

今天我再度查看阿特拉亞（Atalaya）和普卡帕（Pucallpa）之間的地圖，簡直偏僻得可笑，連綿數百哩的叢林，一條蜿蜒的藍色河流貫穿其中，無論成功與否，接下來的幾個月都將是一場歷險。

我的確知道有可能死在這趟旅途中，但我是如此堅定地投入想完成，我認爲這是值得一冒的風險，我們到目前為止都很幸運——誰說我們的運氣不會繼續下去呢？但我不希望奧茲死去——我不想這樣。我今天給他更多機會離開，看得出來他在考慮，我不想說服他留下，因為他若是死了，我必須負起責任。

我覺得就要進入關鍵時刻，把生命交給命運，這並不是誇大其詞——是我眞實的感受。

今天和克羅伊講話了，儘管分手兩年，我們還是很親近，她是我唯一帶了照片的人，那張照片是我們在斐濟山上的一處湖邊合影，那天我們很開心。克羅伊——我愛你。

我們在兩天內要抵達的城鎮是**納蒂維達德**（Natividad），據說每個人都有武器，他們對空鳴槍召集鎮民會議，所有人都涉足毒品走私。沒有警察。很多印第安人。累了，我要睡了。

七月二十五日，奧茲和我背著沈重的背包從庇查利出發。我們現在要背塞吉歐（公牛）之前背的裝備，感覺似乎到了紅區的心臟地帶，我可以感受到奧茲的恐懼。由於我們吃力地背著新增的重量，兩人幾乎沒有交談，走了五公里後，一輛輕型小貨車駛過，後座有個人大喊：「他們會在這裡沒命。」奧茲被這句話嚇得渾身發抖，因此我建議休息一下，我們有三分鐘沒說話，接著奧茲說他有話要說，我知道他要說什麼，我叫他等我拿出相機，開始拍攝再說，「我決定要回家了，愛德，很抱歉——我太擔憂了。」

我並不意外。由於只走了五公里，我們認為最好的辦法就是返回庇查利計畫讓奧茲離開，我們搭便車，上了一輛輕型小貨車，發現自己坐在一桶桶的古柯葉上，多麼諷刺，是個友善的毒販載了我們，讓我們在鎮上下車。

我們情緒低落地入住一家骯髒的旅社，開始檢視我可以獨自一人攜帶的裝備；醫藥箱裡的藥和現在這個區域裡的白人一樣多，最後我把所有東西放進帆布包，重量減至四十五公斤，有相機、錄影帶、電腦、衛星鏈路、電話、卷式太陽能充電板、十二伏特乾電池、充電器、電線、電線、電線，當然還有一些叢林求生裝備，其餘的奧茲會帶回庫斯科，然後寄到利馬存放。

我寫了日誌，度過一個失眠夜，想著我到底能夠做什麼，我不想惹上麻煩，但也不想放棄。

隔天早上奧茲同意幫我找新的嚮導，但我們小心地在鎮上詢問的結果，普遍的共識是和外國佬走在一起並不安全。當地人認爲美軍在這個區域出任務，企圖剷除古柯鹼加工廠，由於這裡多數人或多或少都涉足毒品交易，因此他們不太喜歡美國人，而我的平頭和印滿贊助商與慈善機構標誌的襯衫，讓我看起來像美國人也像軍人。

如果我們是在河裡划獨木舟，就可以瘋狂地划過去而不至於太明顯，但我們不是在獨木舟上；如果美國人最近沒有開始掃蕩這個區域，我們不會被當地驚恐的古柯鹼製造業者當成目標，但根據當地傳言，美國人的確在此展開行動。我扔了探險襯衫，向街上攤販買了一件便宜的T恤。

我們最後去找嚮導的地方是一家雜貨店，我買了一些釣具當禮物送給印第安人，店老闆對我們很感興趣，當我們告訴他這場探險，他變得很嚴肅，「你不能徒步走過這裡，」他很堅持，「你必須搭巴士回利馬，然後在阿特拉亞（Atalaya）重新開始你的行程，白人不可能徒步走過埃納河。」我問他如果試了會怎樣，他的回答直截了當，「他們會殺了你。」

當我們告訴他，無論如何我都計畫這麼做，他嘆了口氣，建議我到巡邏隊辦公室取得通行證。我聽過巡邏隊，但一直不太清楚他們是誰，直到奧茲瓦多向我解釋；秘魯警方不准進到這個區域，這裡實際上是法外之區，而巡邏隊是受人信賴的當地民眾，他們被選來維護當地治安，處理毒品之外的犯罪，他們也都插手毒品事業。

我們帶著魚鉤、鉛錘和尼龍繩離開商店，我認眞地考慮不要去見巡邏隊，如果他們說我不能通行，我們的處境會更糟，不過我和奧茲還是緊張地穿過廣場，敲了那棟迷彩建築的金屬門。我向來不能理解爲什麼南美洲的準軍事（還有眞正的軍方）單位要把基地塗上迷彩，難道他們認爲這樣別人就看不到？眞可笑！我們被叫了進去，在那陰暗的房間裡，有個胖男人坐在金屬桌子和一部老舊的打字機後方，他狐疑地看著我們，點頭示意我說話。

我向他說明來意，事實上，我說了一點謊，我知道他不希望我們行經這裡，但我也知道之前的探險有獨木舟經過，因此我假裝我們是獨木舟探險，問他是否介意打一張通行證讓我們通行。這位「主席」（他是這麼介紹自己）告訴我們小心點，但他顯然很欣賞我們恭敬地提出請求，他說我來對了地方，他當然會爲我寫許可信。在他敲打笨重的打字機時，我祈禱通行證上不會明確指出交通工具，大約四十分鐘後，他咳了咳，簽了通行證，蓋上印章交給我們。太完美了——上面沒有提到獨木舟，我們有了出自自衛委員會（Comite Autodefensa, CAD），亦即巡邏隊的正式許可，可以通過這個區域。

回到水泥廣場耀眼的陽光下，這個小小的勝利給我新的希望，而談及獨木舟也給了我一個想法，「如果我們上船，你會留下來嗎?奧茲。」我問道，他說會，但他提醒我，這會違背我探險的規則。

「我們一直恐懼下一階段，因爲一直聽到恐怖的傳言，」我繼續說道，「但每次我們往下游走，事情從不像傳言那麼可怕，我們先划充氣筏往下游去，自己看看情況到底如何，如果我們都滿意了，再回頭走這段路，如果你不滿意，可以在划船結束後就離開這趟探險。」

奧茲同意了，這是一條冗長的路程，但也是個計畫，而且在此刻我仍有嚮導；我們必須回到庇查利繼續行程，但至少我們會知道將要面臨什麼狀況。

5 亞西寧卡人

隔天早上，在一家骯髒的咖啡館喝完牛腳湯和印加可樂之後，我和奧茲走向河邊，將筏子充氣，在晨霧中漂流在阿普里馬克河上；這條二十公尺寬的河充滿岩石，還有起伏的小湍流和漩渦，到**波多奧克帕**（Puerto Ocopa）（下一個有道路通行的落腳處）的直線距離是一百五十五公里，但河流蜿蜒曲折，因此也許超過二百公里。我們預計在四天內抵達，出發時一定是心煩意亂，因爲身上只帶了三包草莓餅乾。

和步行相比，我第一個感受是太有趣了，水流非常強勁，兩旁的河岸呼嘯而過，我們急速往北前進。

但奧茲開始出現怪異的行爲，每個小湍流他都要尖叫，像看到鬼一樣，他原本就緊繃的情緒現在幾乎就要在充氣筏上崩潰了。我試著安撫他，讓他冷靜下來，但我們正在一條危險的河裡急速前進，不僅有湍流，沿岸還散佈著可能會引來危險的印第安小屋。我的安撫徒勞無功，他開始瘋狂地大笑。

之後湍流變得更急，有一度我錯估形勢，水流的力道將我壓到一塊岩石邊，不到一秒鐘，充氣筏就完全進水了，我想我麻煩大了。奧茲從後面朝我而來，臉上帶著瘋狂的微笑，我揮手要他別靠過來，他安全通過後，我設法移動充氣筏，很高興地發現筏子即使充滿水而且淹沒了，但並沒有沈下去，我划著離開湍流，只有我的上半身和帆布包在水面上——整個充氣筏都在吃水線之下。

那天我們經過很多看來像是原住民的人，他們多數手持獵槍，大部分的人只是面無表情地看著我們。

傍晚六點我們在一處石頭河岸紮營，天色已經暗了下來，兩名年輕男孩正用魚鉤和線釣魚，我們過去問是否有食物可吃。奧茲用一種驚恐、狂亂的語調問他們問題，讓我覺得有點尷尬，我知道他眞的該回家了。男孩們並沒有被奧茲的行爲所困擾，告訴我們早上會有客船經過，這是我第一次聽說這條河除了獨木舟之外還能行船，這讓我精神大振。他們給我們絲蘭吃，因爲我從未煮過絲蘭，奧茲教我如何切碎和烹煮，我們一人吃了一大盤，嚐起來有點像馬鈴薯。奧茲稍微放鬆了點，在塡飽肚子和知道明天不用再坐充氣筏後讓他感到安適。

第二天早上，我們搭乘客船到波多奧克帕，我在那裡付給奧茲我目前能給的錢，告訴他餘款會透過西聯匯款匯給他，然後送他上了一輛破舊的計程車到薩提波鎮（Satipo），他在那裡搭公車到利馬，接著轉另一輛公車回到他在庫斯科的家。這一切都不帶情感公事公辦，但當時我很高興奧茲離開了，他的恐懼會感染，此外他也幫不上忙了，他已經做得非常好，盡其所能地帶我到這裡，我非常感謝他，在他應得的薪資之外，我也轉了一筆足以到嚮導學校上下一期課程的錢。那輛凹陷的計程車在揚起的塵土中消失，這是我看到奧茲瓦多的最後身影。

探險進行了四個月，已經送走了路克和奧茲，但我覺得自己變得更堅強，生理和心理都在適應這場探險的新需求，我感到充滿活力，每天都體驗全新的感受和風景。

我們搭的那艘客船的大塊頭船長叫魯賓，很熱心地帶我到波多奧克帕附近的**亞西寧卡**（Ashaninka）聚落找新嚮導。我要找能說當地原住民語言的人。那個村落沿著滿是塵土的街道整齊排列，基本上是木造房屋，蓋著棕櫚樹幹屋頂。亞西寧卡村落和波多奧克帕殖民區的差別在於，印第安人乾淨整潔而殖民港口混亂污穢；房子都有稻草鋪頂，而且通常沒有牆壁，但連接房屋的泥土街道與西方村莊的街道沒有太大不同。在大約試了五次尋找正確住所後，我們來到一戶人家，門外坐著一對亞西寧卡中年夫婦和一個男孩，魯賓向他們說明我的來意，那個孩子馬上笑開懷說：

「我願意做。」

「太好了！」我說，很意外我已經找到了嚮導，「你幾歲？」

「十六。」伊萊亞斯說。

再過幾個小時船就要離開返回上游，我重新打包行李，我背一個很輕的包（少了筆記型電腦、太陽能充電器以及其他留在那家破舊旅館的重物，因爲我們還會再回來），還有一個很輕的帆布包給伊萊亞斯。我估計伊萊亞斯不到五呎高，他的肩膀寬闊，咧嘴大笑，幾乎像是非洲人的那種笑容，我幫他買了一雙橡膠底帆布鞋和一件襯衫，然後一起上船。

在船上我問伊萊亞斯關於他的家庭，他告訴我那對夫婦是他的叔叔和嬸嬸，之所以和他們住一起是因爲他母親被殺害了，「我很遺憾，」我說，「什麼時候發生的事？」

「星期三。」伊萊亞斯回答。

我沒有流利的西班牙文和伊萊亞斯談論這個問題，而且我也不是很想，因爲這是很敏感的話題——但看來在我遇到他的時候，他母親過世還不到一星期。很不可置信地，我如鯁在喉。

回到庇查利，伊萊亞斯和我住進我與奧茲之前待過兩晚的旅社，爲了減輕重量我把筆電留在波多奧克帕，所以現在無法檢查電子郵件，因此我打給在利馬的朋友馬林，請她轉達所有重要的訊息。和馬林講話讓我覺得欣慰，聽到她的聲音裡流露出憂心我的安危，也讓我感到在不遠處有人關心著。

在過去幾天，我有時候會焦慮、害怕自己的生命會有危險，但當我細究這場探險的正當性，我認爲我只是害怕未知的事情，而且大概會沒事。那些警告一定是針對一般的旅客，我告訴自己我跟他們不同，也提醒自己，我曾在北愛服役，在阿富汗待過四年，我應付得來，特別是如果伊萊亞斯在母親被殺害六天後也能應付得來的話，我也可以。

二〇〇八年七月三十日，沿著沒有鋪柏油的曲折道路走了三十五公里，伊萊亞斯和我抵達**納蒂維達德**。在聽過所有的警告後，我的腦海中對這個法外之地有一幅想像，那裡全都是帶著寬邊帽、留翹八字鬍的持槍毒販。但與想像相反的是，一對溫和的夫婦讓我們住進一家算是旅社的店裡，接著我去找奧茲的姊姊寶琳娜，她正巧在納蒂維達德教書。很容易就找到寶琳娜，因爲她是鎮上唯一的女教師，看到漂亮的女版奧茲眞是棒極了。她聽到奧茲不再與我同行的原因後相當關切，要我也應該現在就回家，我笑著試圖向她保證，我能接受這個風險，並且建議去見鎮長，讓我盡可能看起來坦蕩，而且對這些毒品走私犯無害。

寶琳娜陪我到鎮長家裡，但我們抵達時他正在洗澡；在外面等待的時候，我覺得自己就像小布希在阿富汗的塔利班堡壘外閒晃，希望沒人注意到我，但整個廣場的人都停下手邊的事盯著我。接著我看到一群彪形大漢，「好戲上場了。」我心想，四名持槍男子穿過廣場明確地向我走來，一臉不懷好意，而我也相當狂妄，在他們抵達之前走上前逐一握手，並直視他們的眼睛。

我向他們說明來意，並出示我在庇查利的巡邏隊辦公室取得的許可信，現在我開始瞭解到，那封信眞是他媽的少見。

那封信有點把他們搞糊塗了，但這些大漢似乎同意我有待在這裡的許可，不過他們要求見伊萊亞斯，他人在旅社裡，因此我在槍口護送下回到下榻旅館。惱人的是伊萊亞斯不瞭解帶任何證件在身上的必要，這在秘魯這樣的國家是犯了一大錯誤，因爲法律規定要隨身攜帶身分證。他勉強逃過一劫，只因爲他是個孩子。

看過信和伊萊亞斯，他們要求看帆布包裡的東西，我帶他們到我的房間，把所有的東西都給他們看，並極其詳盡地解釋那台攝影照相機如何使用，基本上灌輸過多的資訊沒多久他們就厭煩了。

我一直擔心相機會被沒收，因爲他們不想讓人知道的就是這個區域的毒品交易，然而一旦他們看過了所有東西，反而不知道該怎麼處理，因此又露出不懷好意的表情，感謝我撥出時間，並歡迎我來到鎮上，有任何問題就找他們，「我們就是王法。」他們這麼說，以免我到現在還搞不清楚狀況。

之後我走到大街上，一名高瘦留著山羊鬍的男子從我身邊溜過，「當心點，英國佬。」要不是所有人都警告我在這裡要當心點，否則我會大笑出聲。納蒂維達德的人都太自以爲是了，他們不過是有槍的孩子，但這卻是相當致命的組合。

那天晚上睡覺時，我很訝異又能睡在旅館的床上，我將相機放在伸手可及的地方，調到夜視模式以防夜裡又受到打擾，不過並沒有。

我們在清晨六點吃早餐，在炒蛋和麵包下肚後，我們向寶琳娜道別，走出納蒂維達德朝埃納河出發。伊萊亞斯和我走在一起看起來很滑稽，我六呎一吋高，而他則不到五呎，他穿著襯衫和全新的橡膠底帆布鞋，看起來更像個孩子。

到了上午我們抵達**波多埃納**（Puerto Ene），在那裡遇見強納生，他是個強壯精瘦的男子，身上沒有一絲贅肉，他在不到兩秒就決定丟下妻小和我們一起上路。強納生知道路徑，並且有著一輩子居住在此的當地人自信，重要的是他有魄力和個性，隨即激勵伊萊亞斯和我走快一點。他堅定地領著我們通過樹木叢生的小徑，注入這股新血讓我們完全恢復活力。

現在是八月初，伊萊亞斯、強納生和我在霧靄中行經一個又一個原住民部落，每到一處就有人請我們喝一種叫瑪沙托（masato）的飲料。那是一種發酵飲料，婦女咀嚼絲蘭後吐在碗裡製成的，她們的唾液在發酵過程中至關重要，最後的產物是微含酒精的乳白色飲料。拒絕喝這種飲料是很無禮的，但我還不知道可以禮貌地拒絕續杯，因此我們一整天喝了幾升這種發酵飲料。

原住民部落讓我緊張，但對這些亞西寧卡人來說，他們也同樣對我感到緊張。他們是我在整趟旅程中見過最眞實、未曾改變的部落，我很希望當時能更有經驗，可以更放鬆地享受這一切。但情況就是如此了，我只能適應、學習，並且盡可能吸收。我努力試著放鬆，但這遠在我的舒適範圍之外，我從未眞正放鬆。

亞西寧卡的男人和女人都穿著一件式的棕色或藍色衣服，稱作庫斯瑪（cushmas），差不多就像一件布袋，以傳統方式手工編製而成。男女個子都很小，沒有人高過五呎六吋，而且帶著大串的珠子首飾，臉上塗著紅顏料，通常是一道細長的直線從臉頰兩側劃過鼻子。少有人穿鞋，許多人手持弓箭閒晃，他們大都以亞西寧卡語交談，我和強納生及伊萊亞斯說西班牙文，希望知道每個人大概在說些什麼。過去有少數傳教士乘船來到一些部落，但所有人都同意我是史上第一位徒步來到他們村落的人。

強納生在聽到高頻無線電傳來他女兒生病後，必須離開我們回家。我很遺憾他走了，他一直精力充沛，我會懷念他的幹勁和催促所有事情快快完成的不耐煩，眞不是個典型的南美洲人。

強納生和我們在一起的最後一晚，我躺在吊床裡寫日記，他把我從胡思亂想中拉出來：「史塔福特！史塔福特！來和我們一起喝酒！」他向印第安人買了一桶十公升的瑪沙托，希望我和他一起喝，在我拒絕他的好意後，他偷偷溜上我的吊床，說我無論如何得付這一桶一百索爾（二十英鎊）的錢。

「滾開！」這是我對他說過的最後一句話。

第二天早上伊萊亞斯和我繼續前進，少了這位自大的朋友，一切都變得沈悶又安靜。最後我們抵達一個叫**帕馬加利**（Pamakiari）的部落，他們對我說「不！」我因而無法通行。當地人明顯害怕我的到來，驚慌地聚在一起，對我大聲吼叫，伊萊亞斯和我都被潑了好幾桶水，一名婦女用手在我的臉上塗抹紅色植物染料。

有一名女子站在這群人後面特別突出，她高出很多，約有六呎，身材瘦長、白皮膚像是西方人，但臉上有同樣的顏料，也戴著亞西寧卡人的珠子首飾。我盯著她看，不確定她到底是誰，而她也看著我。她走向前，「你是英國人嗎？」她用優雅的英國腔問道，「我是愛蜜莉。」

「你知道你來到什麼地方嗎？」愛蜜莉責難地繼續說道，「你知道他們經歷過什麼事嗎？」我在兩種情緒中拉扯，一方面喜於有人能和我好好溝通，另一方面則因對亞西寧卡人所知貧乏感到困窘。

村民讓我們說話，但愛蜜莉一開始明顯提防著不要對我太過友善。我後來才知道她是義大利人類學家，花了幾個月的時間和來自附近城鎮的亞西寧卡人共事，直到得到他們信任才讓她來訪，之後住進其中一個部落，研究他們的文化。

她扮演中介角色，因爲伊萊亞斯太年輕，對這些人不具說服力，他們全都不歡迎我的到來，問我是否從管理埃納河沿岸亞西寧卡人的原民組織——埃納河亞西寧卡部落辦事處（Central Ashaninka del Rio Ene, CARE）——那裡取得通行證。我承認根本不知道有這樣的組織，我覺得自己好傻好天眞，也沒做好功課。亞西寧卡人拒絕我的禮物，並且送我到河邊等船，愛蜜莉看著我拎起背包和伊萊亞斯走到河邊。我不知道該如何是好。他們說我必須去的地方是幾百公里外的薩提波（Satipo），先搭船再搭計程車，就是奧茲回家途中會經過的城鎮。

正當伊萊亞斯坐著等待，而我在棕色的河裡洗去臉上的紅顏料時，愛蜜莉來到河邊，她說她和村裡的一些長老碰巧那天也要到薩提波，船上還有空位，我們可以和她一起去。

當時我可以擁抱愛蜜莉的，她不知道我有多想哭、感覺多悲慘，而她伸出了援手。我和愛蜜莉、伊萊亞斯和幾名亞西寧卡長老一起登上了小船，往下游出發到伊萊亞斯住的波多奧克帕，那裡也是埃納河透過一條灰色道路通往外界的地方。

一上了船，愛蜜莉就放鬆了下來，少了整個部落的人盯著，我們一起坐在船艙的木頭地板上，她笑著遞給我一支薄荷菸。我大可以親她的。她也已經洗掉臉上的印第安顏料，鬈曲的長髮垂落在自信但有女人味的地中海人臉龐上，她以平常的樣子現身，看著她柔軟的嘴唇抽著菸，還有對我講述亞西寧卡人歷史的和善態度，我的胸口一陣灼熱。

過去這個地區發生過駭人聽聞的暴力事件，埃納河畔的亞西寧卡人在恐怖組織光明之路（Shining Path）——企圖奪取秘魯政權的共產黨恐怖分子——手上遭到無情的對待。當時的政府給亞西寧卡人現代武裝，他們激烈反擊，然而整個世代的亞西寧卡男子都被殲滅了，只有少數二十五歲以上的女子在攻擊期間逃過一再被強暴和毆打的命運。而新的威脅則是石油公司想進駐，從亞西寧卡人腳下掘出石油——這已經在本區域的其他河流發生了。除此之外，古柯葉的入侵（殖民秘魯人以武力或欺矇拐騙的方式佔據原住民的土地）和非法伐木密切相關，因此亞西寧卡人視所有外人為威脅並不意外。

愛蜜莉也告訴我，潑水是緩和嚴重問題的方式——那些人眞的很怕我們，但他們心腸很好，不想有麻煩。她告訴我，前一天早上，有個女人用水潑了一名酒後毆打老婆的男人，這是不使用暴力來表達嚴重的訓示。

愛蜜莉說她會為我引見部落辦事處，幫我取得通行證繼續徒步之旅。她為了一個陌生人冒著賠上自己的聲譽和村民信賴的風險，而我必須承認，在這麼筋疲力盡又極度疑懼的情況下，我被她修長的雙腿深深吸引。

我遵照她的建議為亞西寧卡村民買了價值八百索爾的禮物，包裹裡大多是抗生素、止痛藥和硬糖，而且部落辦事處相信了我的善意，發給我通行證。他們原本建議帶大砍刀和鐵鍬給部落，但後來的共識是藥品，因爲比較輕，而且我們必須把所有東西背上肩。他們甚至從組織裡派了一名叫奧斯卡的嚮導和我們同行，他熟知部落也獲得部落的信任。帶著大包的禮物、通行證和一名受信賴的亞西寧卡嚮導出發，我覺得一切又回到了正軌。我在鎭上的一家旅社待了幾晚，和愛蜜莉出外用餐，享用披薩、喝紅酒，聊著家鄉的生活，我覺得自己煥然一新，準備再次挑戰埃納河。現在一切就緒，還有什麼會出錯？

奧斯卡是和我年紀相仿的亞西寧卡人，留著八〇年代德國足球員式的前短後長髮型，他請求我在前一天預支薪水，在我付錢時我想：「這麼做是因爲他是部落辦事處的人，我必須相信他。」奧斯卡非常高興，我們約定隔天早上七點在他下榻的旅社碰面。

早上七點零一分，我在陰暗的旅社敲著奧斯卡的門，沒有回應，他不見了嗎？該死，眞是令人沮喪，我已經付錢了，嚮導也沒了，我問旅館老闆他幾時離開的，她說他還在房裡——睡覺。我再次敲門，事實上是用拳頭死命不斷地敲，「奧斯卡！早安，朋友！」七點二十分左右，整個旅社都醒了，而且對我很不爽；終於，房門開了，一雙充血的眼睛從陰暗惡臭的門縫裡冒出來，試著聚焦在我身上，奧斯卡喝得爛醉，廉價酒精的臭味醺得我倒退一步，「好極了！」我微笑道，「船在等著呢！走了，朋友！」奧斯卡抓了他的小背包，我匆匆地拉他上一輛計程車載我們到港口。他在車上立刻又呼呼大睡，我才不在乎呢，回到我想重新開始步行的地點需要兩天的船程，他有的是時間從宿醉中清醒過來。

三十多個小時後，船回到帕馬加利部落，我上岸時，那天潑我水的女人也在，奧斯卡向她解釋，他是來當嚮導的，我已經取得部落辦事處的書面許可。此刻奧斯卡是很重要的一環，因爲她不會讀寫，那張通行證對她來說沒有意義，她從黑色粗糙的劉海後對我微笑，像是在說：「這次讓你通過！」然後繼續做自己的事。

由於現在是早上，我們不在部落停留，可以趕點路，這趟往返過程耗掉的時間，讓我開始擔心進度，我希望現在就把埃納河拋在身後。我們走過絲蘭田，接著走在穿過叢林的獵人小徑，情況允許時，奧斯卡會找其他人爲我們指出通往下個部落的路，因爲他也不知道，在綠油油的次生叢林迷宮裡很容易迷失方向。

儘管有奧斯卡在，我到多數部落依舊感到恐懼，我和他處得不錯，但不是眞的有交情，我也知道他是對族人忠誠而不是我，但我非常依賴他。

兩天後，我們抵達一個看起來很文明的部落，茅草鋪頂的房屋外圍有個維護良好的足球場。我們把背包丟在一個小棚屋下，奧斯卡去找村長，我坐下來等他，等了又等，開始感到不安，奧斯卡終於回來了，看起來有點憂心。

「把相機放下，跟我來。」他說。

「啥？」我拖延著。我聽到奧斯卡說的話，但不想照辦，如果眞發生了什麼事，我想錄影。

「把相機放下。」奧斯卡又說了一遍，他看起來一臉擔憂，我只好順從了。

我們走出村子中心，來到一所學校，奧斯卡在前面領著，爲我指出村長，就在我走向村長自我介紹並且握手時，一桶髒水朝我潑了過來，潑水的女孩用亞西寧卡語憤怒地咆哮，高亢短促的話語隨著髒水刺痛了我。

第二桶是滿滿的稀水泥，接著又來兩桶，我環顧圍繞著我的村民，沒有人在笑。我全身沾滿了稀水泥，雖然覺得有點可悲，但我非常冷靜。那個女孩接著把濕水泥混合物塞到我嘴裡，女人都對我尖聲大叫，警覺又憤怒，但我著實感受到靜默在一旁看著的男人眼裡流露出同情。

「我們該走了。」我一邊吐著沙子和水泥，一邊對奧斯卡說。我和村長握手謝謝他，並轉身離開前往河邊——奧斯卡顯然心緒不寧，我們走路時他一句話都沒說。到了河邊，奧斯卡告訴我，下游的部落已經備好「成堆的尖刺」要對我丟擲。

奧斯卡向我解釋事態的嚴重，因爲他們認爲我是阿根廷石油公司Pluspetrol派來的；他們前一天才收到部落辦事處透過高頻無線電傳來做好準備以防外國佬來偷地底下石油的消息，接著我就出現了。

從亞西寧卡人的立場來看，這個錯誤可以理解——我是白人、出現的時機很糟。我忍不住要想，考慮到我，部落辦事處發出警告的時間也許可以拿捏得更好一些，不過我並不是他們的問題。奧斯卡說我們不能再往下走，因爲他也被部落趕了出來，現在會形成部落辦事處和這個部落之間彼此的不信任。眞是一團混亂，奧斯卡說他不打算和我再走下去，我問他如果走在埃納河的另一邊他是否願意——殖民那一邊——但身為亞西寧卡人，他害怕走在那一側，他說毒販太危險了。

我們將隨身筏充氣，先划到河對岸，這樣我才能在全球定位系統標出這個位置，在確定返回時能找到這個位置後，我們開始往下游划。我心神不寧：我帶著那張重要的通行證，和奧斯卡只多走了兩天，又要返回波多奧克帕。我自問為何要和奧斯卡一起回去，但疲累以及在部落遭到族人對我發火的折磨後，城鎮變得很有吸引力，我需要再找個人同行，也許找個不是亞西寧卡族的人，這樣我就能走在毒販那一邊。現在，印第安人比毒犯還令我憂心，因此我的注意力轉向河的左岸（西邊）。我們離開一段距離後，奧斯卡和我開始休息，順著水流漂移。

那天晚上我和一名男子在港口愉快地聊天，他告訴我，印第安人在這方面「很糟糕」，他們阻礙秘魯的進步，他這是在重述秘魯總統賈西亞對秘魯人灌輸的政策宣傳。電視廣告不斷以開朗快樂的人開採石油和其他天然資源的影像，提醒秘魯人「秘魯的進步」，這讓我覺得噁心，因為我知道亞西寧卡人在這蓬勃的未來分不到一杯羹。

第二天我和奧斯卡回到薩提波鎮，愛蜜莉讓我看一張地圖，秘魯亞馬遜的所有範圍（除了少數保護區之外）現在全都安排了某種資源開採，一道驚人的法律聲明秘魯人的土地所有權只到地表之下五公尺處，政府可以出售亞西寧卡人居住地區的地底探鑽權給多國公司，原住民沒有置喙的餘地。這是埃納河剛發生的新聞，也是部落所捍衛的，我不禁選了邊站——儘管亞西寧卡人把我趕了出去，但我完全理解，也開始為他們猛烈抵抗的精神感到驕傲。

愛蜜莉談到其他石油公司已經開採的地區，那裡的原住民部落已經改變了，再也無法挽回，開採的過程很髒而且高度污染（大多是在運輸時溢出），使得河水污濁，再也沒有魚類。當地居民通常會獲得薪水補償，例如一個月一千美元，足夠在部落裡過著帝王般的生活，而且可以永遠喝得醉醺醺——這通常伴隨家暴事件大幅增加。當啤酒，甚或更糟烈酒被帶進部落，傳統價值便破壞殆盡，愛蜜莉說每一次她的社區辦完派對，就會有約三分之一的女人遭到醉酒丈夫毒打，無一例外。

亞西寧卡人對我有這種反應其實很好，他們只是想保護自己的土地和生活方式，我希望他們兩者都能顧及，願他們能好好地過下去。我不想再激怒他們了，因此我計畫埃納河剩餘的路程都改走西岸。

回到薩提波，我心力交瘁，放出風聲要找嚮導，但來應徵的人不是不太合格就是開出我付不起的高價，我後來放棄了，決定單獨行動，因爲河水水位還很低，我會緊沿著河岸，並且將隨身筏保持在充氣狀態，一旦遇上危險，我就能夠馬上逃離。這是個冒險的計畫，因爲沒有嚮導，我感到更加脆弱。

就在我預計要出發時，愛蜜莉說她有個朋友的弟弟正在找工作，是個林地工人，熟知埃納河西岸；愛蜜莉安排我和賈迪爾·桑契士·李維拉見面。

6 賈迪爾·「喬」·桑契士·李維拉

我們在他弟弟位於薩提波鎮家裡昏暗的廚房碰面，他看起來精明又有才智，頭髮修剪得很整齊，上衣和褲子都燙過。我帶了一些地圖與他一起研究，他仔細鑽研著地圖，揉著非洲人一般的厚唇，指出他熟悉的區域以及我們該避開的地方。他很明智地希望快點進入狀況，把事情做完，然後離開。他說他懂一些亞西寧卡語，因爲曾在偏遠地區居住過一段時間，那裡的亞西寧卡人不會說西班牙語，因此被迫瞭解基本對話才能溝通。我們擬妥計畫、相互握手。

賈迪爾——朋友都叫他喬——和我經由現在已經很熟的路徑回到河邊：先從薩提波坐幾個小時的計程車到波多奧克帕，接著再從奧克帕坐一整天的客船到西岸殖民一側的奎特尼（Quiteni）過夜，然後前往我的充氣筏一度觸及、並且和奧斯卡一起在全球定位系統上標記的位置，從那裡開始，我們計畫沿著新開的伐木路徑往山裡走，遠離河邊，避開埃納河下游較兇猛、較少和外界接觸的部落。這些路徑仍未經開闢，但可以讓我們離我慣常走的河邊遠一點。

我在奎特尼寫了以下的日記：

我的心好累，缺乏動力，身體上我沒問題，但喬的西班牙文似乎不太一樣，我聽不太懂。他通情達理，看起來強健、聰慧，但不像他自己說的那麼會講亞西寧卡語，這是個問題，明天我必須再找一個會說亞西寧卡語的嚮導。

喬也是個積極勸人信教的基督徒，而我剛上了一課，爲什麼教堂裡不放基督的聖像。上帝也會嫉妒，就像如果我女友和喬上床，我也會嫉妒一樣。

我實在很厭倦那些虛張聲勢的人告訴我們恐怖的故事，這會消磨人的幹勁，然而又一次，所有人都說我們明天要走的路徑太瘋狂；馬奇根加人（machiguenga）不明白，我只是他媽的想走路。

喬大約五呎八吋高，身材中等但贅肉不多，穿著橡膠底帆布鞋，我們行走時，他會拉開喉嚨用西語唱基督教歌曲，一開始這讓我露出笑容，他的自信顯而易見，而且他正做著自己喜歡的事——步行。他邀請我加入，但我實在還無法擺脫焦慮，毫無顧忌地唱歌。我一方面欣賞喬的自信，一方面又被他像唱童軍歌曲的勵志方式感到惱火。「你的動力是什麼？」喬一再問我，這種問題就算我以前無所謂，現在也會激怒我。我才剛走了四個月的路，一路上沒有人鼓勵我逗我開心，我不喜歡有人打攪我的世界。

新的伐木路徑通往山裡，喬和我走得賣力、速度也很快。我看到了此行的第一隻王鷲，紫色、紅色和黃色的頭部不可能會認錯，那時牠在路上吃腐屍，我們驚擾了牠，牠飛走時讓我想起幾個月前在科卡大峽谷看到的巨大兀鷹。伐木路徑剛完成——也許就在一個星期前——推土機完工後，還沒有車輛行經，這意味著這條讓我們避開埃納河的路徑是在我走在河邊時完工的。傍晚我們抵達一個來自馬奇根加部落的印第安小聚落。

對我而言，馬奇根加人與亞西寧卡人的長相、穿著和聲音差不多，但語言顯然不同。我們詢問能否在某戶人家待上一晚，但我可以感覺到我們在此出現讓他們不舒服，喬後來告訴我，這是因爲他們認爲我們是毒品走私犯，背包裡裝著可卡因鹼。他們給我們一小盤絲蘭當晚餐，索價五十索爾，我心不甘情不願地付了帳，整個感覺都不對，我們很高興在隔天早上就離開此地。

喬一直很擔心某個部落，他認爲會有麻煩，因此帶我走一條隱祕的小路進入山裡，避開那個村落。他的知識無價，他告訴我那個村落「很壞」，不會讓我們通行。他在這裡工作過，認識山丘上的住戶，我們經過那邊沒有問題。

二〇〇八年八月十四日，喬和我抵達一個叫**馬蘇朗奇里**（Masurunkiari）的小鎮。這個鎮很特別，因爲很現代，有兩、三層樓高的木造及水泥建築、鎮公所、電力以及一所大學校，但鎮民百分之百都是印第安人。這些馬奇根加人賣了森林，現在有了錢，他們能夠接受外來者，顯然也常和殖民的秘魯人打交道，因此應付一個英國佬還不算太難。

喬和我在兩天內走了八十公里，他是個步行機器——唯一的弱點是那雙粗劣的帆布鞋造成的大水泡。

和喬走了五天後，我們又回到波多奧克帕，但這是第一次步行抵達，走在剛開闢出來的伐木路徑上，平均一天的里程是驚人的三十五公里。遺憾的是伐木實在太可怕了，喬說我們所見的只有百分之十是合法伐木，其他全是非法。我天眞地問他當局爲什麼不採取措施，制止非法砍伐森林裡的大型原木，答案顯而易見，當局也牽涉在這龐大的利益中，「秘魯的進步！」

在地方上，地主被奉上驚人的條件，如果他們擁有有價值的硬木，那麼伐木公司就會買下這些木頭，開一條路進來砍伐。留給地主清理過的農場現在已經連接上秘魯的道路系統，他們也有錢投資畜牧。缺乏環境教育，再加上政府鼓勵開採資源，誰不會賣呢？

從太平洋開始，我已經走了四個半月，越過安地斯山脈，走下整個阿普里馬克和埃納河，聲名狼藉的紅區也已在我身後。從波多奧克帕（喬答應陪我一起走的終點）開始，我還必須走下坦博河及烏卡亞利河，之後才是眞正的亞馬遜河，我並不想再花六、七個月才走完秘魯的部分。

我們坐在木造旅社下方的酒吧喝啤酒，之前我把多餘的裝備留在這裡。我倆對於過去這幾天的步調和進度都很滿意，又一場大雨洗去了黏膩，空氣感覺相當清新。

如果一個白人在此會被投以奇怪的眼光，那麼再加上一個黑人嚮導，得到的關注就更加倍了。和許多南美洲人一樣，秘魯人很直接地叫喬「黑鬼」，叫我「英國佬」，這代表他們很容易叫上我們的名字。由於喬明顯有部分非洲血統，因此他很習慣自己看起來與眾不同，我們有共同點。

旅社餐廳播放著典型的秘魯流行音樂錄影帶，不曉得秘魯音樂是怎麼回事的人還眞幸運，進入秘魯一定要帶耳塞，缺乏天分以及低品質的音樂，沒有其他國家可比擬。奧茲瓦多曾試著教我分辨各地區不同的曲風，但我根本不想學，因爲對我來說最終都是同一類型，全是狗屎。在山裡，有個胖女人穿著花花綠綠的寬大洋裝，兩腳輪流跳著，看起來像是被鎖在公廁外，她對著廉價麥克風高聲嘶吼，活像在生孩子。在叢林裡，十五個醜男人和著完全相同的低俗合成樂，一遍又一遍刺耳地唱著略有不同的歌詞。在秘魯郊區，有發電機的地方就會有一部大箱型電視，一台廉價DVD播放器，音量全開放著世上最糟的音樂。

我從絕望中跳回現實，我向喬提到下一階段必須再找一個嚮導，他沈思了一會兒，「我可以跟你走到阿特拉亞（Atalaya），」他說，「不會太遠，而且坦博河有些部分我也很熟。」

喬和我正好用了六天走完坦博河。他懷抱著勤奮工作的樵夫心態，我們有任務要完成，他不會打混，如果他沒有這樣的態度，我們很可能要走上兩星期。

有條翻過山的路徑可以從波多奧克帕到阿特拉亞，但喬和我早就準備好回到河邊，我們出於需要才會遠離河邊，現在希望盡可能貼近坦博河通過散佈在河邊的亞西寧卡部落。

坦博河上游入口相當壯麗，兩邊都有叢林密佈的高山，形成進入這條新河流的俊秀門戶，河流本身因山勢而呈S形，河道被迫轉向東，之後再往北流。坦博河標示著群山的終點。

很難描述喬和我看待彼此的方式，不過儘管他自信又聰慧，我確定我們永遠不會看法一致，因爲信念大不相同。我認爲在找到能說流利的亞西寧卡語嚮導之前，喬很不錯，他還有些地方讓我覺得不自在，但我說不上來。

不過我的心情比前幾個禮拜好很多。阿普里馬克河後段以及整段埃納河讓我疲累不堪，覺得無法勝任、不健康、沒有活力，感到疲累蒼老幾乎無法正常運作，但我現在放鬆許多，樹木叢生的高聳山岳讓我再度留意到所經之處美麗的景致。

八月二十一日，我們繞過一處凸出的河彎後，在河濱紮營，喬很不安，他注意到四百公尺外有個當地人，當我在河裡洗澡，從帶著污漬的蒼白身上洗去白天的髒污時，喬決定去和那人談一談。

喬回來時渾身顫抖，我沒看過他那樣，「我們該走了，」他說，「如果在這裡紮營，他們會殺了我們。」雖然很氣憤不能就這麼爬進睡袋裡，我還是同意離開，以避過即將臨頭的殺身之禍。我們走進漁夫的房子裡，受到至目前爲止最冷淡的招呼，喬通常都很開心、健談，但這是他第一次保持沈默，因此由我率先開口，我給他們看通行證，解釋這趟探險，在場的三名男子都帶著獵槍，告訴我們必須由他們陪同到下游一個叫**切尼**（Cheni）的村落。

切尼在二公里外，我們在黑暗中跌跌撞撞，身後還有槍口對著，我並沒有因爲這些挑釁而心煩意亂，還特意問他們的名字，表現得非常友善，最高大而且看起來最邪惡的男子不太甘願地告訴我他叫維克多，不知怎麼地我覺得很有趣。

維克多要我們在村外等著，他去和村長談，沒多久，一位戴著大學樣式圍巾和圓眼鏡的修長男子走出來見我們，他用手巾擤了擤鼻子，說話聲音明顯就是個娘娘腔，「你上週是不是住在薩提波的藍旅社？」他問道，臉上帶著查爾斯・霍特里（譯注1）（他在英國電影《非洲也瘋狂》〔*Carry On Up The Jungle*〕裡飾演東卡〔Tonka〕國王）般的笑容。

「什麼？呃……對，呃……我在找嚮導。」我笑了起來。

「跟我來。」他帶我們進到他家裡，要維克多和其他彪形大漢離開。他解釋道他們雖然粗魯，但在領土外圍有堅強的防衛是件好事。

他說他叫菲比安，並且開始指點我們，秘魯人一旦出過國，就再也不一樣了。他顯然受過教育，待過西班牙，有些朋友在當地的大學。他現年二十八歲，是切尼的村長，他要人爲我們炒蛋和鮮魚，我們受到上賓般的款待，他甚至讓我睡在他的水泥新房子裡一個有床鋪的房間，那個床沒有床墊，但是經歷被維克多用槍指著走在黑暗中，還能睡在床上、沖過澡而且好好吃一頓，實在令人驚奇。

如果說有個妄自尊大的未來秘魯原住民領袖正在養成，我會說那人就是菲比安，他知道自己在村裡的重要性也樂在其中。他談及莎士比亞和貝多芬，讓我很難相信正身處偏遠的秘魯原住民部落。菲比安的待客之道無懈可擊，因此我們以藥品回贈。

譯注1：Charles Hawtrey，一九一四～一九八八年，英國喜劇演員。

接下來的兩個亞西寧卡聚落稍稍刁難我們。**波耶尼**（Poyeni）部落有群臉上塗著染料的女人在我們爬上該部落時，從高處河岸大吼尖叫，我們甚至連進入解釋來意都不准，就必須再爬下去，繼續沿著河岸走——完全避開這個部落。

接著在**奎馬利加**（Quemarija）部落，我們和喬的老朋友霍黑以及他太太奈莉、小女嬰碰面，這對夫婦很親切，但擔心他們的小女兒——她的頭和腳上有好幾個膿瘡。他們要我幫小女嬰看一看，我說雖然我給每個部落帶一些藥，但我並不是醫生，然而他們還是渴望我的意見，因爲這個部落沒有醫生，也無法取得藥品。我給嬰兒的父親四分之一劑療程的萬博黴素，這是一種很普遍的抗生素，但告訴他用在寶寶身上之前，一定要問過下個村落的醫生。

禮物對亞西寧卡人來說很重要，他們的語言中「生意夥伴」和「朋友」是同一個字。儘管藥物有潛在的危險，卻是我能帶給部落最珍貴的禮物。我試過送其他較平常的東西，像是魚鉤、釣線、打火機和手電筒，但他們最珍視藥物。多數部落都有一個受過基本用藥訓練的人，我通常把藥直接給這個人。

傍晚五點左右，我們還在與霍黑和奈莉聊天，這時號角聲響起，村裡召開會議，喬和我待在這對夫婦茅草屋頂的房子裡，拉起吊床準備睡覺。幾分鐘後，我們也被召到會議上，被村長狠狠地訓了一頓，他戴著正式的羽毛頭飾——我在之前的部落從未見過——他慷慨激昂地說著部落有自行作主的權力，演說一結束，立即要求我們離開。

我們滿頭霧水，收好行李，希望能在日暮前抵達下個村落。我問喬哪裡出錯了——我們貢獻了藥品、出示通行證，甚至還有熟人在部落。

「他喝醉了。」喬說。

在一些「較文明」（殖民秘魯人這麼說時沒有一絲尷尬）的部落，受教育的亞西寧卡孩童希望學西班牙文，甚至英文；他們希望會使用電腦、穿西服。我看得越多就越不覺得這有什麼好惋惜的，在我看來，亞西寧卡人的生活方式不但無法延續下去，也沒有意義。不像他們打獵採集的祖先，現在這些住在部落的家庭，終日圍坐在一起喝酒，彼此的妒心增長。透過教育他們會更有生產力，也能再次自豪，也許到時候做丈夫的就不會在每個週五晚上痛打太太。

我們走出狹窄的坦博山谷後，廣大平坦的叢林從四面八方展開，熱帶季節乾旱林已經拋在身後，進入生物更為多樣的熱帶雨林，這意味著有更多種的動植物，我們所熟知的亞馬遜盆地即將展開。驚人的是，這裡到亞馬遜河口只消再下降三百八十公尺——由此開始約五千二百六十八公里（三千二百七十四哩）。

喬和我仔細地研究地圖，看著到北方下一個叢林城市普卡帕（Pucallpa）之前那一大片毫無特色的綠，我原本打算花一個月走這段路程，但在研究過那廣袤的平坦雨林、巨大的河灣、散佈的牛軛湖，再加上沒什麼部落（亦即沒有小徑），到底要走多久我們毫無頭緒。幾個月來我頭一次感受到興奮之情，喬熱愛這種純粹的冒險，最後他還是告訴我不回家了，要和我繼續走到他的出生地普卡帕。

在阿特拉亞我發現所有留在利馬的備用探險裝備都被路克給帶回家了，我姑且相信也許他認爲我寧可把備用藥物和濾水器都放在英國，但這表示我必須在秘魯從頭開始採辦一切。由於在阿特拉亞買不到碘也買不到氯，喬和我在爲期兩個月走到普卡帕的路程中，都無法淨化冷水飲用。我和路克在這段期間激烈的電子郵件往返是我們最後的一次通聯。

從阿特拉亞往北，所有的部落開始稱爲亞歐寧卡（Asheninka，第四個字母是e）而非亞西寧卡（Ashaninka，第四個字母是a）。同樣地，對外行人來說，這些原住民村落看起來都很相似，不過埃納河的亞西寧卡人圍坐在地上的蘆葦墊喝紫色的瑪沙托，而烏卡亞利河（Ucayali）的亞歐寧卡人則是在屋裡架高木製樓層（有些還有木製牆壁和隔間）圍坐著喝白色瑪莎托，顏色的差別只在於當地沒有埃納河所咀嚼的紫色顏料。而原住民穿的一件式寬鬆外衣庫斯瑪也越來越少見，越來越多亞歐寧卡人穿短褲和T恤，只有少數長者穿傳統服飾，紅色臉部彩繪在男人和女人身上仍然很常見。

九月五日，我們待在**密拉維士塔**（Villa Vista）一對年輕夫婦的家裡，他們有一半的亞歐寧卡人血統，一半是秘魯人和殖民開拓者所生的後代，他們給我們吃咖哩魚和一種叫查波（chapo）的甜香蕉飲料，比那可怕的瑪莎托好多了。他們養了一群狗和一頭大肥豬，隔天早上那頭豬陪著留宿的主人馬努爾和我們走了幾哩路離開部落。

因爲不知道當地的小路，這次我們大多走在「河岸」上，此外我們也認爲沿著河岸比較不擾人，因此行進得很慢。有些河岸既雜亂又陡，有些則有連綿不斷的纏人雜草絆住我們，蚊子大軍出沒，我小腿上的紅豆冰比白肉還多。

兩天後，我們在早上抵達一個叫**聖塔露茲**（Santa Luz）的部落，並無意停留，他們毫無疑異地接受了原住民管理機構阿特拉亞地區原住民組織（Organization Indigena Regional de Atalaya, **OIRA**）發的通行證，但建議我們待到下午三點（高頻無線電時間）和下一個部落**賓西維尼亞**（Pensilvania）通話，而且願意代表我們和對方通話。

那天村裡有個集體勞動，這是有效集合所有人免費勞動的方式，發起人最後要提供食物和飲酒做爲村民工作的報償。我和喬接受邀請加入他們，從上午到午後和村民一起工作，清除矮樹叢以種植新的稻田，之後我們吃了一頓好久以來最棒的一餐：雞、飯、大蕉、絲蘭和豆子。

到了三點我們和村長一起透過無線電與賓西維尼亞通話，回應非常清楚，如果有英國佬進入他們的部落，格殺勿論，這是我親耳聽到的。

聽到這回應我很難過，我多麼希望敵意已經不再有，這無可避免地讓我們有點擔心。喬想出一個計畫，在聖塔露茲待一夜，早上前往河邊，用充氣筏橫渡到一座大礫石島上，我們可以走在那裡，避免經過賓西維尼亞。

那天晚上，我們坐在聖塔露茲的一幢房子裡，耐心地等著村長調整他珍貴的無線收音機頻率，當他終於收到一些模糊難辨的音樂時，我問他這些訊號是從哪傳來的。

「中國。」他面不改色地說。

第二天，喬和我在滂沱大雨中出發，下到河裡時，我們穿著T恤的身體在顫抖。我們將筏子充氣，在灰色的薄霧中往礫石島出發；上了島，天氣放晴，我們決定不把氣放掉，將充氣筏夾在腋下或頂在頭上，強風陣陣吹著；來到島的盡頭，我們把充氣筏丟進水裡，接著將背包放進去，這時喬朝我身後點了點頭。

「愛德，小心背後。」

前言中敘述的場景上演了。我轉頭看到至少有五艘獨木舟朝我們而來——全是武裝的亞歇寧卡人。許多男人站在狹窄的船上，不是拿獵槍就是弓箭，女性則持大砍刀，船一靠岸，男男女女湧到島上，憤怒地逼近我們。

日記裡關於我的反應比記憶中還清楚，「又來了」是我腦海裡眞實的想法。我有點被這些要來殺我、不懂得體貼的印第安人惹火了，難道他們不曉得我們在趕時間嗎？

我的腦海中一定有應對的方式，也知道情況的嚴重性，但這種冷漠的態度似乎是我應付高壓的自然反應。我緩慢、鎭定地透過合乎常理的方式讓這些族人冷靜下來，我並沒有勉強擠出笑容，因爲這可能會被誤解成侮辱了亞歇寧卡人嚴肅以對的事情。我出示原住民組織給的通行證，看得出來首領因爲太過激動以至於無法讀信——他的眼睛根本沒有注意到這紙文件，我後來才知道他會讀西班牙文。喬和我都認爲，如果我們冷靜、給與幫助、而且不具威脅性，這些人也會有相對的回應。

我以爲是首領的那個人連珠砲地憤怒說話，激動地比手畫腳，下令把我們帶回部落。弓箭押著我們了充氣筏，我們努力地跟上領頭的獨木舟，但充氣筏無法像獨木舟那樣乘風破浪，一不留意就會往下游溜去，必須用盡全力才能跟上隊伍。抵達象徵部落入口的泥岸時，我們累得全身發抖。

全程在獵槍和弓箭的押送下，我們進入村子中央的茅草屋頂小屋，接受眞的村長訓斥，當時他並沒有出現在島上。

村長瘦小結實，大大的頭有雙銅鈴般的大眼，當時我覺得那充滿邪氣。在全村人的環視下，他咆哮著我們沒有允許就想通行是對村子的侮辱，他們是自治部落，有自己的法律，我們必須尊重，他斥責我們。

大約就在此時，他提到了部落的名字——**新波索**（Nuevo Poso）——我才察覺我們不是在賓西維尼亞，這不是之前威脅要殺我們的那群人。

他們下令要我們清空背包，並且解釋每一項裝備，現在這已是我熟悉的慣例了，我慢慢地拿出每一樣東西，詳細說明用途。由於對我們背的東西著迷，再加上過了很長一段時間，看來已經讓他們冷靜下來，最後我們終於鼓起勇氣問他們要吃的，因爲已經整天沒吃東西了。他們允許我們去問一位正在烤大蕉的女人，能否向她買食物，她還有一些巧克力餅乾，我們像動物一樣三兩下就補充了能量。

這是我和喬頭一次能單獨說話，我們都承認情況一度危急，但後來喬堅稱他從不認爲自己有生命危險，我認爲他根深蒂固的南美洲男子氣概也許和他的記憶認知有關。我深信如果我們是入侵者的話，這些村民是抱持著戰鬥意圖下水的，他們準備捍衛領土，如果考慮到他們多數人曾和恐怖分子激烈奮戰，親身經歷殺戮，那麼事情並沒有一開始看來的那麼離譜。

我很高興那天沒有攜帶武器；在整個行程中，很多人都說我們穿越叢林沒有至少帶把獵槍簡直是瘋了。我們推想著，如果只帶一個背包進入部落都已讓人驚嚇且對我們懷有敵意，那麼帶把槍會有什麼反應？我們必須盡可能看起來不具侵略性，所以槍枝完全不列入考慮。

人們帶著弓箭的另一個理由是爲了打獵，但我們有禁獵條款，因此最初攜帶武器的理由也被排除了。我們知道看到成群的野豬時可以用呼喊或尖叫嚇走牠們，美洲豹的威脅到底有多眞實，我們和當地人的看法也大不相同。總之我們沒帶武器比較開心。

村民知道他們最終要讓我們走，因此當我們返回時，他們說會寫一張臨時通行證，夠我們到達下游的下個城鎭，但必須搭充氣筏——腳不能踏上陸地。

向他們解釋不能用筏子、必須步行，因爲這是此趟探險的意義，讓我覺得很蠢，但令人驚奇的是得到了正面回應，我們可以繼續步行，但必須雇用村長和他的弟弟當嚮導，並且和他們一起返回阿特拉亞取得進一步的通行證，這次要到警察局。

二〇〇八年九月七日日記——新波索

我過得不開心，要不是承諾要進行這場探險，我會立即回家。今天被亞歇寧卡人攔下來之前，我們勉強走了一公里。

這群人是壞人，儘管我覺得簡單地將人分類很可笑——我現在就這麼做了。從他們的眼裡看得出來他們不瞭解，或者不想去瞭解。

我們被押送回村莊，一路上至少有四把槍或箭指著我們，每個人都是冷酷的表情，女人用亞歇寧卡語驚恐地呼喊，讓我覺得毛骨悚然。

結果這個部落根本不理會管理亞歇寧卡人的組織（阿特拉亞地區原住民組織），他們不信任原住民組織，因此這張通行證沒有分量。

到頭來，村長說他可以和我們一起到阿特拉亞向警察取得通行證，並且和我們一起到波洛內斯（Bolognesi）……我懷疑他知道可以從我們身上弄到錢，他們不是我會挑選的同行者，但這看來是唯一能繼續走的方式。

第二天早上，我們全都擠進一艘附掛五馬力馬達的獨木舟，軋軋地回到上游，在船上待了一整天後，我們屁股僵硬地抵達阿特拉亞，我提議請所有人（那是很大一群從新波索來的亞歇寧卡隨從）外出吃晚餐，我們去吃中國菜——這是我在秘魯的第一次——這些人看來非常高興。隔天，我們和村長兄弟到警察局，因為他們是當地人，我以為其中一人會向警方解釋事情的經過，以及我們的來意，但他們緊張地空等，不發一語。看到這兩人出了他們的勢力範圍來到殖民鎮上表現如此不同，眞是不可思議。

「見鬼了，那我來吧。」我這麼想著，開始向警察解釋我是個作家，想從烏卡亞利河徒步旅遊到普卡帕，希望他能幫我寫一封信，說明他同意我這麼做，他記下細節，幾分鐘後我們就拿到了信，完全沒問我的動機或交通工具——得到了許可這對亞歇寧卡兄弟非常高興，現在他們可以和我們同行了。

隔天回到部落，這兩兄弟立刻如魚得水，他們召集村民會議，宣佈從阿特拉亞凱旋歸來，他們驕傲地告訴村民，多虧他們的協助，我現在有了合法的許可待在這裡，我們要公開討論他們在接下來幾天的薪水。

太好了！

考慮到亞歇寧卡人的語言中其實並沒有數字，我覺得也許可以在討價還價中哄過他們。西班牙人抵達這裡之前，他們只有三個字代表數量：沒有、一和很多，而我的綜合中等教育證書考試數學拿A，還瞭解二次方程式，我想應該會佔上風。

我付給喬一天二十五索爾，打算也給他們這個數目。「你要付我們多少錢？」他們問道，群眾安靜下來等著我回答，「我通常一天付十五索爾，」我說，「但是你是村長，而你是村長的弟弟，所以我想應該多付一點，我給你們每天二十索爾！」

「不能接受，」村長說，「我們是東哥兄弟，一天低於二十五索爾，我們不會離開家人。」

「就這麼辦。」我站起來和他們握手成交，雙方皆大歡喜。這對開心的兄弟叫阿方索．東哥和安德列斯．東哥，都會說基本的西班牙文（對我來說很棒了，但喬說只是基本的），我們四人團隊要挑戰烏卡亞利河。

我的西班牙文程度足以聽懂百分之三十的會議內容，這種會議大家相互交談、沒有直接對我說話，感覺有點霧濛濛的，無法隨時看清事情的全貌。一知半解讓我覺得彷彿被一層薄霧圍繞著，讓所有事情更像夢境。現階段我只能直白地問，聽懂淺白的回答。

第二天，我們首先要通過的村莊是賓西維尼亞，「我們怎麼取得允許讓我通行？」我問那對兄弟，「他們曾說要殺了我。」

「他們已經同意你通行了。」，村長安德列斯說；他解釋道，在我們回阿特拉亞向警察申請通行證時，賓西維尼亞的村長也在那裡，他們一起喝了啤酒——安德列斯已經開始賺取他每天的二十五索爾了。

不誇張，這對亞歇寧卡兄弟棒極了。他們很高興能離開部落，不只探索叢林，也到以前鮮少拜訪的其他亞歇寧卡部落，這趟行程變成東哥兄弟之旅，而我們輕易地進到多數部落。

「這位是愛德瓦多先生（Eduardo）——我們從英國來的好朋友，也是位知名作家。」他們會這麼說，很眞誠高興地介紹我。我們在部落受到熱情款待，但他們急切地提醒我，沒有他們這段旅程不可能實現。當我逗弄他們，問如果只有我和喬獨行會發生什麼事，他們不是比出割喉的動作就是箭從我的後腦勺射進來，腦漿爆裂濺灑在最近的樹上，他們認爲這樣很有趣。

我毫不懷疑這些人有多危險，他們想要對抗外人保護領土，因此一直處於警覺狀態；要是我們的態度不對的話，那是不可能通行的。

然而還是有些部落對我完全封殺。

我從不知道不讓我們通過的確切理由，但很多和我們談過話的人都認爲外國佬吃嬰兒，當你將這類迷思結合眞實的入侵者如伐木工、古柯葉農以及石油公司，就會發現有些部落不願意讓任何外國佬踏上領土並不令人意外，儘管吃嬰兒的迷思很荒謬——但也許有其原因；遇到這種狀況時，我們被迫原路返回，橫渡到河的另一邊，希望對岸的部落較爲開明寬容。

目前讓我們心煩意亂的是「白斗篷」，這是指成群的沙蠅和蚊子，只要一靠近水邊（這是常有的）就會團團包圍我們，很難計算每一次有多少咬人的蚊蟲在我們身邊嗡嗡圍繞地叮咬，但一定數以萬計而非百計。

「當濕季來臨時，情況會更嚴重。」喬興高采烈地說道，「到時候就眞的很惱人。」

PART 3

到哥倫比亞的黑暗行程

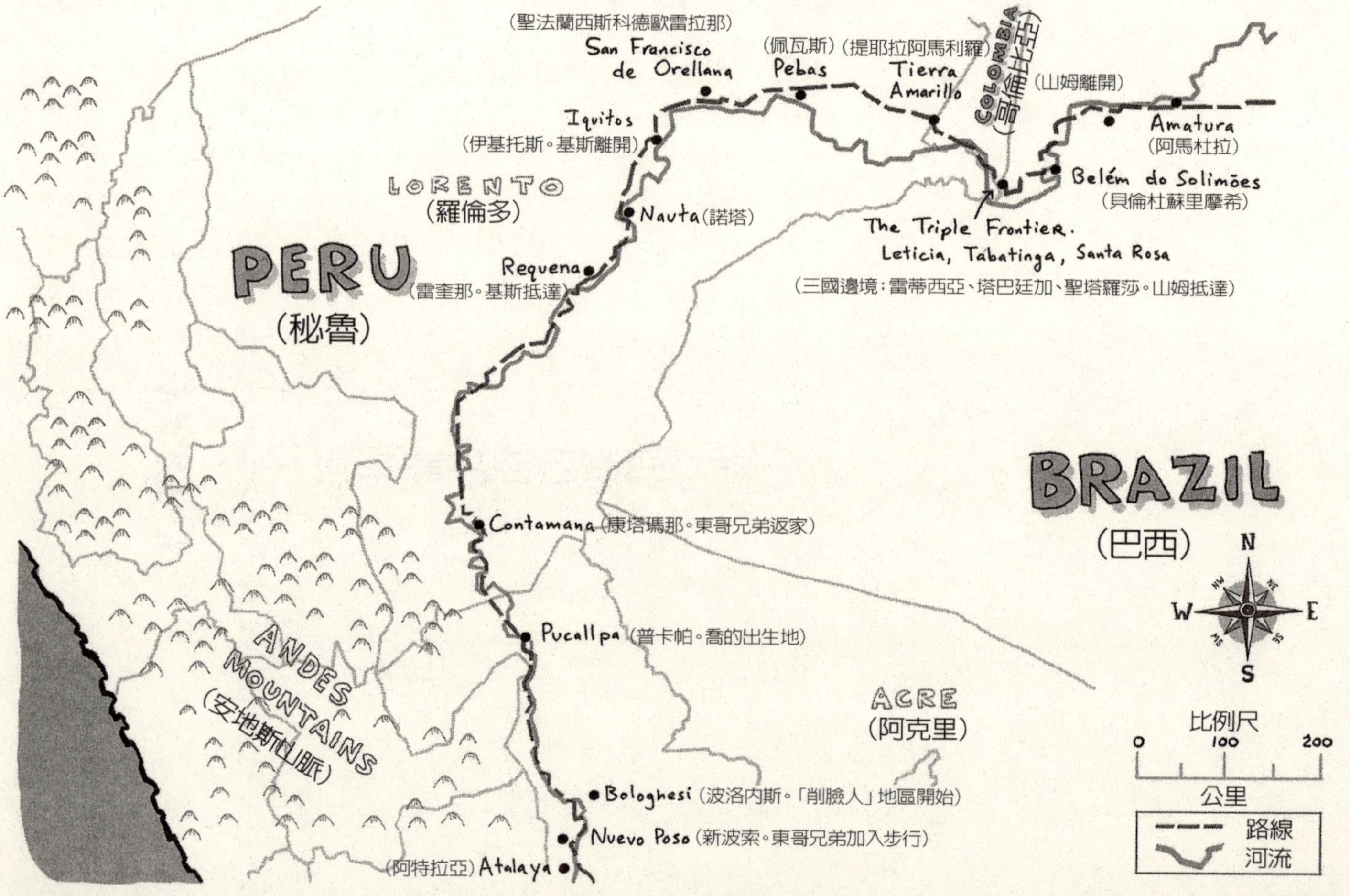
(聖法蘭西斯科德歐雷拉那)
San Francisco de Orellana
(佩瓦斯) Pebas
(提耶拉阿馬利羅) Tierra Amarillo
COLOMBIA
(哥倫比亞)
(山姆離開)
Iquitos
(伊基托斯。基斯離開)
LORENTO
(羅倫多)
Nauta (諾塔)
Amatura
(阿馬杜拉)
Belém do Solimões
(貝倫杜蘇里摩希)
The Triple Frontier.
Leticia, Tabatinga, Santa Rosa
(三國邊境：雷蒂西亞、塔巴廷加、聖塔羅莎。山姆抵達)
PERU
(秘魯)
Requena
(雷奎那。基斯抵達)
BRAZIL
(巴西)
Contamana (康塔瑪那。東哥兄弟返家)
N
W
E
S
Pucallpa (普卡帕。喬的出生地)
ANDES MOUNTAINS
(安地斯山脈)
ACRE
(阿克里)
比例尺
0
100
200
公里
Bologhesi (波洛內斯。「削臉人」地區開始)
Nuevo Poso (新波索。東哥兄弟加入步行)
(阿特拉亞) Atalaya
路線
河流

7 「看好你的英國佬，否則砍掉他的腦袋」

隨著我們向前推進，我的一些想法變得越來越黑暗，誤解越來越深，性格開始產生變化，這是從讓人滿身大汗的叢林小鎮**波洛內斯**（Bolognesi）南邊開始的。

「Pela cara!」有人從一輛滿載的貨車頂上對我大吼，當時喬、東哥兄弟和我正走在進入這個小鎮的伐木路徑，這句話字面上的意思是「他/它削臉」或「削臉人」，因此我以為這只是人們對我的諸多侮辱之一，因為我在本地與眾不同而對我大吼，也許我有點曬黑了。

但事實並非如此。我在鎮上又聽到幾次相同的辱罵，還伴隨著竊笑，我問喬這是什麼意思，他的回答很模糊（因為他也沒聽過這個詞），因此我以為這裡的人在開玩笑，要剝下我的臉皮。

這條河有五百公尺寬，只有兩艘充氣筏但要載四個人，這代表把人送過去之後必須再回頭接其他人，耗費的時間和精力根本難以為繼，方法其實很簡單，但我們花了幾天才想出來：每艘筏子必須坐兩個人和背包，其中一人划船，另一人要找話題聊，並且盡可能保持不動，重心越低越好。公認最瘦小的安德列斯在我的筏子裡，我們總重約二十七英石（譯注1），但不穩是因為無法壓低重

譯注1：約一百七十二公斤。

心，頭重腳輕，因此老是要翻覆。在一條辮狀河川岸邊待了一晚後，我們將隨身筏充氣，兩兩擠進一艘充氣筏裡，小心地划到對岸一個叫**十月九日**（Nueve de Octubre）的部落，抵達時看到所有人都面帶微笑，大家都在笑四個大男人怎麼擠進兩艘小玩具船裡。因爲先用高頻無線電打過招呼，因此這個席皮波（shipebo）部落已經在等著我們。

席皮波人是第一個看起來不一樣的原住民部落，婦女留著烏黑的長髮和清一色樸素的劉海，她們都穿著寬鬆的藍色短衫，但讓我想到的是克丘亞山區居民在殖民統治下產生的服飾，而非亞西寧卡人、亞歐寧卡人及馬奇根加人的簡單庫斯瑪，至於男人毫無例外都穿著短褲和T恤。

我在部落商店買了木薯粉（絲蘭做成的顆粒狀醣類食物）和糖，因爲我很放鬆，我提及來到這麼友善的部落眞是太好了，那位席皮波婦女說當他們從無線電聽到我要來，最初的反應是「殺了那個『削臉人』！」但得知我的目的後，同意讓我通行，我因此得到通行證。

「什麼!?」我請她解釋「削臉人」的意思，她告訴我最近這區域發生器官走私案件，還發現少了器官的屍體。

「罪犯是美國人——像你這樣的外國佬，人們聽到你要來很害怕。」

我不太瞭解這是怎麼一回事——有太多人想對我娓娓道來——但接下來的事讓一切眞相大白。

在我們離開這個直線型的村莊，小路連接起一排較爲孤立的房舍——住的全都是席皮波家庭。我們踏入其中一戶人家，我露出一貫熱情的笑容向他們揮手（顯示我是個沒有威脅性的好人），但屋主毫無反應——他看著我，嚇呆了。

那人問走在前面的嚮導阿方索，「他是不是偷這個？」他說「這個」的時候，用食指比畫著自己的臉，他仍然驚嚇地看著我。

阿方索和安德列斯大笑出聲，向他解釋我只是遊客，但那人沒有跟著一起笑。

我們繼續向前，在下一戶人家裡，女主人瑪莎托稍微喝多了，差不多醉了，立即對我大吼，因爲她聽說「削臉人」要來帶走她的小孩。

我的嚮導再次向她保證，用當地方言說明我此行的動機，但因爲她醉了，不能理解也無法冷靜下來，我們只好快快離開。

這裡有許多人認爲外國佬偷走他們的小孩，殺人取器官。我不知道這個非法走私的起因有幾分眞實性，但也無關緊要，因爲席皮波人相信這個故事。

所以我們多次受到警告，如果入夜後讓原住民發現，他們會不由分說地幹掉我，因此我們仔細安排路線，理智地處理風險，每天結束時一定能到得了一個部落。

我很難不受影響，喬、阿方索和安德列斯很高興進到部落，但他們不是注目的焦點，我才是。此外，眼下我還受限於自己的西班牙文程度，那對亞歐寧卡兄弟當然以亞歐寧卡語交談，席皮波人則講席皮波語，雖然嚮導讓我的行程得以繼續，但缺乏瞭解以及隨之而來的焦慮，將我推入自己的哀傷世界裡。我討厭他們怕我，此外每次進到部落，在他們放下戒心接受我之前都要力證自己是個好人，也讓我心力交瘁。我們從未在同一個地方待超過一晚，這意味著每個晚上都要一再重複所有的苦差事，因為這條河上充滿了偏遠部落。但是待在部落外面更危險，會被認為是在躲藏，給這些防衛心很強的部落更多不必要的猜疑。

所有事情都變得益發難以忍受，每天早上穿上濕衣服成了一種心理障礙，步行變得更吃力，一切都索然無味。對於我們穿過的叢林，我視而不見，也嚐不出魚湯太淡或鼠肉太韌。我當時一定很憂鬱，然而內心深處還是有個聲音問我：「你還走得動嗎？」「可以？」「那一切就沒問題。」

為了長遠的目標，我完全將娛樂視為次要，以一種不合乎人性的方式生活，每天早早上床，也不和嚮導們聊天，我不再更新部落格——除非遇上特別有自信的日子——害怕外界看到我現在的模樣；在錄製部落格影片時，會試圖隱藏真正的憂鬱，我像個緊張的青少年，眼睛盯著地板；我無法打電話給家人或朋友，因為我知道自己失去了此行的展望，我無法面對他們平常的樣子或幽默。我非常痛苦，許多夜裡在吊床上默默哭泣，淚水自憐地滑落臉頰。

從不幸的海平面上，我還是瞥見了一個具有幽默和美善的世界；喬想學一些基礎英語，現在在辛苦的一天結束後，他會對我說：「我們去洗澡吧！」這只是瑣事，卻能讓我微笑。亞歇寧卡兄弟也看出我的掙扎；安德列斯（現在是我的隨身筏搭檔）在我們面對面坐在像澡盆的船裡獨處時，會看著我的眼睛，問我還好吧，現在他的表情和善，獨特的舉止也能讓我微笑，他會努努嘴來表明他要說的話，我們因為在湍急的河裡相互扶持，現在產生了緊密的連結。

二〇〇八年九月十一日我們抵達**迪歐班巴**（Diobamba），那是一個亞歐寧卡部落。安德列斯和阿方索的叔叔住在那裡，就在抵達前的半小時，阿方索還撿到一隻烏龜，當禮物送給部落，基於這兩個理由，我們受到比往常還熱烈的歡迎。我們待的那戶人家，一家之主是個二十四歲的單親媽媽，她先生過世了。以亞歐寧卡人來說，她算長得很高而且健美，有著和花蝴蝶葛瑞菲絲．喬伊納（Florence Griffith-Joyner）一樣優美的女性線條，更明顯的是她非常有自信，直視我的雙眼，笑得很狂野。東哥兄弟嘲弄我，說她想要我做她丈夫——從她的態度看來，他們不是信口胡謅，一股沒預料到的振奮和溫暖在我體內升起。在自我懷疑的脆弱時刻，這種殷勤讓我措手不及，我還不夠鎮定，無法做出任何表示，只能在她給我們食物、飲料，以及熱情招待的時候微笑道謝。她是我聽過笑得最爽朗的女性，我內心深處有個開關啪噠啓動了，開始爬回有生氣的世界。

那隻我本來以爲會成寵物的烏龜，像豆子罐頭一樣被用砍刀開腸破肚，從殼剝開，龜殼刷上鹽火烤，讓我們當做前菜吃一點。女主人燉了一鍋烏龜，還上了一大盤犰狳肉讓我們大快朵頤，我可以感覺到身心都恢復力量。

儘管有這麼熱情的招待，但我的心理嚴重扭曲，不是光這件事就能療癒。在吊床上，我記得在半夢半醒之間聽到東哥兄弟的對話，我確定他們是在謀畫殺我，亞歐寧卡語裡有個字和西班牙文的「殺」聽起來很像，部分的我知道這是被害妄想，但另一部分的我卻無力掌控，阻止自己在吊床裡胡思亂想。

沿著河岸走，代表我們每天必須渡河多次，可行走的河岸隨著河灣在兩岸間交替，由於水位很低，這麼做還是比在林間茂密的矮樹叢裡劈出一條路徑來得快。

在這些每天必須多次渡河的日子裡，東哥兄弟頭一次同搭一艘船時發現，如果沒那麼努力划，河水會帶他們往下游去，就不用走那麼多路，他們的想法可以理解，但在那天，喬和我無法阻止他們一再這麼做；問題是，我承諾要步行走完全程，而阿方索和安德列斯每次渡河就往下游多走五百公尺，因為我們必須一起行動，喬和我也藉由水流取得一些進度。

看得出來彼此對於這點都焦躁不安，我們要的是徒步亞馬遜，沒有人想偷工減料。

「喬，必須告訴他們，從這裡開始，絕不能再讓河水帶我們往下游去，如果再這樣，就必須走回渡河處的對岸。」

「不只這樣，」喬回道，「我們要往回走，今天重來一次。」

這是我第一次見識到喬對這趟探險的承諾之深，他的價值觀判定今天不算數。我們相視而笑、握手，並計畫到了下個部落要租艘船回頭，重新走這一段。

這讓我上了一課煩擾我一整天的疑慮或罪惡感被做對的事的純淨感戰勝了。儘管這會導致進度落後一天，但我們問心無愧。隨著週數不斷推進，這將成為我所依循的直覺，也是這輩子第一次學到如何依照感覺的對或不對來行事。

我們從波洛內斯花大錢租了一艘船，將那段路重新走一遍，一旦他們瞭解我們意欲何在，東哥兄弟也就完全接受了這個觀念。

因爲我們打算在傍晚返回波洛內斯，於是將所有裝備存放在那裡，只帶了最少的行裝：幾瓶水和全球定位系統。但這段河比預期中的還長，夜色開始降臨，我們只好在河岸紮營。岸邊有個人在釣魚，他借給阿方索魚鉤和釣線，在面對晚餐可能沒有著落的情況下，阿方索釣上一條又一條的魚，展現了驚人的技巧。我們和那位漁夫分享漁獲，他則讓我們用他的火煮食，還給我們一些很有嚼勁的烏龜。天氣漸漸轉涼，喬找到一小塊一公尺乘二公尺的塑膠布搭成臨時遮蔽處，我們像軍人一樣排成一列躺在下面，棚頂遮蓋著膝蓋到胸部，我們祈禱有個溫暖乾燥的夜晚。

晚上十點，風勢轉強，到了十一點，令人不安的雨開始滴滴答答地打在頭頂上覆蓋的塑膠布上隨著風雨漸強，我們縮起膝蓋坐成一排，強勁的雨勢水平地打在身上，我們全都濕到骨子裡，睡覺已經是不可能了，只好一起坐在黑暗中顫抖地等待黎明。雨在凌晨漸歇，因此得以小睡一會兒，爲了讓濕衣服變暖，我們盡可能一動也不動地躺著。

從這時開始，我們有了條鐵律，如果以隨身筏或其他船隻渡河，必須走回與上船處的水平面垂直的地方，這樣就不會被指爲借助水流前進。

一般人會認爲叢林的危險來自美洲豹、蛇和電鰻，但其實是昆蟲讓我快發狂。我們經常會穿過隱藏在樹葉底下的黃蜂窩，只要聽到有人喊「黃蜂」，我們就會四處逃散躲到矮樹叢以減少被叮咬。我學會經過草木時，盡可能輕手輕腳，因爲小螞蟻會爬上手臂叮咬，留下小小的潮濕傷口。

二〇〇八年九月二十日日記：

我們的處境一團混亂，沒有抵達目標部落，沒有水，所以沒吃沒喝沒洗澡。蚊子是我遇過最糟的，我一爬上吊床就有三十隻蚊子飛進蚊帳，我一直覺得牠們全被我打死了，但接著又會出現一隻。

我知道牠們在咬我，因爲每次一打蚊子就會噴濺出鮮紅的血，但我沒有起反應（對叮咬沒有出現反應），也許我和當地人一樣產生抵抗力。蚊帳外有上百萬隻蚊子，上百萬隻！

今天眞是糟透了，嚮導們在猜我們的方向，我什麼都不清楚，沒有路。

凌晨四點三十分，補記：

我剛起床尿尿，往下看我的肚子，起碼有四十隻蚊子在吸我的血，我用手拍趕，肚皮上留下一大道血痕。

現在睡覺也成了問題，儘管每天幾乎都有十二個小時黑漆漆地躺在吊床裡，但我會躺上好幾個小時擔心如何進展到下一階段。一開始我服用抗組織胺藥物幫助睡眠，但接下來要用安眠藥二氮平、止痛藥特拉瑪竇甚至嗎啡才能有足夠的睡眠繼續前進。我收到前女友克羅伊的電子郵件，只簡單地問我是不是在吃藥，她很瞭解我，可以從部落格看出我頭腦不清，她說得沒錯，但不吃藥更難忍受——我依舊無法停止腦中奔騰的思緒，在絕望中看著太陽升起。

第二天早上，喬又是最後一個整好行裝，他還沒建立起快速整裝的方式，因此我們三個準備好後還要等他二十分鐘，已成爲了慣例。我們終於上路後，我用惡毒的言語攻擊喬，他的回應是遞給我一瓶新鮮的雨水，那是他機伶地在晚上收集的。當我大口灌下昨晚到現在的第一口水，因自己對他惡聲惡氣而感到內疚；他收集的雨水夠那兩兄弟和他自己都有一公升，多等二十分鐘又怎樣呢？很難解釋我爲何沒有領路，過去幾週一直沿著河道行進，因此不太需要，此外我以爲東哥兄弟擅於行走於叢林間，因此我不用操心，跟著他們就是了。但日子一天天過去，我感覺到我們並非保持在同一個方向上，因此我開始至少用羅盤確認一下方位。

我們向北走了半小時，接下來的半小時又轉爲向南，由於此時還不確定這是否在他們的計畫之中，因此我只是觀察，直到一切眞相大白，他們根本就不知道往哪邊走。

我開始跟他們談，指出我們理論上應該走的方向，給他們看河在左手邊，我很訝異他們眞的迷失了方向。我後來發現這是因爲過去兩天烏雲罩日，他們因而無法用太陽定向。他們以前從未見過羅盤，從那時起，我要確認他們走在大致的方向上；在探險的頭一年，方向是往北。

這也讓我多用點心在導航上，現在我身邊有個堅強的團隊，再沒有藉口打馬虎眼，我必須掌握狀況，並且隨時清楚我們和河的相對位置，一旦出事了才好撤退。我開始明白，當嚮導堅定地告訴我「部落就在那個方向！」這只是他們的最佳猜測而非說的是事實，因此我還是得一直確認方位。

這的確有助於我再次振作起來，因爲身爲團隊中唯一一位不用靠太陽定向的人，我是掌握進度的關鍵。

各位探險家、冒險王或登山客可能會很訝異，我怎麼到這個階段才開始留意導航的問題，爲了減輕罪惡感，我只能說這場步行現在已經變成一種生存而非探險，我們只是鬆散地沿著河走著。現在我的展望和處理許多事情的態度有很大的改變，因爲心思全放在安全或財務問題上。

秘魯境內的亞馬遜河岸，草木叢生的區域嚴重受到河流影響，可能非常險惡繁盛，樹冠低矮，只殘留一些老樹，樹與樹之間充滿荊棘和刺藤，不帶大砍刀劈出通道根本無法通行，森林地表就像半乾涸的湖底，露出的根部和藤蔓糾結盤錯在厚厚的泥巴裡。當地人可以像豹一樣輕鬆地在狹縫中快速通行，而我笨重的背包卻老是和植物懸垂的枝節糾纏在一起，扯下塵土和螞蟻掉到我滿是污垢的頸子上，我落在隊伍最後，越來越沮喪。

待在亞歐寧卡部落比席皮波部落舒服，因爲席皮波人較認眞看待「削臉人」迷思，因此氣氛可能冷淡又詭異。相反地，亞歐寧卡人會以我們到訪爲由，舉辦和東哥兄弟重聚的派對，東哥兄弟可能認識當中一些人，他們會整晚開心地暢飲自製甘蔗蘭姆酒。

然而讀我當時的日記，可以看出我仍未全然感到自在。

二〇〇八年九月二十六日日記——塞爾瓦：

我已經厭倦了成爲大家取笑的對象，我要不是聽不懂，就是根本不好笑，我可能只是太累了，但這些笑話有一半是關於我走路有多遜，另一半則是要殺了我，「看好你的英國佬，」他們會這麼跟喬說，「否則砍掉他的腦袋。」

喬大笑，東哥兄弟也笑，整個部落跟著笑，大家都在笑，就除了我以外；此刻，除了吃和洗澡後的清爽，我對什麼事都不感興趣。

我眞希望自己的西班牙文能再好一點，每個晚上我都累得沒有力氣學習，或者無法集中精神去理解，因此我讓自己對這些噪音充耳不聞，但是不花心思去翻譯，讓我越來越不能理解。

有一度我不斷質疑，我的徒步之旅是否太過自私，是否對此地帶來不必要的打擾，能否避免引發憂慮？我是否認眞思考過對這些人造成的影響？

這個區域的亞馬遜河原住民渴望進步，他們想要電力、手電筒、衛星電視和手機——無一例外。我走過的部落在二十年間將改頭換面，他們並不是與世隔絕的部落，必須遺世獨立——而是貧窮的村落，而且八卦和謠言造成無知和不必要的恐懼。

因此我的結論是，無論他們一開始是否感到不快，這趟旅程都有其正面意義。雖然這些部落必須隨時保持警覺以保護他們的土地，但對外面的世界無知絕不是好事，並非所有的白人都一樣，儘管我欣賞此地原住民自我防衛的精神，但他們遇上一個不想偷土地、木材、小孩或器官的外國佬是件好事，遇上一個傻傻地微笑揮手——還在當地商店買木薯粉和糖——的外國佬，也是件好事。

我的進度又再次落後，現在預估這趟探險需耗時兩年。叢林大城普卡帕標誌著我的旅程完成了四分之一，那也是我數月以來夢想到達的地標。九月二十八日，我們已經走了六個月又兩天，但還要三天才會抵達普卡帕。一名英國記者馬克・巴羅克里夫（Mark Barrowcliffe）預計來和我們同行，他幫《衛報》寫報導。由於馬克不會說西班牙文，他會和馬林一起從利馬過來，我必須搭船先行前往和他會合，一接到他，我們會全部坐船折返，從中斷的地方開始走起。

這次經驗對我有益，待在河上我的眼睛能看到二十公尺外的東西，想到夜晚能睡在床上更是如置天堂，我極度渴望找間冷氣房，多那麼幾分舒適都能讓我一夜好眠，但是身邊跟著亞歇寧卡兄弟和喬，我負擔不起。

再度見到馬林眞是太好了，她是個可愛的女子，不太像典型的秘魯人，非常另類，她笑起來和罵起髒話都像個軍人。我覺得馬克一開始有點緊張，我對於他的加入也同樣擔憂，我想我們都注意到彼此的不安，他剛到沒多久，我就告訴他關於「削臉人」威脅和我經歷的悲慘時光。

馬克有個太太和一個小女娃，因此認眞考慮和我一起步行通過此地是否是負責任的行爲。我覺得我有責任向他指出，走這趟路的後果必須自負，這些部落無法預料，什麼事都有可能發生。這麼做其實幫助不大。

馬林很帶種，要和我們一起走，在完全沒有準備的情況下，她努力地在蜿蜒濕滑的小徑上走了一天，幾乎整天都處境艱難，之後她搭船離開。

馬克和我們走了三天，到最後很高興能離開，對他而言叢林是個嚴峻的考驗，我則很高興有個英國人和我討論體育、學校、電視和所有英國事物；我們截然不同，但享受彼此的陪伴，馬克讓我發現自己走了多遠，看著他在叢林踏出第一步，使我看起來完全像個專業人士。我照顧他三天，忘了擔心自己，這正是我需要的，我體會到這時候我對腳下的探險已經很嫻熟了。透過馬克的眼看叢林讓我瞭解到，相較起來我在樹叢之間有多舒適自在。

在最後一天，馬克看著洶湧的河水笑道：「我一度還以爲要橫渡這條河！」我笑了，他立即瞭解我們眞的要渡河；我們挽在一起，面朝上游緩緩地渡河，強大的水勢幾乎要把我們往後沖走。

我不認爲馬克覺得自在，他看來對這裡的人和叢林很緊張，在此異地我同情他。我們握手道別時，馬克感謝我，我希望他有個愉快的經驗，我不知道他是否瞭解他對我的心理幫助有多大，我有多麼感謝他的來訪。喬和我現在有了新褲子，因爲馬克從戶外衣物供應商那得到的免費品不要了。我們和馬克揮手道別，看起來就像一對精力充沛的童子軍。

雇船接送馬克、住旅館以及馬林飛機票的費用，再加上城市飲食較貴，讓我們在短短幾天內就花了近一千英鎊，因此當我們步行到普卡帕時便快速通過不留戀。我們必須到花費較便宜的地方。

行進時每個人都背著自己的裝備，以及部分的團隊裝備——鍋子、船、電腦、衛星電話，應急指位無線電示標、相機、錄影帶以及電池等——以我認為公平的方式分配在每個人身上。安德列斯和阿方索說他們要再一起走七至十天到康塔瑪那鎮（Contamana），從那裡打道回府。

十月二十日，我們看到前方有個亮紅色和黃色的東西，以為到了伐木營地，靠近時才發現那些顏色其實是兩架直升機停在直升飛機場上，那個營地太過氣派，不可能屬於伐木工人。我們划過河來到營地，在充氣筏上向他們微笑揮手，營地工人看起來是外國人，可能是阿根廷人，看著兩艘橡皮艇上有個英國人、一個秘魯黑人和兩名亞歇寧卡印第安人向他們揮手，都相當困惑。

營地的法國主任熱情地招呼我們，他解釋他們是來做地震研究，要找石油，但沒找到，營地在接下來幾週就要拆掉。我試著撈出我在學校七年學的法文，但連「午安」都忘記怎麼說，因此我們以西班牙文交談。這位法國人很友善，但對我們沒什麼興趣，他說我們可以待在後面的工人寓所。

儘管那是營地裡唯一沒有空調的建築，對我們來說已經相當豪華，我們聽了一堂安全簡報（我必須捏一下自己，我還在秘魯），有熱水淋浴和沖水馬桶供我們使用。看到錢能使雜亂的叢林變成乾淨的營地，實在太驚人了，這些人過著奢華的生活，有自己的健身房、酒吧和餐廳。我們吃了一大盤烤雞、米飯和蕃茄，並且用他們二十四小時供電的發電機充飽所有電器。

吃完豐盛的早餐後，我們必須溜過別人的花園，繼續走在河的這一邊，很快就抵達一個叫**荷蘭帝亞**（Holandia）的席皮波部落。荷蘭帝亞看來荒無人煙，因此我們直接通過，往下一個叫**聖璜**

（San Juan）的村莊，在那裡遇上了帶槍的男子，遭到拘留，並且被押回荷蘭帝亞。

荷蘭帝亞的治安官很老，在我姊和一位瘋狂的澳洲職業高爾夫球員交往過後，我還沒對誰馬上這麼反感；他告訴我們，有個人失蹤了，我們有謀殺的嫌疑，這實在太荒謬了，因此我們不太當一回事。

在日記裡，我似乎把這位老先生稱作「混蛋先生」，如果不繼續使用這個完全符合他的名字就太可惜了；混蛋先生想在我們身上挑出所有毛病，這樣他就能覺得自己很精明。他宣稱我的護照無效，因爲女王沒有親自簽名，他要我證明馬克．巴羅克里夫回到英國而不是躲在附近的灌木叢（馬克還名列在許可文件上）。

經過兩個小時單獨訊問後，他接著要我解釋背包裡每件裝備的用途，我必須承認我的耐心快被磨光了，因此我告訴他，何不問坐在他身邊的聖璜村長，他手上有完整的清單，四小時前我們被他的村落拘留時一起彙整的。

不行——我必須再次清空背包。在這磨人的過程中，混蛋先生猜疑地翻著馬克．巴羅克里夫的喜劇小說《幸運兒》（*Luck Dog*），彷彿我們的謀殺計畫就詳細地寫在裡面，而且連我的筆記型電腦序號也記下來，小心駛得萬年船啊！

但不只有我，混蛋先生又花了兩個多小時訊問阿方索、安德列斯，最後輪到喬，幸好我有本書可看。那天全都花在訊問關於一名失蹤的席皮波人這件事上，他可能只是喝醉了，不知晃到哪裡呼呼大睡罷了。

幸好不是所有荷蘭帝亞的人都和混蛋先生一樣，有兩戶人家要煮飯給我們吃，一陣混亂中我們接受兩次招待，吃了兩頓豐盛的燭光晚餐。

隔天早上，在留宿警局（一棟木造小屋）之後，眞正的治安官來了，我們才知道混蛋先生只是代理人。這位較年輕的男子看了我們一眼，笑著問我們是不是要到康塔瑪那鎭泡溫泉，他向我們道別，也祝我們好運，然而最後他還是毀了這一切，他說我們有義務捐獻五十索爾修繕荷蘭帝亞警局的屋頂——之後，我們就可以走了。

那天將盡時，他們幾個在街上和年輕的女孩子聊天，我不該妄下評斷，但這些女孩子才十三、四歲，而我們團隊所有人都超過三十歲，多數十五歲以上的女孩都嫁爲人婦也爲人母了，因此我是唯一覺得這情景古怪的人。每個想找單身女子的男人，都找十四歲以下的。

我們在隔天早上六點離開荷蘭帝亞，大家都想彌補浪費的時間，通往**康塔瑪那**的道路很平坦，我們大步走在路況越來越好的小徑上，到最後是鋪過路面的道路。晚上七點，我們在黑暗中來到建築物密集的鎭上，入住旅社。這裡不再是木造小屋城鎭，而都是水泥磚造建物，綠色廣場上花朵種得整整齊齊，也有垃圾桶，而且眞的有在使用。

忠實的亞歐寧卡兄弟阿方索和安德列斯東哥要在此地和我們分別，他們一夜好眠，洗好澡、穿上整潔的馬球衫和便褲，抹上修臉霜，準備返回位於上游的部落。他們已經離開四十七天，離家太遠了，影響力式微，因此這是對的決定。當我走進他們房間付薪資和道別時，對於團隊即將解散感到難過。除了我陰鬱的心情之外，這四十七天非常精采，我知道沒有他們的幫忙，無法通過那些駭人的部落。我們握手道別，這對兄弟進城爲部落買一副全新的附掛馬達，他們留給我溫暖的感覺，我是和眞正的朋友道別。

那晚我回頭讀遇見阿方索和安德列斯那天的日記。

這群人是壞人，儘管我覺得簡單地將人分類很可笑——我自己現在就這麼做了。從他們的眼裡看得出來他們不瞭解，或者不想去瞭解。

到底誰才不瞭解？

8 憂鬱

反省過後，我認爲探險本身一定讓我太過掙扎，因此我排除了可能的娛樂、輕鬆聊天等諸如此類的事，忽略多數對我前進沒有直接幫助的互動和活動，直覺告訴我這兩者的比例失衡了，我知道我變得孤僻，但還是退縮了。

部分的壓力來自憂心財務問題，JBS現在每個月給我一千英鎊的津貼，但這只夠我們一半的開銷。我額度一萬英鎊的信用卡已經預支了九千五百英鎊，還不知道怎麼付利息，我在英國還得繳貸款，房客剛表示她要搬走了。我知道叢林有些地方美不勝收，因爲當我偶爾停下腳步，會將四周美景盡收眼底，叢林覆蓋的山丘群聚在一起就像綠色的蛋盒，陡峭的堤岸讓路給藤蔓叢生的山崖，高聳地俯瞰著小溪。以前沒有人行經這裡，因爲草木如此茂密，沒有砍刀根本無法通行，遇上如沼澤等天然屏障而繞路也是司空見慣的事，我們背著沈重的包袱奮力前進又原路返回。

喬很快找到一名席皮波嚮導，名叫帕波羅，他也是一臉和善的人，我對他很有好感。我預付他一百五十索爾，否則他不會來，問題出在男人於遠行期間要留下足夠的安家費給女人，這點我可以理解。

帕波羅、喬和我穿過至今遇上最多沼澤的森林；穿著原本那雙叢林靴讓我患了輕微的戰壕腳（譯注1），因此改穿亞歇寧卡人穿的鞋——橡膠底帆布鞋——但這只是暫時的，直到奧特伯格公司能補上排水更好的靴子爲止。現在我的腳踝暴露於外，感覺像赤裸地走過叢林；腳踝缺乏保護使我易受扭傷、荊棘、刮傷之苦，更重要的是——蛇。但橡膠底帆布鞋是如此輕薄簡便，讓我能走過泥塘，且不會患戰壕腳。

在這叢林深處，蛇更常出沒了，如果是走在叢林小路，蛇是個容易應付的風險，但如果是要穿過濃密的草木，而牠們大多是半棲息在樹上，那風險就更高了；牠們和所有動物一樣，不會無緣無故攻擊我們，因爲人類太過龐大難以吞食，但我們打擾驚嚇到其中一隻的機會卻比以往都來的高。當我們在森林地表經過響尾蛇時，我越來越傾向於繞過牠們，而不是像當地人傾向於殺了牠們。通常我們走過的區域，現在也不會有其他人走，因此有人跟在我們後面被蛇咬的機會微乎其微，這些蛇可以活下去。

每天在叢林裡，我有一套清理腳部的慣常程序，早上穿襪子之前我會先塗上凡士林，接著穿上前一天在河裡洗過的乾淨（但潮濕）襪子，一天結束時，我會在晚餐前洗澡和洗襪子，在腳上撒粉，晚上穿著涼鞋或卡駱馳鞋讓腳透氣、乾燥。

除了穿第一雙奧特伯格靴子期間外，這個方法在這次探險中非常管用；第一雙靴子太厚，而且排水「閥」被泥巴堵住了，接下來向他們要的靴子，排水閥換成圓孔眼，優點是排水性極佳，但缺點是會從河床上積沙，如果行走在多沙的區域或跨越很多河流，就必須定期清洗靴子，否則腳會紅腫脫皮，還會伴隨感染。

直到現在我才認爲可以告訴喬我沒有宗教信仰，我之前沒有說謊，只是避免明說，他平靜地接受了；看得出來在行走時，他把讓我改變信仰視爲一項挑戰。帕波羅必須回家保護女兒免受村裡一位男性無端的騷擾，他從高頻無線電收到這個消息。繼之加入團隊的是霍黑。

霍黑和我們到目前爲止雇用的當地人很不一樣，他不是原住民，而是西班牙殖民秘魯人，比其他人年紀都大，約五十歲，有個大肚腩，以及討喜的大叔一般冷靜自在的態度。

十一月九日，我們也找來勞爾，他是個年紀相當的當地人，非常瘦，但強健且有肌肉。我擔心錢的問題，感覺財務狀況失控了。雇了一個不知道該往何處去的嚮導眞是令人火大，這是直接提醒我在浪費錢；勞爾宣稱知道路徑，因此我們組成四人團隊出發，當我們開始走錯路、原地繞圈，我變得易怒，而且明白向勞爾指出我認爲他表現不佳。

在一個叫**新德里佳**（Nuevo Delicia）的村莊，我們四人坐下吃粥和鼠肉時，我逕自提出關於嚮導的話題。

「我們明天早上要找新嚮導，」我宣佈道，所有人頭低低地繼續大口大口吃，「我們要找知道

譯注1：長期暴露於戰壕，因濕寒引起的腳痛。

路的人，才不會整天打轉。」我繼續說道。我想喬和霍黑都贊同，只是大家顯然都很同情勞爾，他不發一語。

喬大膽地問道：「勞爾怎麼辦？」

「他回家，」我說，「我們已經付了他今天的薪水。」我非常清楚是當著勞爾的面說。「可以嗎？勞爾。」我問道。

「可以。」勞爾說。

那天晚上，我唸完《偷書賊》（*The Book Thief*），那是一九四二年在慕尼黑發生的一段充滿勇氣的故事，我躺在吊床上哭泣——這本書提醒我，所有我愛的人，以及生命中重要和不重要的事，和戰爭時期的苦難相比，我的徒步之行簡直微不足道，我理解到必須時時提醒自己放鬆，替別人著想，而不是活在剛愎自用的孤立世界裡。

在廉價安眠藥的作用下，我睡得很安穩，現在我依賴安眠藥驅走對錢的憂慮，讓我一夜好眠。

在新德里佳的早餐餐桌上，一隻老鼠從頭頂的椽上掉到餐桌，我們全都笑了，但氣氛仍不太自在。勞爾對於被革職不太高興，但他沒有承認，反而盡其所能地繼續告訴我前方的路，他講得越多，我越發現他知識豐富，我盯著地圖沈思。

「喬，你覺得我讓勞爾回家是正確的決定嗎？」

「這裡你作主。」喬說。

「但我是在問你的意見，喬。」

「那好，」喬開始說，「我認爲你太沒耐心了，這趟步行需要時間，你必須放輕鬆，當我們走了兩個小時，結果小路最後通往刺藤和荊棘，你要深呼吸，微笑，並且接受這是探險的一部分。」

勞爾和霍黑全程聽著，所有人包括我都知道喬說得對，也提醒我不要自視過高。我覺得很羞愧，轉向勞爾，「抱歉，勞爾，我昨天對你太嚴厲了，如果你願意，希望你能留下來。」勞爾沒說話，但我可以感覺到他接受道歉，並且會留下來。

明白地揭露我的不足以及接續而來的誠實以對，反而讓情勢好轉。我們行進得很順利，隔天晚上的日記裡，我寫到我們形成了另一組堅強的四人團隊，就像和東哥兄弟組的團隊一樣；休息的時候，我們分著抽廉價的香菸，他們教我用西班牙話咒罵。我們開始有了歡笑，我也明顯感到更融入團隊。

第二天我們經過殖民社區，現在原住民部落越來越少，我們也受到越來越熱烈的歡迎。我偶爾還是會聽到「削臉人！」但現在聽起來比較像是在開玩笑。正值午餐時間，總是能及時抓住機會點明要吃頓好料的霍黑提議停下來吃一頓，一位十八歲姑娘出現了——她是我來到秘魯後見過最美的女孩——當她爲我們上飯、豆子和大蕉時，我的心噗通噗通狂跳。她的名字叫索妮亞，她當面問我能否待幾天，我解釋不能留下的原因，然後在三個同伴的嘲笑下，踏著雀躍的步伐離開村莊。

許多我們經過的部落仍有酗酒的問題，很遺憾的是在多數部落裡，大白天就有幾個酒醉的男子——喝得酩酊大醉。他們並沒有大聲高歌或打起架來，只是爛醉如泥，看起來神智不清，醉得不省人事。這些人的臉孔看起來還是很像原住民，儘管他們都說西班牙文，但很少和這裡的純西班牙人混血，和印第安人部落一樣，對酒精的耐受度相對來說較低。

我們行進的順序通常是勞爾、我、霍黑，最後是喬。勞爾只帶了一個輕輕的小背囊，很喜歡披荊斬棘，我就在他身後導航，霍黑和喬殿後。有一次走在部落之間的小路上，喬要我們停下來，「看！」他說。

我注意看著喬所指的矮樹叢下，發現了可怕的響尾蛇，它盤繞著，蓄勢攻擊。這條蛇在半路上，因此現在勞爾、霍黑和我距離這條被激怒的毒蛇僅有幾吋之遙，俗話說，第一個人吵醒蛇，第二個人激怒牠，第三個人被咬，而喬是第四個，看到了蛇反彈準備發動防禦性攻擊。

被這類響尾蛇咬一口可能很嚴重，響尾蛇已經成了矛頭蝮屬中許多毒蛇的通稱，它們主要有血液毒，會破壞細胞，造成大出血和壞死，被狠咬一口可能導致所有器官和組織衰竭，毛囊、眼、耳、鼻和指甲出血而亡，死狀駭人。

由於牠是在路上，很可能攻擊經過的村民，勞爾以一根長棍痛擊牠的頭部，隨意地打死牠，無論我是不是保育人士，都同意在當時的情況下這麼做是正確的。

現在穿著這雙橡膠底帆布鞋，我覺得很容易受傷，因此到了下個村落，我採取勞爾和霍黑的穿鞋風格，買了些橡膠靴和足球襪；我立刻愛上這種搭配，也很喜歡在過河之後，可以輕易地把靴子清空。晚上我把靴子倒掛在竿子上，到了早上就乾透了，和潮濕的鞋子或鞋帶含泥沙的靴子相比，輕鬆愉快就能穿上。有個缺點是蹚過髒水後，裡面還是會有荊棘和尖刺，這些是從靴子頂端進來的，我們到達乾地面就得馬上清出來，這不是什麼麻煩事，因爲橡膠靴很好穿脫洗滌，不過這也不是完美的方式。

隨著和喬、勞爾、霍黑一起生活的日子從幾天進展到幾週，我們有了固定的模式，不需要鬧鐘，清晨五點半在晨曦中醒來；只要想到必須穿上濕衣服，原本整晚不方便不舒服的吊床突然間成了最溫暖舒適的便床。

我的雙腳一落地，就進入自動導航模式，所有事情都跟隨既有模式，日復一日；儘管前一晚我都會在河邊洗T恤、褲子和襪子，它們總是濕的，而且一定或多或少含沙，潮濕的環境意味著衣物不可能隔夜就乾，當然，一穿上就無所謂了，反正沒多久我就會開始流汗，因此衣服永遠不可能有乾的時候。在探險後期，我和喬發展出一套火上晾衣繩設備，每天晚上把衣服烤乾。

在村莊裡，我們通常會喝用雞睪丸和老母雞煮成的湯當早餐，雖然有點平淡無味也缺乏變化，但夠營養。我多半會讓嚮導們去聊天，因爲我的大腦需要一段時間暖機。

我會包紮受感染的腳，服用抗生素避免惡化成熱帶潰瘍，接著塗上一層凡士林、套上足球襪，最後穿上黑色的橡膠靴。

村子裡通常沒有特定的地方排便，大家會走遠一點到叢林裡拉屎，這個過程既雜亂又不衛生。

儘管有足夠的昆蟲和蟲子分解少量的排泄物，甚至是一個家庭的份量，但如果整個村子都沒有任何形式的廁所，就會又髒又臭。

我的心情就像憂鬱症患者一樣起伏多變，也許我就是憂鬱症患者。看到長相特殊的鬚狐尾猴能讓我興高采烈，但可能馬上又會變得沮喪，因爲遇上長滿了多刺樹木的沼澤，無法渡船過去，必須原路折返四公里。身上到處是擦傷、螞蟻咬傷以及背背包而產生的疼痛，我的心情也會因爲脫光洗澡而產生一種純粹的喜悅。當然所有事情都是相對的，但我可以在棕色充滿雜草的污濁牛軛湖水中洗澡得到潔淨感。

受到幾則正面留言鼓勵後，我犯了個錯誤，想從部落格尋求慰藉提振士氣，這種型式的強心劑完全不可靠，而寄希望於收到善意的留言也不利於保持平穩的正面心態，因爲有時候根本沒有留言，有時候則會收到憤怒、負面的留言，說我不負責任或用更糟的言詞。

整場探險中，音樂是最佳的逃避方式，我在當地大約買了七台便宜的ＭＰ3播放器，全都用不久；音樂的唯一問題在於，經過了一整天單調乏味的事物後，腦袋成半休眠狀態，但躺在吊床上打開興奮劑，就變得非常亢奮，我又睡不著了；我會聽好幾個小時的文明之音，或我所知的常態以及西方世界。

二〇〇八年十一月十三日日記，**聖拉蒙**（San Ramón）：

憂懼不足以形容我的感覺，再也沒有河岸，小路不是泥濘就是淹水，很快地我就必須進一步遠離河岸冒險，找到堅實的土地行走。

勞爾非常擔心陷阱。我們進入的區域，當地打獵的方法是使用自製的獵槍陷阱，在小徑上搭起絆線，目標獵物是大型囓齒類動物如中南美洲天竺鼠、刺鼠，粗製的槍管近距離地在動物身上轟幾個大窟窿。在離地六吋高的地方，如果我們誤觸一條，就會斷了腳踝，而且似乎沒有人標記陷阱設在哪裡。我們很有可能踏進佈滿這類陷阱的區域，就像是具殺傷力的地雷區，走在前面變成不受歡迎的差事。

二〇〇八年十一月十七日日記，**波多維木德斯**（Puerto Vermudes）：

下午兩點，我讓團隊停下來，因爲我太累了，雙腿顫抖，累得幾乎要哭出來。眞有趣，我成年後長時間出國在外，但總是待在有其他西方人的團隊裡，軍隊、探險、以及風險顧問工作，從未長時間單打獨鬥，這是第一次徹底深入一個國家及其民間。路克走後至今已四個半月，期間我有幾個晚上和愛蜜莉通電話，但僅此而已。（當時我完全忘記馬克．巴羅克里夫來過。）

我應該多聽別人說話，多和他們互動，但我太累了，所以西班牙文一直沒進步，只是讓噪音從頭上飄過，充耳不聞。

事後看來，我很難為這樣的行為辯解，我為什麼不多努力一點、多互動、每天多學一些字？我還在日記中提到，波多維木德斯的村長叫做壙．洛哈斯，他很友善，請我們吃黃金果，那是一種圓形的綠色水果，又甜又黏膩，如果不知道怎麼吃會黏住雙唇；我還寫到他有五個小孩，是我遇過最有自信和禮貌的孩子，他們其中一位提議帶我們走四公里到下一個村莊，並且把書包裡的芒果全給我們。他才六歲大。身邊有這麼多善意和慷慨，我卻不能專注在美好的事物上，因為我的固執和堅持，把自己困在一個不想待的地方，因此我仍舊很低落。

我的胖嚮導霍黑已經和我走了一個星期，他今年五十歲，熱愛步行。我認為他看扁我，我知道我的破西班牙文可能讓我聽起來沒那麼聰明，但最近他問我在軍隊中爬升到什麼官階，他很訝異我是個上尉，「但不是在步兵團吧？」他問道。「是的，」我回道，「是步兵上尉」。

我知道我變得不像自己，對霍黑的反應並不訝異。

二〇〇八年十一月十九日日記，**聖洛克**（San Roque）：

今天和喬有一場激烈的宗教辯論，我總是轉移話題，因爲我知道不會有共識，而我需要他當嚮導。我想他不會在意我不信宗教，也不認爲會有影響，但有趣的是他認爲我會下地獄，因爲我不信上帝。我向他解釋我認爲宗教是幾世紀以前設計來控制民眾的一種聰明手段，現在已經不需要了，我借用了一點愛迪．以薩德的表演橋段，要他「解釋恐龍」（譯注2）。

快十二點半了，我得睡了。一切都會沒事的。

十一月二十日，我們更靠近叢林大城伊基托斯（Iquitos）了，我們想在那休息過耶誕節。目前還有三百公里路要走，我們決定從一處河灣頂點穿越到下一個頂點，直線視距是七公里，但沿著河道就成了二十四公里，由勞爾打前鋒，他整天都在開道，只帶了一個小行囊，喬、霍黑和我輪流走在第二位把路徑再開大一點，好容我們的帆布包和霍黑的大肚腩通過。

我們大約早上七點起程，第一個小時總是涼爽清新——或者說較爲涼爽清新——到了八點，已經汗流浹背，蚊子也成群出沒；走在第三或第四位是最糟的，成群的蚊子飛到我們身上不停叮咬，被叮的數目多得離譜。因爲防蚊液太過珍貴，不能一直使用（很快就會被汗水沖掉），我們會留到

譯注2：Eddie Izzard，英國脫口秀演員，他在一段關於上帝、耶穌和恐龍的脫口秀中說：上帝在創造亞當之前的六千五百萬年前創造了恐龍，但耶穌到地球傳道之後，回到天堂決定調整地球溫度，造成恐龍滅絕。

吃飯的時候，或想得到一些安寧、不希望有惱人的嗡嗡聲在耳邊響個不停的休息時間才塗抹，這意味著走路和站著或空等（在我們劈路穿越矮樹叢時是常有的事）時不斷遭受到攻擊。

任何時候都有五隻蚊子叮我的手背，我看不到叮額頭和頸後的蚊子，保守估計當時每分鐘至少被叮十次，將這個數字乘以一天走八小時，一天就被叮四千八百次，一週三萬三千六百次，一個月就是驚人的十四萬五千六百次，不過通常沒那麼糟，因此估計整場探險下來，實際被叮的數目大約只有二十萬次，但還是足以說明爲什麼我們的身體不再對叮咬起反應。

世界各地的紙上探險家一定會惱火地把這本書扔掉大喊：「爲什麼不用防蚊罩？」或「手套呢？」這兩樣我都帶了，但從來沒用過，一來是因爲我是唯一有這些裝備的人，我不想像個自以爲了不起的外國佬，躲在花稍的裝備後，再者用在這種場合看來也格格不入，我的同伴都很強悍，習於叢林，因此我也必須和他們一樣。同樣的道理，我也很高興扔掉那件含有氯菊酯殺蟲劑的可笑探險襯衫，滿意在當地買的橡膠靴，享受以當地人的方式體驗亞馬遜。沒有那些浮誇的外國佬行頭，以當地人的方式行走令我覺得驕傲。

在勞爾開路時，讓他保持在行進方向上需要小心拿捏；一方面要給他足夠的空間在糾結的障礙中選擇「阻力最少的路徑」，一方面又要讓他保持在大致的方位上，所以我必須經常冒著冒犯他引以爲傲的「內建羅盤」幫他重新定向，回到我們要行進的方向上。

這時候我已經開始擔心洪水；湖還好，因爲我們可以乘充氣筏划過去，儘管會很耗時；草木茂密的沼澤就比較困難，因爲筏子很容易被刺穿，因此我們常砍下棕櫚樹和其他草木做浮橋，渡過長滿雜草的大片危險深水域。

到此刻我才瞭解，沿著洪水邊緣行走於河邊，實際上比理論難行許多。淹水的森林相當分散也無法預測，我們使用的秘魯地圖已經有四十年的歷史；淹水的森林是你所能想像的最雜亂的環境，藤蔓和樹根在我們面前形成一張糾結盤錯的木網，上面爬滿各種咬人螞蟻。我們在高起的樹根和低矮的枝幹間爬上爬下，很快就弄得滿身是擦傷、尖刺和傷口。

我的雙腳外側因爲穿橡膠靴長了水泡——靴子稍微小了點——此外由於幾乎一整天都泡在髒水裡，就算我已經用完一個療程的抗生素，雙腳還是一樣受到感染。

十一月二十日傍晚五點，我們判定到不了那段七公里穿越路程的另一頭，因此匆匆紮營，每人只剩半公升水，附近沒有小溪，大家很快躲回自己的蚊帳裡，沒有升火，吃著每人配給的半罐鮪魚、一些木薯粉和一點糖。我把這三樣東西和在一起，加了一點珍貴的水，那又甜又腥的味道一入口我就後悔了。

第二天早上，我們早早拔營，走了一小時就看到樹木在眼前展開，陽光撒了下來，當我們穿出林木線，期待看到水上生物的蹤影，但河流已經改道，我們抵達一個乾涸的牛軛湖。

沿著湖邊走了一小段路，遇到兩名當地人，他們笑我們搞錯了，還說現在河道已經在四公里外。他們有一小塊地種些作物，還有間小屋，我們受邀進屋喝雞肉湯和吃大蕉，在昨晚那餐爛稀泥後，食物很受歡迎，我們每人都吃了一大盤，臨走前還大口灌了一些他們收集的雨水。

兩小時後，我們抵達一個叫**塔璜廷蘇育**（Tahuantinsuyo）的小村莊，村裡有個足球場和商店；一位好心的女士爲我們煮豬肋排，我們全忘了前一天的不適，因爲全部的心思都放在鹹排骨的肥美油脂上。

每當我抵達一個城鎮，大家都會盯著我看，我去洗手，大家也盯著看，換掉濕透的衣服，大家還是盯著看，即使在吊床上，開頭燈看書，有十幾二十個人坐在一旁盯著我看也不稀奇，甚至在有衛星電視的部落，我都比電視有趣。

如果這只有幾天也就算了，但長達八個月令我難以忍受，我變得更孤立，因爲希望避開這些注目。我祈禱著大家別來煩我。但我必須克服這種孤僻的行爲，我需要他們的幫助才能繼續下去；我經過他們的土地，睡在他們的村莊裡。但這不是我想像中的叢林探險，我渴望巴西廣闊的雨林和荒無人煙。

當我努力和人攀談時，話題總不外乎：「你瘋了，你不可能走那麼遠；你會被印第安人射殺，或被美洲豹吃掉。」

但隨著時間流逝，我開始享受團隊作陪。霍黑和善體貼，勞爾老是拿我們的困境打趣；我坐下休息時，蚊子從褲管飛進來，瞄準我的蛋蛋，我當然覺得很討厭，勞爾覺得很好笑，黑色幽默把我們凝聚起來。

和喬的對話漸漸增加（多半和宗教有關），我開始感到更加融入，霍黑和勞爾形成緊密的工作團隊，就像在他們之前的東哥兄弟一樣；可以想見的是，他們說的笑話全都帶有種族和性別歧視，但並不是出於惡意，只是一群一輩子沒想過什麼是政治正確的人開玩笑的方式罷了。

二〇〇八年十一月二十四日，距伊基托斯還有二百四十六公里，我在凌晨三點四十五分起床，和陸軍官校的老同袍班・桑德斯（Ben Saunders）實況連線，他正在皇家地理協會演講，主題是探險通訊，我架好Macbook，Skype鏡頭對準鎮上廣場的灌木叢，在他演講之前我們聊了一會兒，當時天很黑；之後，我們在天剛破曉時開始實況連線，看起來就是叢林風光。

這是我第一次使用全球寬頻衛星行動通訊和Skype做訪問，進行得很順利，能在雨林前實況演說，眞是不可思議，尤其是想到這些裝備都是徒步背來的。

和班簡短的說到話眞是太好了，我很遺憾幾分鐘後就被切斷了，他不知道我心理有多掙扎，也不知道這次體驗常態讓我多麼振奮。

此時此刻，喬鬱鬱不樂，和一個難相處的人一起行走很不容易，但他常嘲笑我，告訴別人我沒有信仰，只想看他們的反應。他不斷告訴我我會下地獄，當然還有同性戀，我告訴他至少我還有伴。這種直白的幽默以及對女性、同性戀和異族的迂腐態度，讓我覺得融入這樣的世界眞令人喪氣，所有人的想法都和我如此不同。

現在是濕季，我們又不時進出水裡，靴子因而時常進滿水，我們會用手抓住腳後跟做四頭肌伸展運動，這樣就不用脫下靴子倒水，雖然大多時候都可以把水倒出來，但這也代表沒倒乾淨的水會在靴子裡流動變暖，將皮膚泡軟，變得容易割傷和受黴菌感染。

我決定賭上我的靴子，在鞋背上開兩個洞，就和之前的叢林靴一樣的位置，現在防水功能已經無關緊要了，因爲水位總是高過靴子，但幾個嚮導絕望地看著我的改裝。

結果效果棒極了，我現在可以涉過深水後繼續向前，不用停下來清空靴裡的水，而且不用多久，靴子就比清空水後還要乾，因爲我的體重會將裡面的水不斷擠壓掉，我的膚況好轉很多，水泡開始復原。這種設計也代表我可以讓長褲蓋過靴子，避免荊棘、尖刺等討厭的東西從靴子開口進來。

在沒有眞正的叢林靴時，這是我最喜歡的靴子設計：腳背有洞的橡膠靴以及剪短剛好蓋過靴子頂端的褲管，可以阻擋東西跑進來，又不至於過長在腳踝上沾滿泥土和髒東西。

二〇〇八年十一月二十七日日記：

我今天眞的很愉快，如果沒有喬會更愉快，但我知道我必須有個讓負面情緒集中的焦點，而目前的焦點就是喬。我不認爲我是心智堅強的人，我有決心，因此我會完成任務，但我不太會控制情緒。

我已經減少服用藥物，現在只吃胃藥奧美拉唑（omeprazole）和瘧疾藥四環黴素，感覺好很多，不再服用安眠藥和抗組織胺藥物幫助睡眠，頭腦清醒多了。

我好懷念有個朋友可以聊天，或有個女友吐露心事，我好懷念有個酒友。

二〇〇八年十二月一日日記：

今天非常悲慘，我們早上七點離開**巴加贊**（Bagazan），找不到當地嚮導，大家都不敢和「削臉人」走在一起。我們希望在上午抵達一座湖，但進度比以往都還要慢，一天只走了六公里，這裡是淹水森林，進度奇慢無比，蚊子也多到令人不可置信。

我有一套用帽子不時拍打蚊子的方法，首先我先拍打另一手，接著是左邊的頸子、左耳，然後是前額，再來是右耳、右頸，之後再從頭來一遍。防蚊液已經全部用完了。

我走在一根枝幹下時，撞翻蟻穴掉落到背包上，上千隻咬人螞蟻爬滿我的身體和帆布包。我泡到水裡，但必須儘快脫掉背包，把衣服褪到腰部，一隻一隻撥掉牠們。我到現在還聞得到螞蟻的味道，那股腐壞的土味絕不會搞錯的，一整窩味道很刺鼻。

我們在傍晚五點找到了湖，並且在另一頭發現有屋子，我們划過去，那裡的人同意我們（經過一番說服）待在學校裡，我非常疲憊——是我這輩子行走於叢林最不愉快的一天。我人生中大約有兩年的時間待在叢林，每個叢林絕對都不相同。

隨著水位上漲，情況會更惡劣，我眞的不知道我們會怎麼做，必須進一步遠離河岸，淹水森林無法行走。

現在再有人提到「削臉人」，他們會得到標準回應：「抱歉，我已經懶得討論了，只有沒受教育的人才會相信這種蠢事。」

現在對我來說，最後一句聽起來很直接而且無禮，然而我完全記得當時的情緒——我已經厭倦裝出他們的故事值得一聽的樣子，已經厭倦了這種無知，這不是他們的錯，但我越思及此，越覺得說他們很蠢並不會造成傷害，但我有時可以再有禮貌一點。

二〇〇八年十二月四日日記，**瑪格達雷那**（Magdalena）：

今天我們早上五點半起床，收拾好行李，囫圇吞下一些用水沖泡的木薯粉和糖後啓程上路。天空下起傾盆大雨，我們整天都濕答答的，每個傷口每次輕微摩擦都令我感到疼痛不已。我的左後腳跟現在有個開放性傷口，背包的腰帶讓我腰部疼痛，手上的傷是因爲跌倒，全都不可能清乾淨或保持乾燥。

跟著勞爾在泥濘中走了兩個小時，我們無意間來到一個茅草屋部落，原來是艾馬富士特（Elmer Fawcet），距離我們標誌在地圖上的位置有五公里遠，但有户人家聚在小屋裡圍爐吃熱騰騰的鍋，他們請我們上去，因此我們爬上薄木板，躲避滂沱大雨。

「鍋裡是什麼？」我問道。「猴子。」女主人答道。

很高興能避雨，我們接受這家人的邀請一起吃，我也很高興他們沒把頭給我；鍋裡的「猴子」其實是蜜熊，那是一種夜行性的樹棲哺乳類，就像浣熊一樣。這隻蜜熊看起來只用水煮沒有調味，因此肉很韌也沒有味道，霍黑吸吮著頭骨，湯汁流到他肥胖的下巴。

屋主和他的兒子同意帶上獵槍在雨中帶領我們到瑪格達雷那。我們在最狹小的橋和通道上來回行走，穿越洪水和沼澤地，沒有他們對此地的熟悉，我們至少要花上一整天在迷宮裡奮戰，但最後只花了兩個小時。

在這兩個小時的沼澤行進中，有一次那人的兒子指著一個我從未見過的東西，一條又粗又壯的棕色影跡在淺水裡蛇行，「他媽的，喬！一條巨蟒。」

我抓了攝影機開始拍攝這種神話般的巨蛇，以巨蟒來說牠還不算大——大概三公尺長、腰身十五至二十公分——但這是我第一次在野外看到巨蟒，熱切地想拍下來。

男孩的父親問我拍完了沒，我笑著告訴他拍好了，心想「眞是難得一見」，只見他敏捷地走上前，用大砍刀將這條巨蟒剁成幾塊餵狗吃。

十二月六日日記，**雷奎那**（Requena）：

好吧，我很憂鬱，非常憂鬱。我是有一些短暫的歡樂時光，但都一閃即逝，因此整體而言，我不快樂。

我們昨天抵達雷奎那，我覺得還可以，但很累，厭倦了步行、厭倦了嚮導，也厭倦了這場探險，再加上很容易就能上網讓情況加劇，充滿啤酒、女孩、朋友和愛的世界就在螢幕的另一端，然而我卻從來沒有如此孤獨過。

我要少想著外面的世界，專注在這趟任務上，我必須對自己應付叢林的能力有信心，我不能在情感上依賴任何人。

我該專注在什麼事情上才能更開心？語言：我還有三個月才要離開秘魯，可以每晚都念西班牙文，我也可以用MP3播放器聽葡萄牙文，這樣在進入巴西時，才不會又遇上同樣的問題。

我必須掌握自己，一天要比一天堅強而不是脆弱；要做伏地挺身和運動增進體能，心中要想著正面的事，想著我們到目前爲止的成就。

我不能再想著生命中出現過的女人，這沒有建設性，也會讓我更加低落，我必須接受目前沒有交往對象是爲此行所做的犧牲。

基斯（Keith，攝影師）明天抵達，我必須讓他看到一個熱愛自己工作的積極探險家。十一點了，熄燈。

9 在伊基托斯重新振作

早上七點左右，喬來敲我的門：「愛德，基德（Kid）來了！」（南美洲人發不出基斯（Keith）的音），「什麼？嗄？謝謝，喬。」我對著門咕噥著，雙腳踏到旅社冰冷的磁磚地板上，輕聲走出房門。

在走道上看到一個高大的英國人，理個平頭，背著大帆布包，帶著相稱的微笑從門口走進來，「是愛德嗎？你好嗎？」基斯笑容滿面，一口倫敦腔：想抽根菸嗎？」

我從未見過基斯．杜卡泰爾（Keith Ducatel），他是朋友的朋友，得知我的探險，希望有機會到亞馬遜拍照。我看過他的一些作品，的確很有天分，但不知為什麼他給我的印象比較年輕，也許是因為攝影只是他的愛好而非主要工作。

現在這個帶著菸的傢伙站在我面前，對於他所在之處以及即將開始的探險非常雀躍。他將近四十歲，此行經歷了一些波折才來到這裡，但他很自在也不因此煩擾，我馬上就開始和他交談。

這多少讓我覺得解脫，有個和我同國籍而且年紀相仿的人真是一大快慰。我們一起到鎮上各處辦行政手續，聊個不停，我很高興能夠再次和人交流，我發現我笑了。能夠表達出細微的想法、說笑、和人產生親切感，積極、能量、幽默和活力開始回到我身上。

基斯抵達的那天早上，我們重新整理他的背包，然後離開雷奎那。霍黑、勞爾、喬、基斯和我形成五人團隊，但因爲我們都不是當地人，不知道當地的路徑，因此每到一個村落都得問路，最後來到一條大支流，原本有橋，但橋斷了，中間少了一大段，下面的水流相當湍急。

我們不可能游泳過去，這是確定的，但就在我都還沒思考是否要乘充氣筏渡到對岸之前，已經融入此行的勞爾和霍黑開始從附近的樹砍下竿子，沒一會兒就砍了十根又長又直的竿子，並砍下藤蔓做爲捆綁的繩子，我萬分敬佩地看著，因爲他們不加思索就修復了橋，而且沒有用到一根釘子或榔頭。基斯藉此機會習慣這種狀況，並拍下這些人只靠著大砍刀輕鬆工作的畫面。十分鐘後橋就可以通行了，不只是我們，接下來幾個月想渡河的人都可以過了，基斯相當震撼，我也爲身旁這群能幹認眞的團隊感到驕傲。

我們進入一個叫**聖塔羅莎**（Santa Rosa）的部落，在我們研究地圖、計畫路線、啜飲廉價橘子水時，村子裡的孩子圍著我們看得入迷。這裡的部落並非純粹的印第安人，他們全都認爲自己是殖民地居民，只說西班牙文。這裡距離大城伊基托斯只有幾百公里，因此居民和西方人相處自在，我們也得到近乎和善的款待。我們買了一公斤半的煙燻犰狳繼續上路。

基斯和我在路上一直聊天，我的神智不斷恢復，我發現現在可以輕易地應付任何問題，一旦兩人之中有人跌倒了，我們就像老友一樣大笑。這段恢復正常的歷程讓我情緒激動，是我記憶中最快樂的時刻，和幾個月來的憂鬱、孤獨形成強烈的對比，步行再度充滿驚險和樂趣。

基斯也能負荷他的背包重量，他在英國做過一些訓練，但他加入的是一個已經走了數月的團隊，卻沒有半句怨言；他還未適應這裡的環境，汗如雨下，T恤上可以看出隨著汗水流失的大量鹽分，他的背部和手臂都是叮咬的痕跡——又大又紅腫又多的咬傷足以讓最強悍的人也倒下——但他只是微笑，看向光明面，拿著相機在成群的蚊子中不斷拍照。

有個缺點是他抽菸，然而他不只是抽菸，他熱愛抽。身為一名戒菸人士，我可以看出他在休息時得到的純然喜悅，坐在原木或岩石上，深吸著讓人平靜的菸，沒多久我就破戒了，接下來的幾個星期，整個團隊（到最後喬也加入）在我們離開每個村落時一定會帶上香菸。抽菸是個分水嶺，從只是持續走下去，轉變成能夠放鬆並且享受這趟行程，像朋友間共享著簡單的喜樂。

有時候我們會雇用知道通往下個村莊路徑的當地嚮導，大概只有幾個小時，因此團隊人數維持在五到六人不等，這是一筆很大的開銷，儘管對目前運作良好的團隊感到滿意，但我知道必須盡快解雇霍黑和勞爾。而現在，部分是因為團隊裡有這兩位較年長的嚮導令人感到安心，他們留了下來，我安慰自己我們不只是要往前進，我們要進行得很順利而且享受行程，而我只要找到錢就行了。

這段期間我的自信不斷增加，從完全的自憐，到只憑著瞭解自己具有的能力，就有力量重建自信，這過程簡直無可比擬。現在我可以說自己是一個正常的英國人了，除此之外我還會跳過濕滑的原木，會操作大砍刀，還帶領一個團隊。

在桑得赫斯特的軍事訓練中，前五週是一段密集緊張的睡眠剝奪期，許多人因爲失去重心和失去加入軍隊的理由退出了。我們看著失去動力的人離開，一排的人數減少，但留下來的人也有沮喪、低落和可悲的時刻。接下來，軍隊訓練體系會巧妙地接手這些沮喪的士兵並且重建他們的信心；他們開始精通各種軍事技巧，例如行軍、射擊、導航等，信心漸增。這些訓練的目的是要讓人對身爲軍人感到自信且自豪，而不是自豪於他們之前的成就，他們在一年之內脫胎換骨，年輕邋遢的學生變成了有信心又能幹的英國陸軍軍官。

我可以看出這和我目前經歷過程的相似性；此行之前我一直很驕傲，我的自信來自於別人的讚美或對我能力的評價，這些虛假的自信現在從我身上剝落了，我靠著自己眞正具備的能力重建，沒有評價、吹噓或僞裝，沒有掩飾、沒有廢話；我再次只憑藉著天生的能力學習技能，脫胎換骨之後恢復活力的感覺給我力量。

照看基斯對我也有幫助，除了和一位巴西醉漢共度一週假期之外，他少有叢林經驗，我教他如何照顧自己的腳、如何在屁股因背包摩擦而痠痛的地方破皮前纏上繃帶，他後來很會搭吊床和整理裝備。

我告訴勞爾和霍黑，我們可以一起走到諾塔（Nauta），屆時我會支付薪水，並且給他們船票錢回家。從諾塔開始，喬、基斯和我有幾天將在烈日下，走在通往伊基托斯南方的公路；霍黑的胸腔受到感染，勞爾也在咳嗽，三十多歲的喬、基斯和我，整天在潮濕的環境中身體還挺得過去，但勞爾和霍黑大約五十歲，他們的身體已經出現退化的跡象，霍黑還變得有點彆扭、不太幫得上忙，我想這只是因爲疲累，這幾個星期以來他一直很可靠；有個美國人要從勞爾聲稱擁有的一小塊地上買三百五十棵樹，他有可能大賺一筆，他說要不是如此，他想繼續走下去。

在地圖上計畫往後的路程，我開始擔憂即將來臨的洪水季，我一直以爲可以在水位上升前越過邊境來到巴西，但現在看來無望了；這個結果意味著在秘魯這頭（南邊）的河岸因爲地勢低窪會完全氾濫，我必須考慮穿過哥倫比亞，走在北邊的河岸。「哥倫比亞」這個名字讓我充滿憂慮，我記得讀過划獨木舟探險的報導，有人在哥倫比亞這頭被射殺，然而我們不會乘獨木舟快速通過，而是用走的。

距離公路起點諾塔鎮還有大約一星期的路程，要穿越許多叢林，二〇〇八年十二月十五日，我們在河岸紮營，我的日記如下：

我們傻傻地往河的東北方推進，一再被錯誤的「水平線」（河）誤導，每一次我們以爲抵達河邊，穿過樹叢看到的卻是沼澤、舊河道或沼澤湖，有些可以通過，有些則要繞一大段路。河道在最近改變了，我們不確定確切的地點，只能透過樹叢聽幾公里外的船聲來判斷。

我們在藤莖和燈芯草間橫衝猛撞，身上佈滿細小尖刺，就像毛髮一樣穿透褲子刺進膝蓋和小腿。傍晚五點四十分，終於抵達河邊，再二十分鐘太陽就要下山了，我們二話不說全都在岸邊砍了竿子立起防水布和蚊帳，在微光中匆匆洗完澡，沖泡木薯粉加糖當晚餐。

我清楚記得那晚，因爲基斯和我在河岸上共用一個蚊帳，他帶了iPod可以播放電影，我們一人帶一邊耳機，一起看《越戰獵鹿人》，直到兩人都累得睜不開眼。

一個小時後我醒過來，發現基斯趴在蚊帳外的沙地上吐個不停，勞爾表現出體貼的一面，起來陪在基斯身旁，直到他感覺好些。之後基斯回到蚊帳內，他也睡著了。

到了早上，基斯顯然還是不舒服，但別無他法只能繼續向前走，我們沒有存糧了，必須抵達下個村落再補給。基斯鼓起全部的精力，我們走了一整天，直到下午時終於找到一個有商店和船的部落。

基斯之前在巴西爲期一星期的旅程中染了瘧疾，現在舊疾復發，這種狀況無法行走。因爲他幾乎不會說西班牙文，我問喬是否願意帶他搭船前往諾塔。喬和基斯已經建立起交情，因此他很樂意幫忙。我和霍黑、勞爾則是用走的，與喬在諾塔會合，基斯會在伊基托斯的旅館休息幾天。

成員的這種變動也是一項樂趣，和兩個老頭一起走很不一樣，也很平靜，每天都往前推進大段距離。我很高興文明的伊基托斯就在眼前，我們會在耶誕節抵達；在城裡過節，還有床舖可睡，就像走在一段漫長黑暗的隧道終於看到盡頭的光，這次休息是我最渴望的一次。

讓喬和基斯一起走，再次讓我瞭解到我有多信任他，雖然有時候還是覺得他很煩，但他既誠實又獨立，我感謝他依舊在我身邊。

勞爾、霍黑和我幾天後到達諾塔，看到了神清氣爽的喬穿著洗乾淨的衣服和全新的牛仔褲，在諾塔的一家小旅社等我們。喬和許多秘魯人一樣，習慣把頭髮梳到一邊，就像我祖父的髮型，他穿著燙平的襯衫，梳著老式髮型，看起來很俐落。

變得有點易怒的霍黑要求我現在付薪資，我扣掉之前預付他喝酒的錢，他非常惱火，像孩子一樣發脾氣，在我和勞爾、喬最後一次一起出去喝酒時，自己留在旅館。那天夜裡我們回到旅館，他已經不告而別；但時機歹歹，預算很緊。

勞爾在第三天早上也離開了，但他和我友善地分別，在之後幾個月還偶爾以電子郵件聯繫。喬和我往北向伊基托斯前進，我們看著最後一百〇一公里的直線道路，傻氣地告訴自己可以一次走完，花上一天一夜就要達成。事實上，我們低估了疲憊的狀態，走在發燙的柏油路上，這段路花了四天。

在最後一天，一名高壯的男子騎著摩托車朝我們而來，他扯下安全帽，以美式英語大叫：「愛德．史塔福特！眞的是你嗎？」

「他×的，搞什麼？」這位往後梳油頭、令人印象深刻的灰髮人物伸出雙手、咧著嘴露出整潔的牙齒朝我們而來時，我心裡這麼想著。他叫做魯道夫，簡稱魯迪，他在當地報紙上讀到我們的徒步之旅。之前我沒被認出來過，因此被魯迪的反應給逗樂了。我們抵達伊基托斯時，他請我們到家裡吃晚餐，我們感激地接受。

事實上魯迪做的更多，雖然他和太太馬蒂要到利馬過耶誕節，但他把家裡的鑰匙給我們，讓我們在城裡時隨意使用。魯迪令我聯想到老電影裡的幫派分子，他告訴我，他可以把摩托車停屋外，因爲當地的孩子尊敬他，他喜歡傳授男子氣概的絕招：「每當我支持的足球隊——利馬體育學院隊（Universitario）——贏球，我就請整條街的人喝酒，你知道怎麼著？沒有人會惡搞我。」他待過美國，想法很美式，回到家鄉秘魯，因爲財富和地位受到敬重。

魯迪繼續說：「我今天去銀行，裡面沒有半個客戶，有五個行員，我問第一個行員能不能領錢，『先生，你必須抽號碼牌。』那個印第安人這麼說。『我是銀行裡唯一的客人，你這個死娘砲！』我說，『不要讓我在路上看到你，你這娘娘腔！』那個行員威脅要叫警衛，所以我又說了一遍『我會找到你』，然後我就離開了。」

魯迪嗓門很大又粗魯，用英語咒罵個不停，但他很有趣。我們享受他的慷慨，恢復了體力，也在觀光大城伊基托斯度過愉快的時光。

基斯來找我們的途中，曾在伊基托斯轉機，認識了一個會說英文的漂亮女孩伊凡，基斯在英國有女友，因此對伊凡沒什麼興趣，但他看過我在他抵達時悲慘的模樣，認爲我們需要休息放鬆。喬、基斯和我進城，在一家遊客熙熙攘攘的酒吧與伊凡和她的朋友見面；這是秘魯的另一面，我不熟悉的一面，我的感官才剛適應叢林，化妝灑香水的時髦女郎令我感到驚奇。伊凡有個朋友叫烏蘇拉，她不會說英文，但我很喜歡和她聊天，因此我同意隔天在廣場和她再見一面。

「你會騎摩托車吧？」烏蘇拉笑著問道，她三十多歲，每天健身，體態苗條結實。

「呃……我從沒騎過，」我承認，「我坐後座。」

烏蘇拉告訴我，她要去個地方接她的狗，我答應和她一起去；她很嬌小，五呎多一點，我爬上摩托車後座時才意識到，在秘魯這麼重視男子氣概的文化裡，男人坐在後座是多麼好笑的畫面，我努力不去感到不自在。烏蘇拉在街頭疾馳，最後在一家店門前停下來，她要我等一下，出來時抱著一隻修整過的獅子狗，「抱著。」她吩咐我，我遵命，雙手接過這隻修剪整齊的狗狗。

現在正值狂歡時節，當地傳統是對過往的汽、機車扔水球，就是這時候我對自己的處境大笑，一星期以前，我還拿著大砍刀奮力在沼澤間行進，現在我坐在摩托車上，被水球砸得渾身濕透，手上抱著一隻驚慌的獅子狗，一位漂亮的秘魯女人載著我在這瘋狂城鎮的街道上狂奔。

我們在這裡過耶誕節，之後又稍稍做了停留，因爲我做了個決定。我要大大感謝基斯的一件事就是他讓我瞭解喬，他們兩個從一開始就處得很好，因爲基斯很努力地去瞭解他。我因而得以看到喬許多以前我沒留意的面向和完全忽略的特質，再加上有幾晚和喬一起出去，我們的友誼有長足的進展。

喬想繼續走到巴西，因爲他沒離開過秘魯，所以需要護照，我們塡妥所有表格，魯迪也幫了忙，就等著他的護照從利馬寄過來。

魯迪介紹一些很有幫助的人給我們，例如奧托（Oto）醫生，他是城裡主要的軍醫，在增加抗毒蛇血清的量以及如何更有效施打，給我們很好的建議。

我必須承認，對於巴西迫近的憂慮和未知，在知道喬會和我一起走到最後時減輕了不少，我們現在準備得更周全，也更有經驗。

現在搞不定的是我們的巴西簽證，距我們希望進入巴西的日子只剩幾個月，伊基托斯是最後一個能在秘魯申請的地方。我很惱火，因爲我的探險可能因爲巴西瑪瑙斯（Manaus）一個又胖又懶的男子而泡湯，我已經付錢請他處理簽證事宜，當我向他表達擔心沒有簽證和巴西國家印第安基金會（FUNAI）的許可，瑪瑙斯那邊傳來的回應既不友善也幫不上忙。

喬申請護照造成的延誤代表基斯沒有時間再待下去了，必須回英國，不能再和我們一起走，他拍了一些令人驚豔的照片，瘧疾也已經復原，對此行已經很滿意。我會永遠感謝他過來、全程負擔自己的費用，並且成爲我需要的朋友，幫助我再次掌控這場探險，也讓我看見喬的好，最重要的是，他拍了一些很棒的照片，我們可以用來建新的網站和用在媒體上。我們在伊基托斯有好幾個早上整夜喝威士忌直到天明，閒聊瞎扯或討論我們不同的音樂品味，我知道基斯會成爲我永遠的朋友，喬和我對於他要離開都很不捨。

我們沿著泥濘的道路從伊基托斯到**聖法蘭西斯科德歐雷拉那**（San Francisco de Orellana），道路最後變成穿過農田和次生林的泥濘小路，每次到河邊就要用上充氣筏，現在水位高漲，我們似乎不斷地在渡河。許多村莊都整理得很好，對我們行走來說幾乎是美得過頭了，整齊的籬笆後面是漂亮的小木屋，牛羊將草地啃得相當平整，在伊基托斯美好的耶誕節放縱過後，這是個簡單的暖身操。

過了歐雷拉那，一切都變了，我們划船橫渡從北方而下的寬廣納波河（Napo River），到達一處至今看過地勢最低的森林；回顧起來，我現在可以立刻從Google Earth上看出我們是在度過一處會淹水的河流三角洲，但當時我沒有意識到這愚蠢的行爲，並且習慣走河邊，接下來的二十五公里讓我上了一課，我們整整走了十天。

第一天，我們隨即遇上濃密的林木和深水。想像一下最茂密的荊棘灌木，上面結滿銳利的藤蔓和尖刺的棕櫚葉，接著想像將這些東西全泡到泥巴水游泳池裡，然後只用一把十八吋的砍刀在泳池裡行進。在最濃密的地方，五公尺的路要走五分鐘，第一天行進十小時，只走了二．四公里，有時候水深及胸，看不到自己的腳或前方所有水面下的東西，得在尖刺中摸索前進。那天到了最後竟沒有地方紮營，到處都是樹和洪水，唯一的選擇就是擠出林木線外，乘充氣筏往下游找一塊空地或村落過夜。我們用全球定位系統標記走到的位置，這樣明天早上才能返回原地，然後往下游出發，划了一個半小時後，發現一塊凸出的高地上有房舍聚落，我們問居民可否留宿，他們同意了，我們給他們一些米和鮪魚準備飯菜，和他們的孩子一起在小屋裡搭起吊床。

二〇〇九年一月二十五日，我們付給一名當地人十索爾（兩英鎊），請他用船帶我們回到上游前一天步行抵達的地點，他把我們送下船時，仍然不確定我們在做什麼，「你們要再走回來？」他訝異地問道。

我們的確是要再走回去。可怕的一天！

我們開始走的時候是早上九點半，帶著喬的一個較小的背包、兩把大砍刀、羅盤、全球定位系統、一部攝錄像機、兩包菸（基斯的影響力還未消退）、打火機、頭燈、應急指位無線電示標、一公斤木薯粉和五百公克的糖。

我們一出發地勢就開始往下降，一開始涉過及腰的水，之後越來越深，淹到胸部。

我觀察到一些之前從未預料到的事：當整天在水下握著砍刀，它變得輕多了；如果不想讓二吋長的尖刺刺進膝蓋和腿脛，會走得有多慢；尖刺太可怕了，我穿著橡膠靴，尖刺可直刺而入——不蓋你，刺到腳指甲之下、刺進膝蓋骨裡，用力拔出來時旁邊的地方會隱隱作痛，而且幾乎都會輕微感染。

我們輪流打頭陣，也輪流喪失信心。我知道境由心生，樂觀積極才能讓此行令人振奮又充滿挑戰。在我消極的時刻，被叮、被刺、被咬，或三者同時發生的時候，我幾乎恐慌發作，想著到底要怎樣才能脫離這個針尖地獄，遇到這種情況我必須讓自己冷靜下來。

喬也有低落的時刻，在我比他堅強勇敢時，我可以感覺得到，但他每次都能平復過來。

這是巨蟒的國度，還有許多水虎魚，我仍然很訝異我們從未被咬過。當時我們很確定距主河道這麼近不會有鱷魚，但後來我才知道我們身邊可能就環繞了很多隻。事實上，這些動物全都不想攻擊我們；除了最大型的黑凱門鱷（以及洪水外的美洲豹）之外，我們對其他動物來說都太過巨大，難以吞食，我們越走就越不覺得野生動物是種威脅。在寫亞馬遜時會有種要延續迷思的壓力，把這個地方描寫得彷彿危險就潛伏在每根原木之下，然而事實是，雖然有潛在的危險，但成爲獵物的可能性卻遠比人們想像中的低。對未知的恐懼是這種謠言和文飾最大的起因，事實上，我覺得和喬穿過叢林的時刻，比走在倫敦閃避車流和扒手還安全。

那天下午，森林的水越淹越深而無法通行，我試著把帆布包舉在頭頂上，但我的臉已經半淹在水中，因此行不通。我沒有驚慌，反而發現這種挑戰激發出我的潛能；我已經完全恢復，在面對野外眞實具體的壓力時，腦袋以最佳狀態運轉著，我們只需去適應並且找到方法繼續下去就好。隨著情勢持續發展，我心生一計，讓我們得以繼續；喬要到河上充起筏子，帶上帆布包在河裡划船，我則只帶著大砍刀在樹叢間游泳，因爲船在荊棘堆裡馬上就會被刺穿，因此喬必須到河上。喬勉爲其難地答應了，因爲在狀況允許下他一向喜歡用走的，而唯一一個必須徒步（或者在這種狀況下游泳）的人是我。

森林和河的界線很模糊，沒有河岸（河岸已在水面下），只有一片汪洋直接切入叢林裡。這個計畫不太明智。游泳並不是我的強項，再加上穿著橡膠靴拿把砍刀，讓我倒抽一口氣，在森林裡劈里啪啦地前進，每到一棵樹我會攀著休息一會兒，氣喘吁吁地，再以受驚嚇的貓的泳姿，投入洪水中。

最後我們終於抵達一處高地，抓著樹根爬上河流陡岸，全身沾滿污泥。游完泳後，我的肌肉顫抖、精力耗盡，我把筏子消了氣，繼續向前。前一天晚上我們已經用全球定位系統標記位在下游的村莊**西埃帝德胡里歐**（Siete de Julio），因此知道只剩三百公尺路。最後三百公尺花了我們一個半小時，遇上四、五次水障，之後終於擺脫困境，渾身尖刺傷、濕淋淋地進入村子。

我們洗了澡，穿上乾衣服後，立刻又覺得自己像個人，吃了一頓魚排餐，我確信是用奶油煮的，但喬堅持不是，他說得對——那條魚是用牠自己天然的魚油煮的，我們配著米、絲蘭和印加可樂吞下。

隔天清晨風和日麗，森林非常平靜，雖然水深及胸，但林地開闊，讓我們無須太多砍伐就能通行，蚊子也不是太多。

從地圖上看到前方有條叫阿屯古查（Atuncocha）的支流由北而來，在阿屯古查河的另一端有一條等高線；基於阿屯古查河自西北而來的角度，我們決定應該離開亞馬遜河主河道，朝東北方直接往這條支流前進。

由於過去兩個小時沒看到任何在水面以上的土地，傍晚四點我們決定找到地方紮營後就停下來。現在已經身處太過內陸，無法搭船往下游避開洪水——因此無論如何都得在洪水裡紮營了。距離阿屯古查河還有七百公尺，情況看來不太樂觀，森林聚攏起來，而且成了荊棘林，我們無法在那搭起吊床，因為樹都太細了，無法支撐我們的重量。

到了五點，我找到一塊位在水面上的地，面積六呎乘三呎，我想應該可行，但沒多久，喬在森林裡又找到一個十呎乘十五呎的小島，我們就在那裡紮營（請見下方日記中的草圖）；我們的吊床在水上，不過水深只到腳踝，重要的是有地方可以生火煮飯。然而水位若是在夜裡上漲，我們就有大麻煩了。黑暗中唯一的選擇就是將筏子充氣跟著水位一起上升，我們固定在一棵樹上以確保安全，因為夜晚太黑無法行動，林木太密也無法乘船穿越，必須坐著等待黎明。

寫下這些是提醒自己前方將要面臨多驚人的時刻。距離巴西最高水位期還有六個月，高地看來快速流失，每天我都自問，這趟探險是否有可能完成。

二〇〇九年一月二十六日日記：

只要水位再上升一點，這段路就不能走了，有時候我們只有頭部在水面上，經常必須原路折返，選擇不同路徑，因

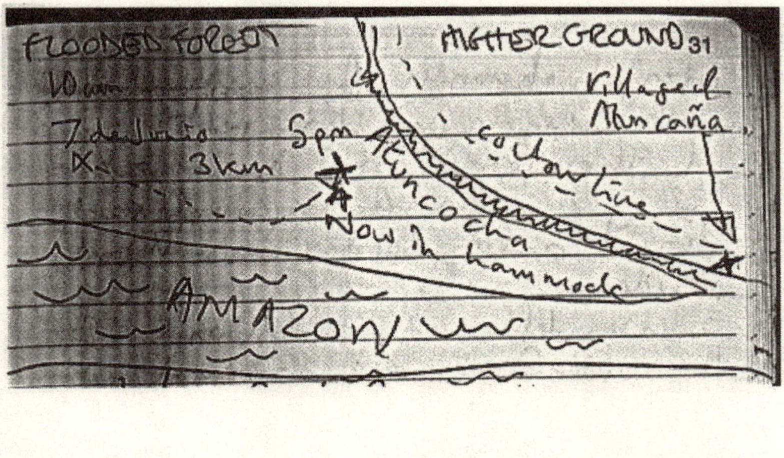

爲水實在太深了。現在很有趣——我懷疑一年後我是否還會這麼想。

一月二十七日我們起床，儘管夜裡下過雨，但水位沒有升高。我從吊床上跳下來，踩進六吋深的水裡，全身上下只穿叢林靴。我發現我的濕T恤、濕褲子、濕襪子都還是髒的，沒有照慣例在前一晚清洗，我咒罵自己沒有更加鎮靜沈著。

這個土地堅實的島成爲動物避難所，帆布包上的每個縫隙都有蜘蛛、蟲子、甲蟲、馬陸和螞蟻棲息。我們拔營後水位又立即變深，草木變得茂密，我們花了幾個小時在高度到下巴的糾結灌木叢間開道，泡在棕色爛泥裡，終於看見前方有些微亮光，陽光灑進森林，我們穿出去看到一座牛軛湖，湖上長滿各種想像得到的尖刺植物。我們將筏子充氣，小心翼翼地前進，穿過多刺的草木。這個湖很深，但另一頭直接通往森林，我們必須待在船上，在枝幹下緩慢行進，越過邊緣覆蓋荊棘保護的巨大百合葉。

這段危險的航行就像在玩電流急急棒，拿著金屬環通過金屬路徑，不能碰到以免觸發警報。我隨時都覺得充氣筏要破了，讓我們陷入棕色泥濘的鱷魚棲息水域。

最後草木終於開展，我們進入目標河流——阿屯古查河。從西埃帝德胡里歐開始走了一天半抵達這個峽谷，這三公里路就像一場眞正的勝利。我們的眼睛還陶醉在聚焦遠景的能力上，身邊環繞的水上空間感覺就像恢復生機，我們像美國人一樣高興得大喊，划船橫越峽谷，來到期待已久的那條單一等高線標記的高地。

聖塔羅莎德阿屯卡那（Santa Rosa de Atuncaña）位於阿屯古查河河口，在亞馬遜河主河道的岸上，我們抵達時受到當地人歡迎，邀請我們住到一間木樁上的屋子。那木樁是我見過最高的——大約離地五公尺——所有人都乘獨木舟進出。有個醉酒的男人願意帶我們到下個村莊**羅卡艾特那**（Roca Eterna），但到了早上他喝得爛醉，我們只好離開他，繼續自己前進。

我們離開聖塔羅莎前往羅卡艾特那時沒有食物，也不知道目的地有多遠，因爲羅卡艾特那沒有標示在地圖上，我們猜想大約是三天的路程，但村裡的店鋪什麼都沒有——因此我們只帶了一袋潮濕的鹽巴離開。

那天早上進度緩慢，因爲高地上林木茂密糾結，我們必須遠離河岸，進入更加開闊的淹水森林。我們在一片神秘世界裡滑行，所有景物都映照在水面上，在我們漂流前進時，幾乎沒有發出一點聲音，帆布包在背上，漂浮在身後。防水的帆布包襯裡眞是太寶貴了，若是沒有這樣的背包，我們不可能這麼走；它們是厚厚的一百公升收卷式開口獨木舟背包，儘管多數時候都半淹在水裡，但裡面的東西全是乾的。

到了下午四點半，只走了一公里半，我們決定用全球定位系統標記位置，然後划充氣筏到下游的羅卡艾特那。由於時常泡在水裡，喬在涉水時感到很冷，比我還吃力。

我們計畫早上再折回來繼續行走——但至少要折回來時已經吃飽了、身體乾了，也買了補給品。這樣來來回回的步行讓我很不快，但我也看不出有別的辦法；我們已經一點一點地朝前方遙遠的里程推進，至少有一套可行的系統讓我們得以繼續。

就在我們漂離河岸進入亞馬遜河主河道時，炙熱的陽光灑在身後，我把帽子轉到後面，避免頸部曬傷。前方有暴風雨來勢洶洶地逼近，風勢轉強，浪也變大，當黑麻麻的雨幕打下來，喬扯開嗓門高唱宗教歌曲；那種雨啪啪地打在臉上就像跳進冰湖一樣，而每一滴打下來都像被冰雹打到那樣痛，因此我又把帽子轉向前，保護眼睛。

這一段的亞馬遜河有三公里寬，在驚濤駭浪、狂風怒號中，坐在四呎的充氣筏漂在河上，筏子上有個安全標誌寫著：「有溺水風險時請勿使用」，說得好聽點這還真是令人振奮。

我讓自己從英國人的忸怩性格裡破繭而出，加入歌唱，因爲不會唱任何西班牙文的宗教歌曲，我不知道爲什麼全速唱起了〈阿根廷別爲我哭泣〉，這麼戲劇化的行爲看來很合乎情境，而喬和我唱著截然不同的歌曲也沒關係，我們距離三公尺，在雨中幾乎聽不到對方的聲音。

我們相視而笑就好像贏得勝利般，身處暴風雨中渺小又脆弱，我們對著亞馬遜河以及過去一週在渾水裡行進比出兩指憤怒的手勢。

等到雨停風歇，我們休息、漂流了一會兒。我們看到了羅卡艾特那就位在一個人跡罕至的山丘上，當我們沈著地划向一排獨木舟時，遇上約二十名神情好奇的孩子，他們幫忙整理好充氣筏，之後我們渾身濕淋淋地爬上岸，到村裡見村長馬可仕，兩天前在聖塔羅莎已經遇見過他。

再度遠離大雨和潮濕，我們滿懷感謝地啜飲著熱香茅茶，那是一種甜花草茶。

那晚我算了一下，每天平均走二．五公里是個很難看的數字，照這麼走我們可能要走上七年！就算扣掉必然要走的道路以及乾季，我確定以這種方式繼續下去，也要再花三年。眼前只有一條路可走：我們必須改變策略，遠離河邊。我們必須離得夠遠，這樣才不會受到洪水影響。

接下來兩天我們走完了到羅卡艾特那的淹水路段，接著又一天走在堅實的路面來到**歐朗**（**Oran**）；歐朗是個鎮而非村莊，有五金行、餐館和酒吧，我們入住當地唯一的旅社，旅社給我們一間破舊的房間，裡面有張很糟的床，但晚上六點到九點供電，要洗澡仍得走到河邊，但幾週以來頭一次有自己的空間已經夠奢侈了。

二月一日，我們休息一天，等待記者馬特．鮑爾（Matt Power），他要和我們走一小段，為《男人誌》（*Men's Journal*）雜誌寫報導。喬和我在歐朗悠哉地處理些瑣事，充電、清洗裝備、喝啤酒、到廣場看女子足球。

另一個要來的人是烏蘇拉（獅子狗和摩托車的主人），我答應她可以和我們一起走三天，隔天早上八點她會從伊基托斯搭快船抵達。馬特搭慢船，會比烏蘇拉早六個小時在凌晨兩點抵達。喬和我決定不睡等馬特。

馬特到的時候我和喬已經喝了一點酒，船靠近時馬特站在船頭，咧嘴笑著跳到草皮河岸上，他伸出手以紐約腔問道：「我想你是史塔．福特先生？」

「嗨，馬特，我們去喝酒吧。」我回應。

馬特很興奮，我們聊了幾個小時後，決定應該在明天出發前休息一下，之後，感覺只過了幾秒鐘，鬧鐘響起，我知道烏蘇拉就快到了，心不甘情不願地起床。

我很後悔邀請烏蘇拉，接待馬特是一回事——這對探險有益，是我們非常需要的公關宣傳——但烏蘇拉來訪比較沒道理，她穿著緊身牛仔褲，畫個大濃妝，以及一件非常貼身的T恤，踉蹌地從船上下來。這下有趣了。

我們找到一名叫馬力歐的老頭兒同意當我們的嚮導；他有一雙值得信賴的溫暖眼睛，用麵粉袋裝著他的裝備，以一條帶子縛在額頭上，儘管已經六十二歲，穿過森林時，可以比我們所有人快上兩倍。他知道小鎮後面的山丘，而我們想前往更高的地方以加快進程；馬力歐帶領我們穿過空曠的水牛牧場。我沒有定下任何基本原則，而烏蘇拉想牽手，當我牽著小一號的秘魯夏奇拉（Shakira）穿過這些原始的異國牧場，可以感覺到背後馬特的目光，他一定在想，從美國飛到這到底要寫些什麼，不過他只是心領神會地微笑，穿著全套Gortex Pro系列和相配的綁腿跟著我們。

我們躍過伸出小徑像加長型禮車般大小的板根，以及瓶裝水般清澈的涓涓小溪，儘管有來客，但每天約走了十五公里。以烏蘇拉的穿著來說，她算走得不錯了，這已經遠遠超出她的舒適範圍，她走了三天，絕大多數都走在叢林小徑、穿過小溪、通過原木橋，最後抵達一個叫**薩拿利羅**

（Sanalillo）的部落。我們花了三天抵達薩拿利羅，通常馬力歐一天就能走到。

在第三天我們進入一個開闊的原野，這是最近剛砍伐的叢林，殘餘的樹椿還悶燒著；這個**亞瓦**（Yawa）村莊正舉行集體勞動，居民全都在原野上工作，喝著聲名不佳的瑪莎托，紅臉的印第安人毫不遲疑地歡迎我們，走了三天的山坡路，這種發酵飲料眞是好喝。在當地學校裡待一晚後，我安排一艘船送烏蘇拉回家。

接著有位玩冰上曲棍球的不凡攝影師彼特．麥可布萊德（Pete McBride）加入馬特，幫馬特的文章拍些照片，他們兩個都很喜歡這趟步行，馬特有彼特作伴也放鬆不少。他們吃的能量棒和西方觀念現在對我來說幾乎陌生，有點自以爲是，也過火了。

儘管我們精心設計過路線，在接近叢林小鎭**佩瓦斯**（Pebas）時，還是得越過大片的洪水，有時候水深及腰，接著又深及胸部，之後我們必須將所有行囊放進充氣筏，游過黑得發亮的積水中。

「天啊！」彼特在及腰的水裡大叫；他在附近的水裡看到一個龐然大物，我轉過去看，似乎是一條闊嘴、身體彎彎曲曲的大鯰魚，潛藏在彼特和我之間的深水處，怪異的是這條怪魚完全不怕我們，我叫住年輕的嚮導柏那貝特，問他是否知道這是什麼，「電鰻，」他笑著答道，我問他有沒有危險，「不要惹牠就好。」他說。

抵達佩瓦斯後我才知道這些亞馬遜河電鰻有可能非常危險，牠們可以放出五百瓦特的電，可能致命，不過據說最常見的死法是被電昏後溺水。電鰻位於掠食性動物的頂層，是食物鏈之王，因此毫無畏懼，因爲沒有任何動物獵捕牠們。我展望未來四個月的水中步行，笑看這荒謬處境。

我們在佩瓦斯與兩位美國人道別，他們達成了此行的目的，並且卸下許多時髦的行頭，喬和我平分——頭燈、褲子，甚至是穿過的襪子。我們很感激這兩位美國人拋下的東西，接著將注意力轉向東邊的哥倫比亞。

10 通往哥倫比亞的毒品走私路徑

佩瓦斯是個秘魯老城，沒有道路可以進去，完全仰賴河流，而且有龐大的同性戀人口。不知什麼原因，秘魯的同性戀比其他國家都來的花稍、誇張，也許是在這個講究男子氣概的文化裡，想要反抗潮流就得走極端，其結果就是在佩瓦斯俯瞰著亞馬遜河的鎮廣場上，一隊隊娘娘腔的排球員在球場上一扭一擺地走著，驚人的是，他們走動、彼此互動時，舉止就像女人，但一開始打球就變成技巧高超的男人，以驚人的力道將球從這半場拍到對手的半場，筋疲力盡的對打結束後，他們又迅速轉換回娘娘腔模式，以誇張的親吻和少女般咯咯笑聲彼此慶賀。

自命為佩瓦斯之王的知名畫家法蘭西斯科．格里帕（Francisco Grippa），朋友都叫他帕喬（Pancho）（譯注1），住在俯瞰全鎮的豪宅裡。他讓每個行經佩瓦斯的旅人免費住他的宅第，這讓鎮上唯一的旅館大為光火，法蘭西斯科說這麼做是因為雖然他是秘魯人，但對自己的旅行自豪，也喜歡和造訪該鎮的人見面，如果客人願意，可以買他掛在寬廣畫廊上色彩鮮明的巨幅亞馬遜畫作。

譯注1：Pancho是Frnacisco的暱稱。

法蘭西斯科年輕時算是個花花公子，他的現任太太年輕貌美，關於他過去在城堡般宅第開的派對，至今仍是鎮上茶餘飯後的話題。

他招待過前年游經這裡的斯洛維尼亞長泳好手馬丁．史瑞爾（Martin Strel），也很樂意為我們的愚行幫一點忙，他對我們很好，我們在他家待了幾天，盡可能和人討論如何從此地徒步到巴西，我們很不情願地接受現在必須經由哥倫比亞，很多人警告我們危險的哥倫比亞革命軍（FARC，惡名昭彰的馬列主義游擊隊）以及毒梟。

法蘭西斯科忠心的管家瓦倫為我們找了一名看來非常專業的嚮導，名叫璜．羅德里格茲，他是個伐木工，曾待過軍隊，是我在秘魯期間看過最壯的秘魯人，他的手臂和雙腿都像健美先生，要不是我知道方圓五百哩內沒有健身房，我絕不相信他從沒上過健身房；他這麼壯是因為拖著巨大的木條在森林間長距離行走。璜很熱心，對步行很感興趣，他瞭若指掌地談著此地到哥倫比亞邊境之間的區域。

他說那裡大多有小徑，許多是伐木工和毒品走私犯都在走的，我立刻喜歡上璜：他很專業而且聰明，此外就和許多與我們一起走過的退伍軍人一樣，他曾在外遊歷過，因此有經驗和智慧，這是從未離開過自己一小方土地的人所缺乏的。

我們帶了二十一天的糧食出發，這是到目前為止最多的一次，背包非常重；璜帶了一個大麵粉袋，用布纏繞在額頭上。傾盆大雨已經成為常態，我想不起來上次晴天是什麼時候。

我不確定是否有特別的原因，但喬和我立刻覺得步行變得艱難。我們背了二十一天的糧食，背包變重；在走了許多平路後，不習慣坡路；璜很輕易地就衝在前頭，喬的感受比我還深，我開始有點擔心他的健康，他在晚上會胃痛，偶爾還吐血。無論是哪個原因，喬和我都走得異常艱辛，璜顯然有點失望，也很訝異我們無法快速行走，我們得多次要求休息，自己也很困惑爲什麼這麼虛弱。

我們經過一個小漁村，璜有個朋友波魯加就在小路旁工作，璜問我多個人分擔重量是否有幫助，我立刻接受這個提議。波魯加眞正的名字叫莫希斯．索里亞．璜內，璜問過後他立刻同意加入，他說遠行三星期，需要五分鐘和妻兒告別。波魯加和璜以前一起在森林裡工作，他們都習於背重物以及遠離家園待在叢林裡。他們負重的能力相當驚人，喬和我背團隊裝備（通訊、烹飪和醫療器材），大部分的食物則由他們兩人分攤。回顧起來，他們是整趟行程中最棒的嚮導，兩個都是退伍軍人、都是伐木工，生來就屬於森林，甚至比東哥兄弟還嫻熟，此外都很健壯，儘管背上負有重物，仍能毫無困難地快步行走一整天。相比之下，我顯然是最弱的，這些人身高都在五呎六吋到五呎九吋之間，而我有六呎一吋高，但對於背重物在密林間行走，他們的身材和體格都比我好。

然而就在幾天之後，連綿不斷的雨讓喬的健康惡化了。

空氣變冷以及持續處於潮濕環境似乎對喬的健康有害。一天早上，我們在一個叢林村莊醒來，那是開始橫越大片渺無人煙的雨林之前最後的幾個村莊；我很早就起床，和璜去看我們出發的小徑，那天水位顯然太高無法離開，小徑全都淹到胸部或更高，璜和波魯加沒有和我們一樣的橡膠乾背包，因此無法背著背包游泳而不把裡面的裝備弄濕，我們決定等一天，我把這個計畫告訴喬。

在計畫這段路程中我犯了兩個基本錯誤，首先，我對璜計算的時間信以爲眞，當他說這段路要走二十一天，我相信了，因爲這聽起來是個好消息。我應該依照地圖來估計，但我沒有。

第二，我讓喬和璜估算和採買食物。走了七天後，我們只剩下三天份的糧食，這時我估計還有十五到二十天才會到哥倫比亞邊境。

我們遠離了河岸，比我預期的還要遠，已經走出了我們一比十萬比例尺的地圖範圍，那張地圖只涵蓋到河邊的區域。我有這段秘魯境內路徑一比一百萬的地圖，但河流標示得不是很正確，因爲那是張航空導航圖，退一步來說，要從一比一百萬的地圖找到精確的指引也很困難。顯然Google Earth是個解決問題的方式，但有一大片可惡的白雲籠罩整個區域，完全擋住下方的叢林。

我們減少配給，開始從林間尋找食物。經過兩天少量配給後，在我們進入可能的營地時，喬轉過來對我說：「上帝的恩賜！」「對啦！對啦！」我自言自語，心想他又要開始一段關於上帝的長篇大論了，此時才明白他所指爲何。一隻巨大的紅腿陸龜在落葉層裡築巢，巨型紅腿陸龜在瀕臨絕種野生動植物國際貿易公約（保護瀕危動物的國際公約）中的分類是「無絕種之虞」，不是受到威脅的物種，由於我們缺乏食物，因此完全沒有浪費時間擔心道德問題。

波魯加肢解那隻龜，璜則生火，我聚精會神地學習他們的技巧；璜的生火術和多數人不同，他完全沒有用到任何小枝條，而是找來二到三吋厚的乾木頭，將這些原木劈開，乾的內面朝上，當成平台在濕地上生火，接著，他不斷削著其中一塊原木，產生刨花，將刨花堆在平台上，然後把大塊原木沿著刨花外圍排列，就像輪幅一樣，接著用一塊他用大砍刀從樹上切下來的樹脂點火，儘管結結實實地下了好幾天的雨，但他在約莫十分鐘就燃起熊熊大火。波魯加以大蒜和油烤的烏龜肝也令人屏息。

難以置信的是我們隔天又找到一隻烏龜、野生番茄、各類堅果和野生香蕉。波魯加不斷帶給我們驚奇，證明他也是一個能幹的漁夫，我們紮營時他不見蹤影，回來的時候臉上帶著一抹微笑，手上提著鯰魚、鱒魚和螃蟹。他盡可能把功夫傳授給喬，喬也開始愛上釣魚，而且從此刻開始越來越熟練。儘管未來兩週只剩三天存糧，但我們克服困難而且士氣高昂。我們扛的食物總計如下：

四公斤米

兩公斤鹽

十三包泡麵

一小包味素

沒有糖、鮪魚、木薯粉、咖啡或奶粉，我們唯一的希望是行經的廢棄伐木營地裡有人，這樣就可以向伐木工人要點食物吃。我們很難從叢林裡取得的食物就是碳水化合物，這也是爲什麼伐木工總是背一大袋的木薯粉，其他東西帶得不多的原因。

我的經驗尚不足以分辨假珊瑚蛇和珊瑚蛇，但我們在河流附近看到好幾條體型龐大的紅、黑、黃色條紋的蛇，俗話說：「紅與黑，不必畏；紅與黃，殺人悍。」指的就是彩色的條紋，但這句話源自中美洲，在這裡不適用。這些蛇全都有可能致命，牠們的毒液是神經毒，會攻擊中央神經系統和肺部，受害者會因窒息而亡。

通常我們沒有遭受珊瑚蛇攻擊的危險，因爲牠們的嘴小毒牙短，無法穿透靴子。但是有一天傍晚，我正在河裡洗澡，隨手將肥皂盒往岸上一個近便的洞裡扔，結果驚醒了一條珊瑚蛇，牠以閃電般的速度滑出沙洞，距離我光禿禿的腳趾只有幾吋之遙。

自從啓程以來，六天內沒有見到半個人影，但當我們看到新踩的腳印時，我們知道並不孤單。

這時候筆記型電腦已經沒電了，我仍試著用太陽能板充電，但在連綿陰雨陽光很少露臉的情況下根本不可能。接下來兩天我們跟著腳印，卻完全沒有看到前頭的人的蹤影，對走私毒販的恐懼在內心深處煩擾著我，然而我並不覺得孤獨，只是我們需要取得食物。

二〇〇九年三月二日，我們在河岸高處紮營，仍能看到之前的洪水殘留下來的落葉層，從而得知最近水曾淹到三公尺高，幾乎淹到我們的營地處。波魯加消失了一會兒，回來時一臉淡漠地抽著菸，我們的菸五天前就抽完了，他說前方有個伐木營地，工人們有食物。這眞是個好消息，但我們已經紮營了，因此決定按兵不動，明天一早再經過那個營地。

我們抵達時，許多強悍的秘魯伐木工正在吃早餐，大聲談笑，我們馬上拿到義大利麵、火腿還有甜咖啡。在配給減量的狀況下，食物帶給我的愉悅超乎想像，我們狼吞虎嚥，每一口都非常滿足。伐木工人們有個令人推崇的信條，就是要彼此照顧，我們受到熱情的款待。這些人一點也不在意我的存在，只是以我的冒險取樂。

但我必須說，他們以消耗森林為代價過得相當舒適；有具備冷凍櫃的電動船和獵槍，他們可以獵殺任何會動的生物，在工作時吃得很好，也可以把肉拿出去賣。那天他們射殺了一隻絨毛猴，我看著一個近似人形的身體被剁碎放進鍋子裡，牠的幼猴在一旁看著不斷尖叫，讓這個場景更加戲劇化。出於好奇，我吃了一小塊尾巴。和許多住在森林裡的原住民部落不同，這些人的存在無法讓森林永續。

伐木工人說我們已經走到小路的盡頭，但為我們指出方向，下一段路起先看來並不難。我們抵達阿比佳里河（River Apicuari），然後只需沿著走直到再度接上亞馬遜河就行了，理論上這很簡單，直到看見這條河有多蜿蜒為止。這裡仍是Google Earth上雲朵遮蔽的區域，因此我估計，如果沿著河岸走，一百公里可能會變成二百公里。

我們當然想走直線，但如果遠離河道，就無從得知何時甚至是否會再度接上亞馬遜河，我覺得無法掌控，只想揭開頭頂上的遮蔽物看清河的形貌才能訂出計畫。我們要怎麼畫出正確的地圖？

就在我們思索這沮喪的問題時，我突然想到：可以雇請伐木工開船帶我們往下游走，一路上我會有全球定位系統的紀錄，這樣就能畫出詳盡的河流地圖，我們可以在亞瓦（Yawa）部落**普拉塔諾**（Platanal）買食物，接著原船返回伐木營地，同時解決了兩個問題：食物和地圖。而且只付出些微的代價：在狹窄的船上待幾天。

我們乘獨木舟往返，整整坐了三天兩夜，但計畫奏效了，在普拉塔諾買了十天的食物，並且估計八天內徒步走回這裡。現在我們可以計畫白天多數時候遠離河邊糾結纏繞的叢林，晚上再回到河邊紮營、洗澡和煮飯。

花時間偵察地形很值得，雖然冗長，但我們再度掌握行程，我很高興我們克服困難繼續向前。事實上只花了六天就抵達普拉塔諾，在和亞瓦印第安人聊著我們的旅程時，一邊將筆記型電腦和全球寬頻衛星行動通訊放在太陽下充電；我掙得十七分鐘上網——夠寫部落格和回覆重要信件——但和我媽的通訊在還沒按下「傳送」鍵螢幕就黑了，通往西方國家的小視窗再度關閉。

在我們回到普拉塔諾時，一名叫維森蒂的亞瓦老人問道：「你們為什麼不走小徑到哥倫比亞？」我對這明顯矛盾的說法不以為然，向他解釋伐木工告訴我們沒有路了，他說是有路的，但離開了河道，朝正東通往哥倫比亞，到達羅瑞多雅庫河（River Loreto Yacu）上的邊境檢查站**提耶拉阿馬利羅**（Tierra Amarillo）。

我們雇維森蒂當嚮導，帶了六天五人份的食物，朝正東前往哥倫比亞，我們知道將會極度依賴維森蒂對這些路徑的瞭解，因為這些路很古老，而且有幾處完全封閉。和伐木工相比，維森蒂很溫順，講話輕柔，但他知道路，我們第一天走了十三・三公里——是幾週以來最遠的一天。

我們抵達一條新河流，開始蜿蜒而行，沿著連綿的河灣走代表我們不會走太遠，但這條河非常曲折。我們決定從一個河灣的頂點走直線到另一個頂點，但在只能看到前方十五至二十公尺且又沒有地圖的情況下，知易行難。我們遠離河岸試圖走更直接的路線，但很快就又接上河流，這條河很容易辨識，因爲這區域只有一條這種大小的河。

璜如魚得水，走在前頭開路，在雨中從不退縮，他用大砍刀又劈又砍，緩慢但持續地向前推進。大約一小時後，我們看到新踩的足跡，以及用砍刀劈出來的林間空地，這是從普拉塔諾啓程以來，第一次看到人類蹤跡，我立刻想到毒品走私犯，儘管渾身濕到骨子裡還滿身汗垢，我的感官變得更加敏銳了。

接著波魯加開始大笑，「看那邊！」他指著，「那是我們吃午餐的地方。」我們頓悟後全都哀號，那些足跡和大砍刀的刀痕都是我們留下的；過去一個多小時我都沒有用羅盤確認，只是盲目地跟著璜，我們整整繞了一圈。不知何故，在我們從頂點橫越後，的確是往上游前進，我們以爲繼續向前，未料卻是轉了個彎，劈出一條路回到起點。像機器一樣砍了一小時的璜，在這荒唐的錯誤中最受打擊。我們紮營，維森蒂說第二天早上他要回家了。

那天晚上六點，我聽到砰的一聲巨響，「×的，搞什麼？」我跳下吊床，在陰暗朦朧的森林裡張望，砰——又一聲——喬衝進樹叢，維森蒂是唯一帶獵槍的人，而他不在營地，「他一定去打獵了。」我心想。儘管好奇心被挑起，但我才剛洗過澡，不想穿著乾淨乾燥的衣服和脆弱的卡駱馳鞋在黑暗中衝進森林。

他們回來時，帶來的消息從我的觀點來看是壞消息，維森蒂不只是射殺了一隻動物——該死的是他射殺了一隻貘。所有種類的貘不是被列為瀕臨絕種動物就是易受危害動物，這隻大型草食性動物是如此溫順，我不禁感到難過。

維森蒂是亞瓦獵人，他只把貘當做食物，我理解他的觀點，我的問題在於牠對我們來說太大了，不易搬運，因此只能用到一部分，其餘的留在森林裡讓其他動物吃掉。那是一隻小牛大小的懷孕母貘，我們和牠的死有關惹惱了我，然而牠現在已經死了，我很確定我們必須善加利用牠的肉，能帶多少帶多少。璜、波魯加、喬和我開始切肉、抹鹽，盡可能在火上煙燻，維森蒂會帶他拿得動的份量回部落，我們也盡可能帶走能負荷的份量。

這個意外增強了我的信念——不帶槍行走是對的，我不希望這場冒險成了維多利亞時代的狩獵鬧劇。

我們離哥倫比亞邊境不遠了，但舉目所及沒有路徑，轉向四面八方都是茂密陰暗的森林屏障，綿延數里，我們也沒有沿著任何河流；我在全球定位系統輸入能看到河流穿越哥倫比亞邊境處的坐標，得出一個羅盤方位角，接著我們直線殺出叢林，邊走邊開路。這裡的地形很陡，但在樹叢裡什麼都看不到，就像在滂沱大雨中開車，雨刷故障，因此從擋風玻璃看出去什麼也看不到。我們依賴羅盤，而且必須相信方位角是正確的，在幾天內就會抵達邊境檢查站，在那裡會看到什麼——武裝軍隊、走私毒販、鐵絲網、入境護照檢查、禮品店還是遊客中心——我一點概念也沒有。

接著，就在我們極度仰賴全球定位系統的情況下，它故障了，因爲內部潮濕，所有的控制鈕都失靈了。我們沿著羅盤方位角前進，到了一個我們全都認爲是部落和哥倫比亞邊境所在的位置，只靠著感覺或直覺判斷距離，今天七公里，又或許八公里。

有時候你需要一點運氣，但我們的精確度無與倫比，從普拉塔諾出發後的第四天傍晚四點，我們聽到音樂聲，沒多久就來到在提耶拉阿馬利羅舉辦的一場派對上。這個村莊是清理過的林地，位在羅瑞多雅庫河河岸，破爛的茅草屋裡住著醉醺醺的友善原住民，請我們喝瑪莎托。我們到哥倫比亞了。

這場探險的秘魯路段現在結束了，花了十一個月又兩天，只落後原本估計的時間四個星期。喬和我都疲憊不堪，需要休息以及時間擺脫瘆痛和寄生蟲感染。我們已經在連綿不絕的雨中步行超過兩個月，沒有好好休息過，我的熱情、能量和生命一點一滴流失，屁股因爲背包發炎疼痛，腳感覺青腫，肌肉衰弱無力；我夢想著有張床的旅館房間，潔白的床單和空調，我不想見到任何人——如果讓我獨處，我會因爲筋疲力盡而痛哭。我只想睡覺。

二〇〇九年三月四日日記——提耶拉阿馬利羅：

振作起來，史塔——你聽起來就像個可悲的娘們，到**雷蒂西亞**（Leticia）待兩天你就會一切如常；好吧，也許五天。

一如既往，每當我們擺脫叢林，我的心思就會轉到絕望的財務問題上，我已經寅吃卯糧，累積的債務沒有能力償還，財務失控的感覺一直讓我失眠，似乎也將一切樂趣帶走。

我們抵達的邊境處沒有護照檢查站，因此必須搭船沿羅瑞多雅庫河而下，再換條船前往哥倫比亞城市雷蒂西亞，在那裡蓋我們的護照戳章，正式離開秘魯，再找一些哥倫比亞地圖，然後回到邊境，走這段較短的哥倫比亞行程（三週）到巴西。

除了探險之外，這是趟耗費寶貴時間和金錢的旅程，在財務上，這段期間我無法保持四人團隊，波魯加有哥倫比亞和秘魯雙重國籍，所以只好讓璜回家，這名大漢很難過必須離開。我看得出來璜的自尊受到傷害，因爲我選了波魯加而不是他，團隊會在沒有他的狀況下繼續前進。我必須理性，不能感情用事，璜沒有護照，無法在秘魯之外通行，因此他必須回家。

最後我們在雷蒂西亞待了六天，日記顯示，我清醒的時候，百分之八十的時間都坐在電腦前處理之前疏忽的帳目和這趟探險的行政事務。我們負擔不起好旅館和空調，只能窩在便宜的旅社，滿臉汗水地黏在舊床墊上醒過來。我的一個老同學山姆．迪森說想來和我們走一段，我安排他加入。

此時我絕大多數的時間都追著兩名在巴西有門路的人跑，以便取得進入巴西境內原住民保留區的通行證。

之前有人安排我們和兩名巴西人卡沃斯（Kavos）和杜威特（Dwight）聯繫，據說他們是為外國電影劇組處理後勤問題的第一把交椅。儘管不是劇組成員，但我在二〇〇八年出發前和他們在巴西見過面，他們同意幫忙取得簽證和通行證，但要價不斐；沒有這些文件我無法繼續前進，到了二〇〇九年四月，他們的態度和毫無進度激怒了我，當時我壓力很大，這意味著我無法和喬、波魯加一起放鬆，除非我努力推動事情進展，否則我們必須原路返回或繞好幾個星期的遠路向北深入哥倫比亞，探險才得以繼續。如果不想繞遠路的話，卡沃斯為我們取得的通行證可就非常重要了。

大家都說，我們即將行經的哥倫比亞南端是毒梟行走的一大路線，非常危險，但重點是如果想要完成這場探險，我們別無選擇。我們和一名來自那里諾（Nariño）的哥倫比亞圖庫納（Ticuna）嚮導一起回到邊境，悄悄地徒步再度進入哥倫比亞，沒有被發現。

圖庫納是哥倫比亞南部和巴西西部的原住民，我們的嚮導西諾很安靜，而且顯然完全不知道叢林路徑，最後我讓波魯加走在前頭，西諾蹩腳地跟著。由於無法使用全球定位系統描繪河流地圖，我們依舊是盲目地走著，因為洪水而無法太靠近河流，但我們很快抵達連串散佈在小徑上的圖庫納部落。

圖庫納部落最棒的一點在於他們都很熱情友善，我們所到之處只看到開朗的笑容和招手，在秘魯多數見到茫然困惑的表情後，這是令人耳目一新的轉變。部落之間的小徑全都嚴重淹水，每當水高過頂，我們就得乘充氣筏划過淹水森林。

我們終於說服一名來自哥倫比亞最後村莊的當地人告訴我們「小徑」通往哪裡，但其他人都說唯一的方式是乘船，我們一如往常地解釋不能走水路，因為這場探險的目的就是步行，他們通常會大笑，接著說我們瘋了。

不到四小時我就懂他們的意思了，在某些地方，「路徑」在墨黑的洪水下十公尺。我非常專心地划著充氣筏穿過看似狹小到無法通行的縫隙，縫隙裡滿是如針的尖刺。充氣筏是用很薄的橡膠做的，所以才能收得小小的塞進帆布包裡。我的每一分心思都專注在掌舵和停船上頭，擔心充氣筏被刺穿不只關係到漂浮——還關係到保住我坐著的三十五公斤帆布包。

波魯加划著另一艘充氣筏，我們兩人的槳不斷被周圍的荊棘纏住，也拿來拍下頸背上的螞蟻。現在的濕度接近百分之百，蚊子持續在耳邊嗡嗡作響，情況並沒有變得更令人不快，我仍樂在其中。這是種很難解釋的古怪享受，我認為之所以如此迷人是因為全神貫注在當下，沒有餘裕思考或擔心未來，因為每個動作都會產生立即的影響，我忍不住被這挑戰的悸動完全感染。

幸好我們是對的，沿著小徑可以通過淹水森林，並於下午抵達一處圖庫納村莊。

我們的進度良好，但說得客氣點，我的情緒並不穩定，我當時的日記讀起來像是對我聘來卻不知方向的嚮導連串咒罵，我還沒學會不要為無法補救的事氣惱。問題出在這些當地人只打算走到下一個村莊，可能只在兩小時的路程外，但我必須付他們和喬一樣一整天的價錢。令人難堪的是，現在我已經不再問一些人的名字了，他們就好像同一個討厭的人，不斷換著軀殼卻保有同樣的性格——優柔寡斷而且是導航智障。我知道此刻是我不可理喻，但這是令我惱怒的來源。

四月二日，喬、波魯加、傑米（一名十七歲的圖庫納男孩）和我進入一個叫**聖塔索非亞**（Santa Sofia）的小村莊，這是探險的第一周年，因此我請所有人喝啤酒，我們坐在塑膠椅上圍成圓圈瞎扯淡，喬和波魯加喝多了，一直稱讚我是個好領隊，我聽得很開心也很訝異，因爲當時我覺得自己離好領隊差得遠了。

又過了兩天，我們走在柏油路上進入雷蒂西亞，雷蒂西亞和巴西城市**塔巴廷加**（Tabatinga）在邊境上毗鄰。

花了一年多的時間到達巴西，儘管筋疲力盡，但看到哥倫比亞和秘魯都已在身後讓我們相當雀躍。過去十二個月，我跨越整個安地斯山脈，尋找亞馬遜河的最源頭，下到世上最深的峽谷；我行經紅區心臟地帶，經過無數防衛心強的部落，在箭尖下被拘禁，還被指控謀殺，一週又一週地穿越淹水森林；並且越過聲名不佳的哥倫比亞南端——儘管在這最後一個月我們完全沒有見到毒品走私販的蹤影。

我們必須等我的夥伴山姆在幾個星期後從英國抵達，我可以接受，喬也可以，我們覺得在此關鍵時刻應該好好休息，重新出發前身心充電是必要的。波魯加在雷蒂西亞的夜生活中把錢全部花光後回家了，我替他的妻兒難過，他們一定等著他拿錢回家。

儘管完成了史詩般的英雄事蹟，喬和我知道即將展開此行中最困難的部分：據說有兇猛的部落、全新的語言、更糟的地圖、更嚴重的洪水以及據信無人走過的雨林。其間的部落距離難以預測，對於即將徒步通過的三千公里巴西路段，我倆都相當畏懼。

PART 4

巴西

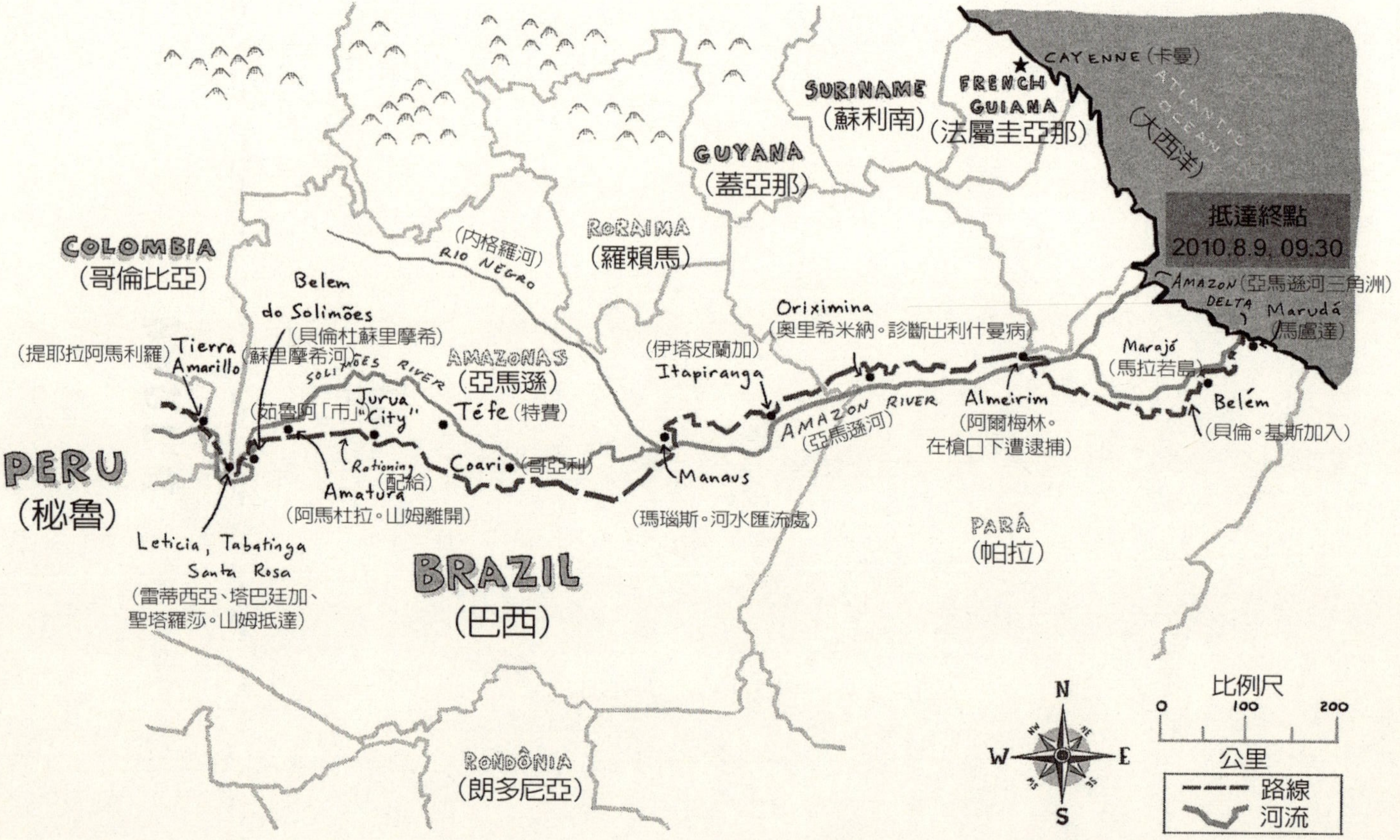
COLOMBIA
(哥倫比亞)
PERU
(秘魯)
BRAZIL
(巴西)
GUYANA
(蓋亞那)
SURINAME
(蘇利南)
FRENCH GUIANA
(法屬圭亞那)
RORAIMA
(羅賴馬)
AMAZONAS
(亞馬遜)
PARÁ
(帕拉)
RONDÔNIA
(朗多尼亞)
CAYENNE(卡曼)
ATLANTIC OCEAN
(大西洋)
抵達終點
2010.8.9. 09:30
AMAZON DELTA(亞馬遜河三角洲)
Marudá
(馬盧達)
Marajó
(馬拉若島)
Belém
(貝倫。基斯加入)
Almeirim
(阿爾梅林。
在槍口下遭逮捕)
Oriximina
(奧里希米納。診斷出利什曼病)
Itapiranga
(伊塔皮蘭加)
AMAZON RIVER
(亞馬遜河)
Manaus
(瑪瑙斯。河水匯流處)
RIO NEGRO
(內格羅河)
Coari(哥亞利)
Téfe(特費)
Jurua "City"
(茹魯阿「市」)
Rationing
(配給)
Amatura
(阿馬杜拉。山姆離開)
SOLIMÕES RIVER
(蘇里摩希河)
Belem do Solimões
(貝倫杜蘇里摩希)
Tierra Amarillo
(提耶拉阿馬利羅)
Leticia, Tabatinga
Santa Rosa
(雷蒂西亞、塔巴廷加、
聖塔羅莎。山姆抵達)
N
S
E
W
NW
NE
SW
SE
比例尺
0
100
200
公里
路線
河流

11 進入巴西

簽證和通行證的事會很無聊，這我知道，但問題是這關乎到探險是成功還是尷尬丟臉的早夭。卡沃斯有超過一年的時間處理三件事：一份可以讓我進入巴西並且在探險期間居留的有效簽證；進入原住民保留區的通行證；巴西雨林的地形圖。我現在已經抵達巴西邊境，而他看來似乎一件都還沒動工；他的評價很高，但我和他交涉卻很痛苦。儘管這些事一件也沒完成讓我非常憤怒（我原本希望在一年前，甚至我離開英國之前就準備好），但已經付給他一千五百英鎊，所以我現在和這人處於尷尬的局面，我選擇透過他取得簽證，是因為我怒斥巴西駐倫敦領事館，他們已經不再回覆我的任何電子郵件。沒有地圖、簽證或通行證，我們的探險就要到此結束。

喬和我入住一家旅社等待。塔巴廷加（巴西）和雷蒂西亞（哥倫比亞）這兩個城鎮已經合而為一，邊境開放讓人們來來往往，河的另一端是聖塔羅莎（Santa Rosa）（秘魯），合起來這個區域稱為三國邊境。摩托車騎士從較嚴格的哥倫比亞跨過邊境到較寬鬆的巴西時，會把安全帽摘下來拿在手上；這兩個城鎮都歡迎觀光客，大多是背包客，但能提供我們的卻很少，我們拒絕了許多不死心的小販兜售到雨林一探究竟的一日行程。

四月九日，卡沃斯難能可貴地捎來好消息，他寫信告訴我，四月十一日圖庫納部落酋長會在附近城鎮**班傑明康斯坦**（Benjamin Constant）聚會，他已經安排我申請行經圖庫納保留區的議題在會中提出，他說他們問我是否會拍攝這場會議，這樣他們的原住民公共政策意見就能播送出去。

這是一大進展——如果酋長們說我可以通過，那就太棒了。這場會議也讓他們在我徒步抵達部落之前，先認得我的臉。我很樂意拍他們，但當時我還沒有傳播圈的人脈來宣傳他們的境況。

這正是我付錢給卡沃斯要他處理的事，因此我很開心。我有點擔心這場會議，他說會持續一整天，當時我還只會說非常基本的葡萄牙文，因為我過去一年都在說西班牙文，因此我從塔巴廷加聘請一位導遊當翻譯，卡沃斯和他的助手杜威特都警告我這些部落很兇猛，「是全亞馬遜最凶狠的。」杜威特這麼說，我很緊張。

此刻我眞的認爲監管巴西原住民的國家印第安基金會會發給我們通行證，但卡沃斯沒有透過基金會採取任何官方程序，他說那太困難了。

翻譯員、喬、烏蘇拉（她從秘魯來看我）和我去見部落酋長，我們搭快船從塔巴廷加前往班傑明康斯坦。我天眞地想像著在傳統圖庫納部落裡，所有人都穿著傳統原住民服飾。

我們抵達一個現代化的城鎮，被帶到水泥建築鎮公所，來自各部落約一百名部落首領和代表聚集在此，坐在紅色塑膠斗式座椅上。

「就我們所知，」圖庫納的大頭目說，「白人的想法和我們不同，但他們不再來殺我們了。」

「這是個好的開始。」我掃過群眾心裡這麼想著。這些首領雖然穿著西式服裝，但頭上還帶著美洲豹和鱷魚牙齒，有位首領還在他的裝飾上加了一個隨身碟，我身後一名圖庫納抄寫員正用筆電紀錄會議。

這個會議不只是為我，來自鄰近保留區的首領聚集討論各項議題和境況，圖庫納人很清楚過去的殘忍暴行，他們是如此敏感，因此我怎麼介紹自己將是關鍵。

大頭目繼續說著，講述故事提醒族人他們的歷史，我瞭解一些，因此努力讓自己看起來不具威脅、有禮貌、感興趣，我瞄了一下右邊，昨晚喝了酒的喬，頭已經倒向一邊，睡得很熟。

到了下午兩點，重頭戲來了，他們告訴我如果能幫助部落，他們就會幫我。我對於他們希望我幫忙的方式仍有疑慮，因為我寒傖的配備力有未逮。我用彆腳的葡萄牙文向群眾發言，因為他們似乎不喜歡我透過翻譯，反正會議幾乎都以圖庫納方言進行，翻譯也搞不清楚狀況。

「我們會讓你通行，」在和部落首領們一番冗長討論後，大頭目最後說道，「如果你能負擔今天所有人的午餐費用的話。」

午餐費總共約二十五美元，一陣狂喜的感覺自我體內升起，我大步向他走去時眼眶泛淚，咧嘴大笑，和他握手。

直到此刻我才瞭解這些許可多麼令我振奮，突然間什麼事情又都變得有可能，這場會議為我注入新的信心。

三天後卡沃斯寄來一封電子郵件，說我沒有國家印第安基金會的官方許可，但是如果圖庫納的酋長們都很高興，這樣就夠了。我知道這有點偷偷摸摸，進入這些保留區需要通行證，入境的人必須先做醫學篩檢才能通行，但是當時我已經盡力而為，這些首領會讓我通行，因此我們有了可行的計畫。

現在目標非常簡單：盡快在巴西取得進展，財務和時間都很緊迫，我必須減少令人分神的事物，努力趕進度。

二〇〇九年五月六日，主要贊助商的執行長寄給我這封信：

愛德：

展信平安。

自我們上次通信以來，JBS受到全球經濟衰退的衝擊，我們遇上一些客戶拖欠帳款或無法在工作完成後支付酬勞。

致使我們這個月不能給你津貼了。

我希望在未來幾週能扭轉局勢，我方有任何更動會隨時通知你。

我很抱歉必須由我通知你這個壞消息。我們依舊堅定，也認爲這是一項長期投資，希望下次通信時會有好消息。

如果有任何問題，或想談一談，可以打我的行動電話。

多保重，祝一切順利。

強納森．史托克

這是我們當時唯一的月收入，這消息簡直是青天霹靂，他們給我的金額不足以支付所有開銷，因此我一萬英鎊額度的信用卡已經快滿了，完全依賴他們每月一千英鎊的津貼。在鎮上等待要花一大筆錢，我們只得離開，進入花費較少的叢林。希望他們下個月能付錢。

這場探險剛過一年，我仍然覺得如果有個朋友加入會更有趣；基斯很棒，並且幫助我脫離幾個月的陰暗憂鬱，因此當老同學山姆．迪森說要加入時，我立刻接受這項提議。

山姆抵達時簽證還未辦妥，但沒多久就取得我們自己也弄得到的三個月觀光簽證，這意味著在巴西三個月後必須搭船返回哥倫比亞延簽，這非常不理想。

畢業後，我和山姆在十四年間見過三次，其中兩次是在我出發的前幾個月；他在學時期就花很多時間接受武師訓練，事實上他是個少林武僧。他想來的渴望、加上我們的老交情以及他對武術的投入，都是促成他前來的原因。他從未到過叢林，但我認為他的能力可以運用到叢林，他告訴過我曾在中國少林寺後方，練習跑石階上山直到昏倒，這種意志力（或體能）是我希望在新夥伴身上看到的。

山姆和我一樣六呎一吋高，他抵達時留著八〇年代的三分頭，再加上武師英挺的站姿，讓他看起來比我這縮頭弓身的疲憊探險家高出許多。他來了之後，我們不停聊著往事和前方的叢林。再次有朋友在身邊眞好。

山姆、喬和我一起開始的第一段路是從塔巴廷加到**貝倫杜蘇里摩希鎭**（Belém do Solimões）的八天穿越行程。進入巴西後，亞馬遜河的名稱就變成蘇里摩希，一直要到約二千公里外的下游城鎭瑪瑙斯（Manaus），才又叫做亞馬遜河。爲了回報山姆給印第安警局上了一堂防身課，我們獲得兩名圖庫納印第安人警察嚮導同行，儘管他們不熟悉叢林，但很高興和我們一起走。離開之前，酋長（他也有參加班傑明康斯坦的會議，並且同意讓我通行）說，我們得幫他家買個瓦斯爐才能離開，他也知道我們當然別無選擇，於是給了酋長錢買瓦斯爐。

現在是五月，水位幾乎已經漲到最高點，因此必須往內陸前進。和秘魯不同的是，這裡沒什麼山丘可言，我們只能找高於洪水位線的路徑行走。那兩名印第安嚮導，安東尼奧和桑德列都年輕有禮，也很高興外出行走，雖然他們兩個不識路（因此我們靠羅盤方位角和山姆帶來的新全球定位系統導航），但我想帶著嚮導比較謹愼；根據別人給我們的建議，這裡是異常危險的保留區，圖庫納印第安人也許可以幫我們談判，脫離險境。

星期六早上，我起床時稍微站立不穩，又在吊床上度過難眠的一夜。我漫步到那兩名嚮導忙著掏魚內臟的地方，看到漁獲量時不禁笑開懷，每人可以分到兩條。他們在火上煮魚肉湯，漁網拿回來了也收得整整齊齊，這個營地不需要我多說就自動運轉讓我很開心。大蒜和洋蔥的香味飄散在空氣中，大家都食指大動。

不知是什麼原因，當地人都不喜歡上菜，因此我握著在塔巴廷加買的嶄新金屬把手將平底鍋拿起來，下面以慢動作的方式描述，我看到鍋子滑出把手，掉到火邊，我看到那兩名嚮導的表情，他們難掩失望——魚都撿起來了，但美味的湯汁沒有了。在這種環境下，食物非常重要，我氣惱自己笨手笨腳。

那天稍後，我們深入叢林，和主河道保持一段距離，來到一個部落。安東尼奧和桑德列建議山姆和我在部落外等著，他們進去徵求酋長的許可讓我們進入。越偏遠的部落防衛心越強，聽說他們如果受到驚嚇會一見白人就殺，因此我們決定不去驚動他們，緊張地坐在絲蘭田的原木上，想著圖庫納族到底有多兇猛，他們穿著西服嗎？會不會讓我們通行？

嚮導帶回好消息，**諾莎席諾拉巴里希達**（Nosa Senora parisida）部落接受我們，同意讓我們進去；我們看到那位老酋長的第一眼是他搖搖晃晃地騎著一輛嶄新的本田電動腳踏車，從茅屋處朝我們而來，他顯然不太會騎。這個村莊沒有什麼路，大約只有二百公尺長，但那輛電動腳踏車無疑是酋長的地位象徵。他溫暖和善，還讓我們在他的木屋裡搭吊床。

喬、安東尼奧和桑德列與當地人玩起足球，山姆和我疲倦地在吊床上打瞌睡，因爲事情進行得很順利而感到寬慰。我不禁好奇保留區到底有多危險，會不會是卡沃斯和杜威特誇大其詞來勸退我們？也許他們也只是依樣重述未經證實的迷思。這個部落的人友善熱情。

在這段八十公里的路程中，我們跟隨羅盤方位角，使用全球定位系統，大多時候必須自己劈出路徑穿越叢林。這套方法讓山姆很震驚，他沒有想到會如此耗費體力，以一名大漢來說，他很容易疲倦。每天我們大多走在及胸的沼澤，跟著前導的人，他劈開枝幹前進，避開蛇和大蟻窩。走在沼澤裡其實涼爽又提神，與走在硬路面上汗流不止相較之下，是愉快的替換。儘管我們在洪水裡平均一小時走不到一公里，八天後，我們在五月中抵達一個叫**皮蘭雅**（Piranha）的村莊，雇一艘船帶我們到貝倫杜蘇里摩希。

山姆和我聊了他的叢林初體驗，他點出一些我忽略的事，有人以新的觀點來檢視我們的方法眞是太好了，我們交換意見的一個例子是增加抗毒蛇血清的存量到四十八小時，這樣我們可以待在一個地方自行施打；這是因爲我們知道會待在距離醫療資源有數日之遠的地區，如果其中一人被咬了，除非我們有足夠的抗毒蛇血清治療到毒液消退，否則根本連帶都不用帶。

爲了紀錄這趟旅程，攝影對我來說很重要，但兩台攝錄影機都壞了，我們別無他法只好退回邊境取新機。叢林的濕氣之重，每天使用的高畫質攝錄影機平均壽命是三個月，整場探險下來用了十部。我不理會不便的海關將是場夢魘，又訂購了兩台，請DHL快遞送來；我選擇送到哥倫比亞，因爲邊境開放，我們在巴西沒有安全的地方可以收件。不像在一般國家只需要簽收就好，我必須請律師草擬一份授權書，請公證人檢核護照影本，再請一位翻譯寫請求信，向海關解釋我們的用途；

這個過程無聊到令人發火，耗時超過一星期。我們用那星期的時間腦力激盪，想一些點子，多虧山姆的建議，我決定在一個我從未聽過的新社群網站——推特（Twitter）——設立帳號。每天要把衛星電話拿出來、找棵倒下的樹（以及從樹蔭中找到縫隙接收訊號）會很痛苦，但這完全符合實況轉播這場探險的精神，因爲我們現在每天都可以在叢林裡實況「推特」。

山姆也建議我每週在固定的日子和時間更新部落格，這樣訂閱者才知道什麼時候會有新文章。每篇部落格都會有一段我自己編輯的影片，因此很及時也和當週的紀錄相關。我確信這會大幅增加在線上關注我們的人，這在未來幾個月，我們號召追隨者時，產生很大的回響。

我們帶著新相機回到貝倫杜蘇里摩希時是六月初，這個破敗的城鎮不太像原住民部落，房子是木造，有錫屋頂，但居民百分之百是圖庫納人。

首領叫維爾瑪·路易斯·吉勞多，他對自己的管轄區顯然不滿意。

貝倫有五千三百二十位居民，住在七百七十二間茅草和錫屋頂小屋裡，部落裡的兩間學校各有五百四十五和一千三百二十位學生，都很擁擠，班級人數鮮少低於四十人。和許多圖庫納部落一樣，貝倫有許多暴力問題，近年來，與家暴、酒精和毒品有關的死亡人數有七十二人。藥物濫用的問題變得非常嚴重，維爾瑪告訴我，甚至有孩子吸食汽油。

印第安保留區內嚴禁酒精有其道理，詳盡的記載顯示原住民對酒精的耐受度較低，大家也都瞭解，但問題是，他們不只是喝醉酒、嘔吐或睡著而已，引用維爾瑪的話——他們「發瘋了」。如果讓這些部落的人毫無節制地飲酒，他們會變得很好鬥，攻擊性很快就升高到砍人或開槍的程度。

維爾瑪在講述這些事情時，表情嚴峻哀傷，他是個信仰虔誠的人，很希望能從社會沈淪的漩渦中掙脫出來；他認為問題有兩部分。

第一，沒有足夠的教育經費。不是所有人都能受到好的教育，事實上沒有人能上大學。維爾瑪希望政府在貝倫蓋大學；他告訴我沒有人有錢到塔巴廷加，並且負擔得起住宿，以繼續學業。

第二，這裡沒有工作機會。這是因為該部落位於印第安保留區，就我所知，非原住民公司不能設在保留區。這條法律是為了讓當地人擁有自己的土地和自主權，但現在變成就算他們受教育，在貝倫也沒有辦法找到支薪工作。

居民靠賣作物——主要是絲蘭、米和香蕉——賺取微薄的收入。但維爾瑪說，一年辛苦的工作，人均收入是五百六十里拉（少於二百英鎊），但嚴重的水患摧毀那年多數的莊稼，讓問題雪上加霜，許多人的涓滴收入因此枯竭。

村裡的水完全來自亞馬遜河，而他們位在兩大城市下游只有相隔一百二十公里，大城市的污水直接排進河裡，因此水很污濁。

貝倫沒有醫生沒醫院，一家由護士看診的診所，藥物庫存已經用罄。

他們的處境很不妙，不難看出為什麼有這麼多圖庫納人感到未來黯淡，轉而向藥物或酒精尋求快慰。我們待在那裡的期間，當地國家印第安基金會的代表也只能求助於四個男人的巫術治療。在一個基督教的部落裡，這是在絕望中不惜冒險一試的行爲，應該被禁止。最近關於一個孩子在這類儀式中犧牲的事，令人毛骨悚然。

印第安警局在管理暴力事件上做得不錯，但這些警察都是義工，當他們執行警察勤務時顯然無法做農活。

維爾瑪說，貝倫杜蘇里摩希處於向下沈倫的漩渦裡，無法掙脫；保留區的法規使得教育貧乏、沒有工作機會以及赤貧等問題進一步惡化。我們接觸到的人都很溫暖大方，孩子們也很開心，笑容滿面，這些人挺了過來，但很明顯地他們覺得自己被忽視了。

我不知道原住民到底從巴西政府手裡拿了多少補助金，也不知道這些聲明是否言過其實。但有一點很清楚、不容否認的是，意在保護原住民生存方式的保留區與這些住在中型鄉鎭必須靠金錢過活的人之間互爲矛盾。如果人們分散開來，回歸他們祖先的生活方式，就不需要錢，過著勉強餬口的生活，就像我們多次在秘魯看到的一樣。但是在巴西，圖庫納人想要電力、電視、方便食品和千萬像素數位相機，因此他們必須和其他的巴西人交易賺錢，維爾瑪的犯罪統計數字提供了令人不安的證據，顯示現行體制行不通。

貧窮和絕望讓我聯想到秘魯。我後來得知這在巴西並不尋常，巴西最近在亞馬遜河流域投入大筆教育經費，在盧拉（Lula）總統的政策下，家長送孩子去上學就可以獲得補助金，因此即使是在最偏遠的部落，巴西年輕的一代都有受教育，思想開明；然而談及雨林，似乎仍有許多盧拉不想看到或看來無法正視的問題。

此時我從Mongabay.com讀到一篇文章，得知企業和世界銀行處理巴西畜牧業的方式就要改變；砍伐的林地百分之七十九．九都成爲牧場，世界銀行停止對巴西畜牧業龍頭百力勤公司（Bertin）提供一筆九千萬美元的貸款，我很訝異這筆貸款一開始竟然會通過，但取消是邁向終止全球資助這種毀滅性產業正面的一步。

於此同時，巴西三大連鎖超商——家樂福、沃爾瑪和糖麵包（Pão de Açúcar）——也表示，他們會停止買賣來自砍伐亞馬遜地區重點林地的牧場生產的畜牧產品。

盧拉總統仍舊是通過了法令，將大片亞馬遜雨林私有化——巴西政府似乎不覺得有需要撇清和農業綜合企業之間密切的關係。歐巴馬形容他是「世上最受歡迎的政治家」，但就環境方面來說，我認爲盧拉太軟弱；他空談氣候變遷，對外國想干涉巴西內政動怒，然而二〇〇九年六月他通過一項法令，原本是要讓佔有小片土地的開拓者就地合法，但後來加入條款，讓豪奪土地的大地主和商業利益集團也受惠。這項法律將使高達六千七百萬公頃非法佔有的亞馬遜雨林所有權私有化，面積大於挪威和德國加總，這項法律公然違抗盧拉的保育之說。

我們和維爾瑪道別，回到步行中斷的地方——皮蘭雅。當狹窄的電動船從寬廣的蘇里摩希河轉向較小的支流卡德隆河（Calderón）時，我們突然沈浸在青翠蓊鬱的叢林裡，一陣激動的感覺就好像見到好久不見的心儀女孩，河道兩旁糾結的長廊林垂在河岸上，那是藤蔓植物和鳳梨科植物形成的厚重垂簾，我的嘴角揚起，和喬互看了一眼，就好像回到屬於我們的地方，我又愛上了叢林。

從皮蘭雅村開始，我們再度投入步行，在休息一段長時間後，頭幾個小時總是特別不舒服，眞的很費力；我們的身心都鬆懈了，抗議我們加諸其上的壓力。

現在每天大約有百分之四十的路段走在淹水的森林裡，我們試圖遠離河道，從一塊高地跳到另一塊，但已經沒有繪有等高線的地圖，因此必須依賴當地人的建議和猜測，進度很慢，此刻一天只有五公里，但喬和我經歷過更糟的階段，因此對我們來說夠舒服了。

山姆就像先前的路克一樣，帶了一雙稍小的叢林靴，因此腳趾摩擦，腳趾甲在長期潮濕之下全都受感染，這讓他更加痛苦，他覺得自己處於一個不愉快又令人筋疲力盡的環境裡。

山姆的腳趾狀況很糟，我建議他離開探險休息一下回到塔巴廷加，休息幾天用些強力的抗生素對他無害——他身上有上百處的咬傷、割傷和瘀青，腳踝像老太太的一樣腫。

有趣的是此刻我和喬的身上已經沒有一點傷痕，這代表我們已經適應了行進的方式，因此不會跌倒、刮傷，也早就不再對叮咬起反應。我感覺和喬的關係比以往更緊密，我們以自己的方式平靜、有效率地持續前進。

離開塔巴廷加時我們都胖了，大家在經歷食物缺乏後都吃得過量，但現在面臨嚴重的卡路里攝取不足。山姆有項玩意兒是心跳監控器，儀器顯示他每天步行消耗六千卡，由於這不包含晚上、夜裡和清晨，可以保守估計他和我每天大約消耗七千卡，因爲我們重量相當，而喬消耗得少一些，因為他比較輕，但我們每天三千卡的飲食顯然讓所有人都嚴重攝取不足。

喬、我和兩名新嚮導安力奎、保羅離開**凡達維爾**（Vendeval）——山姆由此搭船——他們的眼裡閃爍聰慧的光芒，一開始就讓我很放心，之後更證實他們是好夥伴。與我們之前許多臨時隊伍一樣，因為他們是獵人，熟悉叢林，習於帶著獵槍走進叢林深處，尋找貘、大型嚙齒類動物如刺豚鼠或像臭鼬的蜜熊。

六月十六日山姆在殖民城鎮**聖塔利塔**（Santa Rita）歸隊，我們沒有意識到但其實已經從第一個保留區的另一頭出來了。我只因為聽說那些可怕的故事就對進入保留區充滿恐懼，這讓我非常氣憤。從現在起，我和喬對保留區越來越無懼，我們浪費太多精力在擔心受怕，當有人又要告訴我們危險將至，我們根本懶得聽。

說眼前的路看來充滿不祥預兆是太過輕描淡寫了，巴西的這部分區域有全世界範圍最廣的淹水森林。現在是六月，這段河流的水位到達最高點；河水流入巴西後，最高水位月份劇烈變動。我們預測洪水，規畫看似不可能的任務——沿河行走以換取進度。洪水造成兩大問題，沒有地方紮營、搭吊床或升火，此外行走的速度也大幅減緩。速度慢意味著每段路程耗時更久，因此我們需要更多食物，背包也變得更重。

幸好我知道大部分淹水的區域，美國太空總署的圖片以及Google Earth都清楚顯示，如果我們要待在亞馬遜河附近，就必須在此刻橫渡到南岸；把坐標（–3.564115°，–69.366513°）輸入到

Google Earth，試著在北岸規畫路徑，你可以看到水劃過去的彎曲疤痕，清楚顯示淹水範圍，北岸幾乎可以不用考慮了。我們必須劈出二十公里以上的路深入森林，和河岸保持這樣的距離，在河灣外圍行走。

我們都同意橫渡主河道，由於喬和我已經好幾個月沒有這樣做，我們很擔心要划行的距離；此刻我們有三艘充氣筏，但風險是可能會分散，到達對岸時分隔太遠，無法看到對方並且碰頭。河裡的浪像海浪一樣高，充滿鱷魚，我們的充氣筏只由一個氣室和輕薄的PVC材質構成，橫渡時在河裡出問題的可能性令人望之卻步，解決的辦法是從聖塔利塔雇一艘木船，像划加拿大獨木舟那樣，所有人搭同一條船到對岸，只花十五分鐘就走了一．五公里。

這一頭的圖庫納族人看到我們很驚訝，但一點都不具攻擊性，看得出來有些婦女還很怕我們，這個村莊撤退到洪水外的高地上，因此他們較少接觸主河道上的交通。

這個部落的主要交通命脈是一條十公尺寬的筆直小河，朝東北四十公里到**聖保羅德奧利凡卡鎮**（São Paulo de Olivença）。我們的計畫很簡單：一路待在這條河流東側的高地直到聖保羅，在那裡又接回蘇里摩希河主河道。從這裡放眼望去，蘇里摩希河南岸看來都能行走，儘管一路上必須橫越一些大支流，會遇上支流旁洪水氾濫的森林。導航的問題在於儘管巴西人有很棒的一比十萬全國地形圖，但他們不給我們；我們試過軍方、美國私人公司，但只能拿到河流的導航圖，這些圖也是一比十萬，這個比例適用於導航，卻沒有高度標示。我們唯一想要的就是緊跟著高地避開洪水，但地圖或圖片上缺的就是等高線，因此從地圖上看出高地的能力受到限制。

從圖庫納部落到聖保羅走了八天，第八天我們聽到音樂聲，喬老練地猜測在六公里外。一公里後，我們行經一個鄉下酒吧，裡頭供應酒還有烤肉爐大量烤著辣雞翅，我們喝啤酒，吃了一大盤雞翅，之後山姆和我與當地的孩子在酒吧後頭天然的泳池裡游泳。

從鎮上往東一百公里到**阿馬杜拉**（Amatura）的路程看起來簡單，地勢大都很高，我們沿著高起的地面行走，通常跟隨舊的牲口小徑或獵人路徑，經過小農場或牧場。

我和喬帶路的方法很簡單，我們每半小時輪流一次，領頭的人在自己的半小時裡做的決定，另一個人得確實遵守；我們總是會有許多選擇，但事實是，選那條路都沒有差別，因此喬和我有個不成文的規定，為了避免浪費精力，帶路的人說了算。

我不認為山姆幫得上忙，但他不斷質疑我們的導航決定，「我們為什麼要行經這裡？」他會這麼問我，我會為自己的決定辯護，如果他不同意會告訴我，但問題是，到了現階段，我和喬已經進入自動導航模式，從不用言語表達我們的決定，因此遭到質疑等同於受辱；更糟的是，喬帶路時（他從沒有讓我們迷過路），山姆堅持要我把他對喬導航的疑問翻譯出來，這又更糟，因為必須透過我，把不必要的挑釁翻出來讓我覺得很煩，也激怒喬，因為他的決定不斷遭到質疑。

現在我擔心兩件事：一是（一如往常）錢（或缺錢），另一個就是耗費的時間；我們的三個月巴西簽證馬上就要到期，別無選擇只能一路退回哥倫比亞的雷蒂西亞延長簽證。浪費的時間和金錢，還有我將這些後勤問題交給一個看來一點都不在乎的人（卡沃斯），讓我非常生氣。

很確定的一點是，被迫休息的結果是每個人都崩潰了，火氣都很大，連喬出了名的耐性也快磨光了；有一天他走在山姆和我身後一百五十公尺，拒絕說話，他已經到了忍耐的極限，不喜歡團隊的動態。

回到巴西這頭的塔巴廷加，在我們拿著新的三個月簽證重新入境時，聯邦警察告訴我們，唯一能拿到第三次延簽的方式就是返回英國，我們無法在哥倫比亞再拿到一次延簽。我把這個消息轉達給卡沃斯，他說在下一次需要延簽時，他會在瑪瑙斯試著處理，這聽起來很沒保障，意味著三個月一到，我們仍必須再次停止探險，而且這一次我們要往瑪瑙斯方向前進。

接著我收到卡沃斯寄來的一封信，引爆了一場永無休止的爭吵；他寫信給我，附上一份我在瑪瑙斯時的建議拍攝行程，包含在歌劇院拍攝，以及一些和我無關的事，由於當時金錢和簽證讓我備感壓力，我回了下面這封怒氣沖沖的信件：

好吧卡沃斯：

我想你誤會了這場探險，我沒有攝影行程，也沒有團隊。我是一人團隊，基本上要拍一部勇敢的紀錄片，紀錄兩年來辛苦的步行。我沒有必要拍攝瑪瑙斯，我不是布魯斯派瑞（譯注1）！

譯注1：Bruce Parry，英國探險家暨電視節目主持人。

還沒有任何廣播公司委託我，所以沒有錢。

簽證才是我擔心的事，也是我唯一要你幫忙的事……。

短期的三個月簽證沒有用，因爲當我們需要延期時，我們在叢林裡；此外，在我進入巴西時，有人告訴我延簽一次後，就不能再如法炮製，因爲這一年我只能在巴西待六個月！我眞的需要整場探險期間待在這個國家的全程簽證。我預計在耶誕節抵達瑪瑙斯，在二〇一〇年七月抵達貝倫杜巴拉（Belém do Para），我禁不起這場探險以失敗告終只因爲沒有搞定簽證。我已經付你一千五百英鎊——需要你一勞永逸地解決這個問題。

我們以不正當的方式行經國家印第安基金會區域，我從未取得基金會的正式批准，但我們靠著賄賂和替酋長買瓦斯爐通過！這樣不夠好，卡沃斯，我們希望經由你這種專業人士，讓我們完全合法。

我要你做的是一勞永逸地解決簽證問題，我之後不會再通過國家印第安基金會區域，因此這已經不是問題，只要賈迪爾（喬）和我的簽證。

謝謝。

愛德

七月四日我收到卡沃斯的回信：

愛德

那封信不是要給你的，我正在處理另一件案子，那個人也叫愛德。

請不要再把我當狗一樣和抨擊我的工作，我會發動我的律師對付你。

卡沃斯

威脅要採取法律行動，讓我對卡沃斯絕望。這場探險變得如此停滯不前，都是因爲來來回回辦理簽證延期，他並沒有如我希望的方式幫助我。抵達瑪瑙斯之前，我們前方隱隱逼近的廣闊叢林令人卻步，我不想再這麼消極。

回到邊境行經機場時，山姆接到消息，他的武術學校在接手管理的人手中出問題，他花了幾年的時間成立這些學校，他覺得自己責無旁貸必須回英國處理。我們也都體認到這個三人團隊多了一人，從現在起，喬和我自己走會更好。我的西班牙文已經進步到足以和喬自在地聊各種話題，這表示不再需要從外面找朋友進來。雖然山姆和我討論過再回來的事，我想這事應該不會發生。

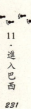

但這並不是在詆毀山姆——他在我仍掙扎著振作起來時帶來新的想法和能量，他已經完成他的任務，這場探險也因此而有所開展。

喬和我有一套運作系統，但非常微妙，很容易被新成員打亂。從那時起，我不再尋求喬以外的叢林夥伴——他完全瞭解我的目標。我們並沒有慶賀山姆離開，但默默地滿足於我們兩人形成的簡單動態。

12 飢餓

在秘魯，住在亞馬遜河流域的當地人，沒有太多接受教育或外界思想的管道，因此我成了「削臉人」，我們是人體器官走私犯，在我們經過時會以食指繞著他們受驚嚇的臉畫圈來表示。在巴西則有另一種關於外國人的迷思——他們怕我是「corta cabeza」（字面上的意思是割頭的人），圖庫納人用食指做出割喉的動作。

這類故事有各種版本，但有許多版本都提到天上有耀眼的強光，以及死者頭部被割下的離奇死亡事件。他們對白人有種根深蒂固的恐懼和不信任感，讓步行再度令人不安。

當一名原住民女子對著我們吼叫，說我們不該在此、我是「割頭人」時，我差一點在探險中第一次對原住民婦女動怒。我認爲這是一種可怕的辨識，我們又要經歷一段人們畏懼我們，直到我們證明自己並不可怕的時期——加上在秘魯受夠了這一切，對這種無知失去耐心，幾乎要讓我崩潰。在秘魯那幾個月的疑懼，是我想忘掉的黑暗記憶。

我和喬新找回來的正面積極一整天都被破壞了。很難解釋揮別秘魯那種無知的恐懼有多開心，在哥倫比亞人們以溫暖的微笑歡迎我們簡直棒透了，看到這種問題捲土重來，我們倆彷彿腹部被重重擊了一拳；我們應付得來——這無疑和原住民過去在殖民統治下遭受的待遇有關——但很遺憾這種恐懼還存在他們的生活中。

二〇〇九年八月初，我和喬徒步抵達阿馬杜拉，而最值得注意的是水位下降許多，位在高處的城鎮，大片的泥灘上現在有許多船隻擱淺在水位線之上。喬和我看到我們的第一個亞馬遜洪水季過去的跡象，咧嘴而笑——眞是一個不尋常的洪水季，多年來最嚴重的一次。現在土地會變得更堅實、河水水位降低，我們必須在這些有利條件下多加利用，在十一、十二月水位又開始上漲之前盡快趕路。

喬和我靜靜地喝著啤酒，把地圖攤在桌上，冷靜思考前方的路徑。我們前方的蘇里摩希河有個大河灣，從阿馬杜拉向北彎到豐蒂博阿（Fonte Boa），就像個大型的雲霄飛車，接著再彎回南邊到特費鎮（Tefé），問題在於這條路徑經過許多人口稠密的地區，我們現在沒有錢，負擔不起食物、住宿或當地導遊。由於又只剩下我和喬，我們對彼此的能力有新生的信心，因此做出一個在我腦海中盤算已久的大膽決定，我的想法是從阿馬杜拉到特費取直線穿越河灣，直線距離約有三百五十公里，我預估這段路程要走兩個月，整整兩個月後我們才會再看到主河道。這代表了幾件事情：我們會避開往北位於河岸兩側的城鎮和村莊，接下來兩個月幾乎孤身在叢林裡，重點是非常便宜。

事實上意義不只如此：我們的探險將進入截然不同的層次，不再只是行經一個又一個部落，距離主河道只有一步之遙，擁有撤退的安全保障，我們將會完全孤立在雨林中，一切都要靠自己，不會有船、直升機或醫療團隊，也不會有緊急外撥電話到叢林；我們的保險配套中的確是有四名艾克斯梅德的醫生在我們發出危難通知後，十六小時內由赫里福郡（Herford）前往我們所在的任何地方，但保險已經快失效了（因爲我們耗費的時間），我們沒有錢續約。

如果遇上問題，就得自己解決，別無他法；計畫很簡單：撤退的方式就是用走的，或者扛著傷患到充氣筏可以航行的最近大河，往下游划——必要時拖著傷患的充氣筏——直到抵達有船和馬達的村落，接著付出一切必要的代價到最近的醫院——也許升級到更快速的船。一旦到了醫院，巴西人會免費救治我們，我們已經測試過了，因此只要能到達那裡就沒事了。

然而危險的是，在偏遠地區有時候距離上一條可航行的河道是五天，到下一條也是五天，如果其中一人重病或受傷，就不只五天了，要是其中一人不能走，那就不可能辦到了。我們慎重地討論過這個問題，如果需要緊急醫療救助時身處偏遠地帶，有可能會死，我們是否準備好接受這看來無法接受的風險？「當然。」喬毫不畏懼地說。「我也是。」我微笑道。

我們的想法是帶大量食物，但嚴格配給，每天吃限量的木薯粉，挺進能負荷的距離。我們不再帶鮪魚罐、煙燻保存的肉類或沙丁魚，這樣可以少背更多重量，如果想吃動物蛋白質只需去捕魚。

我們不斷聽到關於住在遠離河道的兇猛部落的故事，不確定經過這些部落時會發生什麼事，會不會像住在河邊的部落一樣文明？是否讓我們通行？目前喬和我對於少與外人接觸的部落很有信心，我們聽過太多誇張的故事，我們可以應付，也必須應付。

我們要進入的地域，遇上大型亞馬遜生物的可能性大增：巨蝮——世上最大型的響尾蛇；黑凱門鱷——南美洲最大的肉食性爬蟲類；成群有著長獠牙、攻擊性強的兇猛野豬；神出鬼沒的美洲獅，當然還有雄壯的美洲豹。

在我天馬行空地想像著我們企圖要進行的探險時，腎上腺素上湧流竄全身，要用上至今所有的知識和經驗，很快就會知道我們在叢林裡是否像現在自以爲的那麼能幹。

我們向當地的國家印第安基金會基地申請進入當地圖庫納保留區的通行證，接著租一艘獨木舟進入保留區，到邦巴斯圖（Bon Pastur）村尋找嚮導。帶給村長的禮物是我們用過的摩托車乾電池，這看來也許是個奇怪的禮物，但我們知道在發電機關閉時，晚上用來點電燈很方便，而且我們從未以高高在上的姿態送禮，在秘魯時我就常看到喬把半罐溫熱的印加可樂送給酋長。來自部落的兩名圖庫納人威爾森和瓦第爾同意陪我們一路走到特費，威爾森胖一點，比較西化，帶著友善的微笑而且很健談，瓦第爾則是十足的狂野亞馬遜原住民，皮膚較黑，身材精實，堅毅的身軀沒有一絲贅肉；瓦第爾很少和我們說話，但我很高興有這種硬漢外型的人和我們一起走。他們兩個同意隔天在阿馬杜拉和我們碰頭，喬和我回到鎮上準備。

那個電池是我們充筆電用的，不太有效率又很重，因此把它送人，而且也將卷式太陽能充電板和變頻器放在置於塔巴廷加的備用背包裡，這表示現在必須依賴村裡的發電機充所有電氣用品，而在村落之間，我們必須謹愼使用所有電器以保存電力。

如果你的叢林探險每天都在移動，我建議不要用太陽能充電。我們有四片六呎的卷式太陽能充電板，就像一卷銀箔紙，我們會把充電板攤在稀有的林中空地上，但必須在林間追逐著那一丁點有太陽直射的空地，因爲陰影每天都在移動，所以充電速度其慢無比——如果眞的能充到電的話。事後看來，我會選擇較不耗電而且比兩公斤Macbook還輕的電腦，自我啓程後，科技日新月異，現在的探險可以使用十二伏特電力的掌上型裝置寫部落格，還包括編輯影片——但我們的計畫在iPad問世之前就已完成。

喬和我聊到兩名圖庫納嚮導的費用，如果他們全程一起到特費，就必須付船票錢讓他們回家。我們負擔不起，因此問他們可否只陪我們前十天到**波多賽格羅**（Porto Seguro）村莊。這麼做並不是好主意，然而在沒有當地嚮導的情況下，進行最偏遠地區的冒險吸引著我們；我們剛形成很互補的工作夥伴關係，任何人加入都有可能打亂。

喬爲我們買補給，但這次是經過兩人擬定詳細的清單和細心的分析，每樣東西都詳加計算以減輕重量，好讓我們走得更遠。我們負擔不起奢侈的食物（巧克力、燕麥、花生等等），就算找到支流，也負擔不起搭船先行考察。

喬和我並不覺得我們的處境很可悲，財務狀況只代表我們將經驗一段難忘的歷險。當然我會擔心如果繳不出房貸，房子會被查封，但就探險而言，我們有辦法解決——在可預見的未來，我們必須以吊床爲基地，更加依賴釣魚和覓食以保持健康。在未來兩個月內，如果經過規模夠大的部落，有簡單的旅社，我們也會直接通過，因爲負擔不起。

在出發之前，我還必須採取行動扭轉財務困境，儘管還夠支付未來兩個月的開銷，但我必須體認到ＪＢＳ有可能再也無法贊助我們了——撇開經濟衰退對他們的影響不說，他們已經非常慷慨，總共花了三萬五千英鎊。我必須尋找其他的贊助商或捐款人來資助這場探險，否則到了特費，我們可能必須承認失敗，因爲缺乏資金而打道回府。

我在線上發出請求，請網友尋問他們的公司能否提供贊助，並在PayPal網站設置捐款按鈕，問讀者能否捐錢讓探險得以繼續。從學生時代就認識的好友喬治和我母親芭芭拉在幕後爲我大力奔走，和人談此事、寫信，試著爲我募集急需的資金，我們家的朋友都被問過了，而他們能想到的補助金/贊助金也都申請了。

我和喬還有兩名圖庫納人在八月七號離開阿馬杜拉，想著我已經盡我所能排除財務困難，只能希望這些努力會有成果，並且體認到我必須專注在眼前的這三百五十公里叢林路，直到再度見到主河道。

從邦巴斯圖部落來的兩名圖庫納嚮導威爾森和瓦第爾很快就跟上步調，我們進展得很順利，但我可以感覺到他們並不十分享受這趟旅程。

第一個目標波多賽格羅距離阿馬杜拉八十公里，但它不在我們一比一百萬的航空地圖上，我們在國家印第安基金會辦公室裡某人的地圖上看到，因此用鉛筆把它標在我們平板的白色地圖上，後來又在一個學校的地圖裡看到它在別處，也把它標上去，可笑的是這兩個代表波多賽格羅的鉛筆記號在我們的地圖上相距三十公里（三到四天的叢林路程），希望其中有一個是正確的。

我們走在亞馬遜叢林裡，完全不知道何時抵達下一條河流，特意在相機袋裡裝水當做儲備，希望在區域內能找到有倫敦中心大小的部落。

我更關注的是我之前的軍士長馬克．赫爾（Mark Hale）寄來的電子郵件，他現在還在服役，告訴我我之前的軍團（現在是第二營步槍隊）正在阿富汗值勤，已經有十三人死亡、九十人受傷，他們還有三個月的值勤期。這對任何單位來說都是很大的損失，而且他們還要繼續戰鬥下去，也讓我理解到，我的探險相形之下只是扮家家酒。

八月二十日，在一天走了九公里後，我們闖入一片老田，視線因爲突然能看向遠處而晃動，瞳孔在耀眼的陽光下收縮，已經七天沒有看到任何人跡——沒有小徑、沒有砍下的枝葉，什麼都沒有——因此當我們看到成堆甘蔗時，便往發燙的路面一坐，我急著啃甘甜的蔗棒，咬斷了假牙，我坐著一邊想距離牙醫有多遠，甜蜜蜜的汁液一邊留下我滿是鬍渣的下巴。

就在我們咬著甘蔗補充肌肉肝醣儲積時，聽到小電動船振動的聲音，我們知道已經靠近人煙了；抹了抹嘴，尋找離開這片空曠地的出路，很快就發現一條通往東邊的小徑，小徑越走越寬，兩名圖庫納人走在前頭，這樣他們才能先遇上人，我們通過一座小原木橋，已經可以看到遠處有茅草屋。我們直接走進部落，對驚訝的居民微笑說「午安」，他們沒有訝異太久，歡迎的方式和外界並無二致也很熱情；這些人不是圖庫納人，而是巴西印第安人和白人混血的後裔，遠離蘇里摩希河，在森林裡的小漁村過著簡單的生活，靠小河維生，他們說我們在波多賽格羅。

我在地圖上標出位置，誤打誤撞的運氣讓我暗自發笑；我們往東行進，有時用羅盤，有時只靠太陽，八天後，直接走進目標部落。好笑的是，我們地圖上的兩個鉛筆標記各在反方向的二十和二十六公里處。如果我們確實知道自己往哪裡去，這麼精準的機率反而微乎其微——不過沿著主要小徑走，完全不知道這個部落在此也夠驚人的了。就像許多其他時刻一樣，即使我沒有宗教信仰也都覺得彷彿受到眷顧，我不禁開始思考我們接連不斷的神奇運氣。

然而瓦第爾和威爾森並不喜歡這趟步行，他們疲憊不堪，覺得負擔太重想回家，反正這也合我們的心意，我們負擔不起一直留著他們，因此租了一艘船，從村裡送他們回去。我不知道爲什麼喬和我接著又在村裡到處找嚮導——可能是出於習慣——但沒有人想走，他們是漁民，從未進入叢林。他們住在比我或喬至今走過的都還偏遠的地方，卻從未踏入叢林，這令我相當意外。反正這樣也行，讓我們更容易接受從現在開始都要靠自己了。

波多賽格羅村對我們很好，帶我們住學校，給我們食物，並且和居民聊到他們所知甚少的前方路途。走了八天後，我們都很疲累，因此決定第二天休息，我懶散地躺在吊床裡，在剪短的短褲縫上一條摺邊，喬則受邀去釣魚。

波多賽格羅村民和我們揮手道別，還開玩笑地挖苦我們會被美洲豹吃掉。下一個目標是一條較小的支流裡奧濟紐河（Riozinho），估計是六天的路程，我們知道河上有許多部落，但是不知道在哪裡。

離開波多賽格羅的林地上滿是泥巴，這個地方直到最近都還浸在水裡。想像一個地方，裡面充滿糾纏、疙疙瘩瘩的樹根和濃密、刺網般的荊棘，以及拖著你下陷的泥巴，舉—步—維—艱，接著想像這種路況不知道何時才會終止，一小時？四小時？還是四天？

這段行程的第二天，我幾乎可以稱得上恐慌發作，感受到一股強烈的幽閉恐怖感，不只是因爲無法從環繞四周的封閉深綠色植物屏障中突圍，更不知道這種地勢何時會改變，這是我們至今穿越過最封閉、最困難也最令人不快的森林。我們找到幾塊高地——事實上算島嶼——在夜裡紮營，但無法釣魚，因爲沒有河，只有泥巴、荊棘、蚊子和馬蠅。

我們花了五天才離開這個濕季時河水氾濫的區域，不是五天抵達下條河流或下個部落，而是五天才離開圍繞著波多賽格羅的河邊叢林。

喬和我的相處越來越融洽，我會幫他上基礎英文課，我們用西班牙文聊得更久也更深入，在和他只用西班牙文交談了十一個月後，他的第一堂正式課程讓我發笑：「愛德，當某樣東西多數時，要加s。」我們看過太多人來來去去——嚮導、攝影師、記者、朋友——但唯一不變、可靠的存在就是彼此，我們開始體認到這點。

雖然喬和我裝作若無其事，但其實我們對於兩人團隊所背的重量相當震驚，現在我的背包重達三十八公斤，他的僅少一點，約三十五公斤，當努力揮著大砍刀穿越濃密叢林時，那是相當沈重的負荷。喬的體重只有六十公斤，因此他背負超過體重一半的重量，但我們必須確保有足夠的食物撐到下個部落。

這個重量對喬而言最終究還是太重了，他的腳踝嚴重扭傷，扭傷在多數情況下是件麻煩討厭的事，但在我們的處境卻可能危及生命。我從他身上移除一些重量，他也很勇敢地繼續下去，但震驚於此時此刻一個傷勢對我倆造成的嚴重影響，讓我們更加留意行走以及跳下倒落大樹的方式。如果我們當中有人無法行走，那可就有大麻煩了，因為我們都未曾身處如此偏遠的地帶。

八月二十七日我們經過下一條河流——裡奧濟紐河——再一次碰上令人難以置信的好運，直接走進部落裡，儘管沒有商店，不過困惑的村民賣給我們八公斤木薯粉、二公斤鹽和三球蒜頭，總價十七里拉（不到四英鎊），希望這些夠撐八天，這就是我們持續前進所需要的——碳水化合物和鹽；只要能找到夠大的河釣魚，喬和我就沒問題了。我們在裡奧濟紐只停留二十分鐘，兩人都不想再多停留，我們比以往都更覺得屬於叢林，漸漸地我們避開人群。

有一天在裡奧濟紐河對岸，我們發現一座牛軛湖，決定休假一天；我們可以釣魚，喬的腳踝也可以休息，一天不走路兩人都受益。

這座湖極美，完全孤絕呈豆子形狀，四面八方環繞著垂進棕色水裡的藤蔓簾幕。我們的營地舒適地位在水位之上，因為水退了，而且湖中的魚非常密集；喬拿出充氣筏，帶上魚鉤和釣線，平靜地釣上一條又一條的魚，我帶了另一艘充氣筏，在靠近岸邊陰涼的淺水處拉起刺網。這種網子非常有效率，在英國是非法的，魚游進洞裡就被卡住了——就這麼簡單；在離開網子之前，我甚至取出幾條水虎魚，湖裡的魚顯然很豐富，這意味著我們會抓到比一天能吃的份量還多的魚。我做了乾燥架放在火上，這一點也不複雜，只有四根Y形柱和幾條橫木，以及許多細綠枝當做烤架，架子大約有一公尺高，因此只煙燻魚而不會煮熟。其實我是在實驗，曾在別處看過別人這麼做，但從未仰賴它成爲我們唯一的蛋白質來源；接著我整個下午都在進行工廠般的流程，從網裡取出魚，把喬釣的魚也拿來，去鱗片、掏內臟、抹鹽，然後均勻地煙燻。當鹽巴揉進擦傷傷口時，我的手一陣刺痛，短褲上黏滿魚鱗和魚血。

一天漸漸過去，我穿著短褲和卡駱馳鞋料理魚，夕陽從湖的另一頭在我身上灑下溫暖的橘紅色光暉；沒多久喬不再釣了，因爲我們已經有太多魚，不確定能再帶走更多。魚上了綠枝烤架後，我們就蓋上新鮮的葉子，在燻製的過程中讓熱和煙循環。

我們在乾燥架下煮飯，喝了豐盛的魚湯配木薯粉，就休息和儲積蛋白質來說，這是重要的一天，但也許更重要的是，這顯示我們沒有原住民嚮導也能好好地存活到現在。臨睡之前我們查看煙燻水虎魚，嚐了一下，眞是美味，很鹹，而且像牛肉乾一樣乾，在未來幾天這會是很棒的點心。

隔天早上我小心翼翼地揭開已經乾脆的葉子，眼前是三十條我見過最漂亮的煙燻魚，這原本可以大大提振士氣，但卻發生一件意外，我的充氣筏停泊在水邊一夜，被劃破八吋，我沒找到兇手，但懷疑是鱷魚。接下來要走八至十天到下一條河，我們認為河上也許會有部落，而我的船完全無法行駛，這些充氣筏不光是用來橫渡河流而已——現在只有我們兩個，可以只用一艘充氣筏的情況下渡到對岸——更戲劇性也更切中要點的是，充氣筏是撤退的交通工具，而現在沒有醫療保險、只剩一艘充氣筏的情況下，我們是在走鋼索。

走了一星期、過著有煙燻魚和充足木薯粉的好日子之後，喬和我的運氣用完了；九月三日，抵達下一條目標河流米納拉濟紐河（Minerazinho），但是這次並沒有直接走進任何部落，因此必須去找。

我們從充氣筏的維修工具裡用了十三片腳踏車內胎補丁修補裂縫，補丁之間稍微重疊，這足以讓我小心划行，但我每十分鐘左右就要用嘴吹一下氣。在我們往下游的路上，我以為聽到狗吠聲，結果只看到兩隻水獺棲息在一段原木上，牠們隨即跳進水裡，但我看到更多，算一算總共六隻，我們打散了牠們，有些在上方，有些在下游，生氣地對彼此呼喊，嚎叫時高高伸出水面。牠們沒有逃開讓我懷疑附近有部落，這些水獺似乎沒有因為我們的出現受到驚嚇。

划了兩天後，直線視距只走了九．三二公里，我的充氣筏又開始嚴重漏氣。我們完全不知道下游是否有部落，現在到河口的直線距離是一百五十公里，在那裡會接上蘇里摩希河，以這種速度要划上一個月。

現在只有一條出路，我們必須把充氣筏消氣，走回兩天前抵達的地點，在沒有補給的情況下繼續前進。划充氣筏尋找讓我們的旅程多花了三天，我檢查木薯粉的存量，發現只剩下四杯——一千八百克。我看著地圖找到一個標示的部落——**馬魯哇**（Maruá）在我們東方六十五公里處，估計要走八天，因此我們把木薯粉分成八份，這樣才不會耗盡。這使得我們兩人每天分二百二十五克——每人每天四百五十卡——連續八天每天的熱量比一塊貝果還低。

我們又放了一天假，試著盡可能抓魚，但這條河不像那個牛軛湖，沒那麼容易捕魚。我們弄丟了鋼絲前導線，這是防止水虎魚從魚線上咬掉魚鉤的必備品。喬不是輕言放棄的人，他用我的雷德曼（Leatherman）工具鉗組，在火上巧妙地將縫衣針鍛造成鍊，現在他又可以用魚鉤和魚線釣水虎魚了。我們吃燈芯草當午餐，下午喬被水虎魚狠狠地咬了一口，食指被咬掉一塊皮，他太漫不經心了，沒有謹慎地從魚頭後方抓魚，把食指放到魚口附近，這種錯誤不能再犯，鋒利的牙齒劃破他的指尖。喬並不擔心那個傷口，填飽肚子的問題才更讓我們煩惱。即使在出發之前，我們的能量就已經很低了，而且實在沒有足夠的食物讓我們得以用同樣的方式繼續下去。

離開米納拉濟紐河時，我們帶了大約十二條煙燻淡水水虎魚和七天份的配給木薯粉，我們不斷在林地上尋找水果和堅果，偶爾會發現富含營養的巴西胡桃，吃了十分鐘後，將剩下的打包當晚餐，然後繼續前進。伙食最好的時候，我們吃的是當季水果和堅果，一天的熱量也許達二千卡，但我們每天消耗超過五千卡的熱量。多數時候一天只吃配給的四分之一杯木薯粉，再無其他。

我們兩人的體重都直線下降，除了食物，無暇思考其他事情。我晚上睡不著，躺在吊床上幻想著法式小蛋糕和厚膩的烤餅；早上起床像殭屍一樣，嘲笑自己日漸消瘦的身體，每當要吃那一小份配糧木薯粉時，我們都必恭必敬，用餐幾乎變成了一種儀式，也是一天當中最重要的事。木薯粉的口感像大豆蛋白，呈黃色顆粒狀，每個小顆粒都成了我們的金塊，我們每一湯匙配一點鹽巴細細地品嘗。

採取嚴格配給的第五天，下午兩點左右，偶然經過一條美麗的小溪，儘管那天的行程尚未結束，我倆都看到釣魚的契機。我把刺網放進三公尺寬的小溪，不一會兒就抓到六條大小適中的魚，我們無法錯過這條夢幻小溪，因此決定今日步行到此爲止，開始紮營。喬用竿子和釣線，我則用網子收成，我們兩人都大豐收，漁獲全進了鍋，我們吃了三鍋魚肉湯，直到吃飽爲止，那滋味眞是妙不可言。魚肉的油脂漂浮在肉湯上，當食物進肚時，我們的胃發出嘆息，彷彿重獲新生，脂肪立刻被吸收，我們的腦子重新動了起來。光是吃東西就讓我們興奮不已，我們實在太餓了，根本沒想到要煙燻這些魚，只想完全補充營養，不過還是留了些到明天早上，飽足地酣然入睡。

在第八天，也是配給的最後一天，我們在早餐時吃完最後的木薯粉，知道必須走漫長的十二公里路到達馬魯哇。叢林再度變得泥濘、盤根錯節，因爲這是前方茹魯阿河（River Juruá）的淹水森林，這意味著我們原本應該會很慢，但因爲背上沒有食物，加上終點在望，我們以驚人的速度突破矮小的黑樹叢。

晚上七點，我們已經通過了地圖上標示的坐標，而且整整超出一公里，在意識到這裡沒有村落後不禁垂頭喪氣，我們還一整天嚴厲鞭策自己趕在日暮前抵達。現在天色全黑了，我們已經幾小時沒有看到水，決定拿出吊床睡覺，甚至沒有在矮樹叢中清出一塊空地，各自找了兩棵樹拉起吊床，沒吃東西、沒洗澡就上床，皮膚上骯髒的汗垢讓那晚既不舒服，也令人心灰意懶。我們從幾乎見底的水壺喝一小口水，試著入睡。

到了早上，經過一夜睡眠，我們打起精神，在附近找到一些棕櫚果，那是一種有橘色柔軟果肉的果實，隱約有股令人作嘔的氣味，搭配最後一塊水虎魚乾。我們喝著殘存的棕色水，因爲那來自水坑而不是河水，別無選擇只能繼續向前。所有能吃的糧食只剩半公斤鹽巴。

對我們來說——沒洗澡、疲憊不堪、飢餓——那個早上體現了我內心深處希望在探險中體驗到的。我們距蘇里摩希河（亞馬遜河）主河道一百五十公里，下一條大支流茹魯阿河在二十五公里外。過去八天，每天不足的熱量超過三千卡，但我們沒有其他選擇，只能將實情擺一邊，繼續如常地前進。多說無益，沒有抱怨，沒有分析，只需繼續向前，而內心深處我們預期會沒事的。

由於沒有河流，因此我們整天吃棕櫚芯，第一次嘗試在叢林尋找碳水化合物的來源成功了，但必須吃很多這種沙拉蔬菜才會飽。事實上，棕櫚芯成了我們的救星，通常我們不會砍下它們，因爲要取得樹莖高處的內芯必須砍掉整顆棕櫚樹，以我們目前虛弱的狀態，用大砍刀砍下棕櫚樹很費力，但裡面的白肉是我嚐過最棒的沙拉蔬菜，不過種有棕櫚芯的林地相當零星，因此我們密切留意樹頂，尋找這種獨特的紅色樹莖。

喬現在看起來像個羽量級的拳擊手，而我也從沒掉過那麼多重量，我通常維持在九十二公斤左右，這段路程出發之前掉到約八十八公斤，等到再度抵達蘇里摩希河岸時，我只剩下八十一公斤。我們經常跌跌撞撞，血糖狀況不穩定，在意識不清的狀況下被尖刺植物刺傷。

第二天情況好轉，喬輕易地就抓到一隻約十公斤重的烏龜，當時是早上，我們不能浪費時間停下來處理牠，只好帶著上路，輪流將這隻鉛錘重的活生生動物塞在背包上方。

我們終於抵達一條較大的河流，這是一週以來首度看到河，我開始肢解這隻烏龜。我之前看過波魯加和亞歇寧卡人宰殺烏龜，因此知道怎麼下手，但沒想到是這麼可怕的工作。如果你不習慣宰殺動物，烏龜不是理想的入門，必須把牠翻過來背著地，劈砍腳洞之間的龜殼，直到底部鬆動，接著像豆子罐頭蓋一樣掀起來，只除了底部還連接著仍在殼裡的烏龜，必須用大砍刀切掉。在宰殺烏龜之前，必須脫掉底面的龜殼，我抓著現在毫無反抗能力的頭部，盡快剁掉殺了牠，在切下其餘的肉和移除內臟期間，牠的身體還不斷抽動，我把所有東西清洗乾淨，並且用翻轉過來的龜殼當碗，把烏龜切成條醃漬。喬做了個乾燥架，我們有了一堆肉在火上燻製，士氣大振，因為食物有著落而興高采烈。

我知道有些人會因為宰殺烏龜感到震驚或難受，但我認為必須考慮到當時的情境以及我們只靠一點食物走了多久。在自然狀態下，人類是雜食性動物，在叢林裡，如果我們善加利用自然界賦予我們的資源，就能生存，儘管宰殺烏龜的激烈過程是種折磨，但我不會裝作我很難過——這是自然的生存方式，烏龜是我們食物鏈的一環。我看待動物的眼光開始和當地人一樣——不再當牠們是必須保育的珍禽異獸，而是食物。

早上我們走路渡河，那條河大約四十公尺寬，但很淺，我們要跨越的那小部分很簡單。一踏上彼岸立刻感覺到這附近有人，小徑變成泥土路面的伐木路徑，我們沿著走，希望能通往人煙。整個早上只吃了烏龜肉乾，除了棕櫚芯，超過三天沒有吃到任何碳水化合物。

下午一點左右，我們看到山坡頂上有間錫屋頂的木造小屋，立刻直奔而去。當我們接近時，一名婦女走到門口，我向她解釋我們正在進行的旅程，我不知道自阿馬杜拉後在叢林裡連續待三十七天看起來像什麼樣子，那名女子叫她正在製作木薯粉的先生來和我們說話，當告訴他們我們從哪來，他們非常驚訝，說就他們所知，以前沒人走過這樣的行程。他們正要吃午餐，邀請我們共進。

我們把背包丟在屋外乾熱高溫的淨空坡地，沿著梯子爬到位於支柱上較涼爽的小木屋，裡面沒有家具，只有一大鍋魚湯擺在地板中央，一塑膠筒的木薯粉，剛做好還是溫的，以及一疊玻璃盤。女主人給我們每人盛了一盤湯，我們坐在地板上和孩子們一起，他們看著我們狼吞虎嚥的吃下第一盤，接著第二盤、第三盤，我知道那天早上已經吃過烏龜乾，但累積下來的碳水化合物限量供給以及缺乏卡路里，讓我們的身體依舊感到飢餓，我們不斷地吃著木薯粉；回想起來，我懷疑那時吃的木薯粉和在巴西其他地方吃的沒有任何不同，但當時我和喬就是停不下來，它有最棒的溫熱口感，和肉湯一起吃是我吃過最美味的佳餚。品嘗食物最好的方法就是在吃之前飢腸轆轆，的確沒錯，我此生不會忘記這一餐。

下午三點左右，這家人和我們道別，也指出茹魯阿河的方向，要走三十公里，預計要花四天。我們向這家人買了足夠撐過這次的木薯粉，也買了好幾週以來沒吃過的咖啡、奶粉和糖等奢侈品。

接下來幾天我們見到整趟探險中最可怕的叢林：低矮糾結的雨林，樹蔭不到六公尺高，扭曲盤錯的黑色枝幹擋住我們的去路，每一步都濕悶難行，泥足深陷至大腿，抓到的每根枝條都佈滿尖刺或螞蟻。現在是乾季的高峰期，我憂懼地想著一年中的其他時節裡這片森林會是什麼樣，我猜應該完全不能通行，這證實了我從阿馬杜拉抄近路穿越河灣到特費是正確的決定。

我們的進度非常緩慢，有一個早上前進不到四百公尺。在山坡之家得到虛幻的希望後，我想著我們已經大功告成，抵達**茹魯阿市**（Juruá Ciyt）——我錯得離譜。

這段距離花了六天，是我記憶所及最艱困的六天，每一步我都恨，不再喜於探險的悸動，也不處於求生模式。我受夠了，讓自己自憐自艾，而且整天都氣呼呼的。

聽到船的馬達聲兩天之後，終於看到前方的日光。和我們離開蘇里摩希河後所見景物相比，茹魯阿河非常寬廣，穿過森林刻畫出令人驚嘆的峽谷，河道不斷改變，無情地將棕櫚樹、硬木樹扯離地面。

儘管缺錢，我還是入住茹魯阿市最好的旅館，以西方標準來說並不豪華，但我和喬都各有一張雙人床和空調，歷經四十多天行走於肯定是世上最難行的雨林之後，這是宮殿。

茹魯阿河標示了到特費的路途已到中點，茹魯阿「市」是個潮濕悶熱的叢林城鎮，木造商店坐落在罕見的土墩高地上，俯瞰低矮、綠色蔓生的亞馬遜盆地。如果有人戴著闊邊高頂氈帽，六發式左輪手槍低掛在身上，騎著一匹叫做席爾佛（Silver）的馬快步進城，他就能完全融入此地，只要他還說一點葡萄牙文的話。

走出探險的饑荒進入過度的文明，兩者間的對比相當強烈，我看見一個沒有超重的當地女孩，但城裡其他人看起來就像是懶惰和貪婪的化身。

我們也沈溺在這兩項原罪中，我體內本應阻止我大吃大喝的調節器故障了，像是坐雲霄飛車，在飢餓和病態的暴食之間擺盪。在我們奮力地吃著奶油蛋糕和雞蛋三明治時，我們的身體希望再度儲存一些脂肪，就好像剛從集中營解放出來一樣。

13 「有就有，沒有就沒有」

我在茹魯阿市的旅館房間裡，將蚊帳弄一個小孔穿進區域網路電纜，蚊帳外，我把全球寬頻衛星行動通訊盒平穩地放在附近的牆上，朝西方瞄準遠在天邊的海事衛星公司（Inmarsat）同步衛星，一連接上，我在這個從未聽過Google的小鎮裡就擁有全亞馬遜最快的網路。我決定當我在城裡時，可以花點錢使用珍貴的頻寬，查看新聞以及連上英國廣播公司網站，搜尋著上個月的新聞。

我讀著「軍人救同袍身亡」，接著全身發涼，不可能，馬克．赫爾——我在軍隊的第一個軍士長——那個寫信給我提到軍團在阿富汗死傷的長官已經死了，就在八月九日寄信給我的四天後，他在阿富汗聖金（Sangin）附近幫受傷的同袍移到安全地點，結果被炸死了。

我知道他有個太太名叫布蘭達，還有兩個女兒，雖然我從未見過她們；我只能坐在床上承受這哀傷的消息，就像多數人一樣，我們並沒有保持聯絡，但我贊助他最近在網路上發起的一項慈善活動，從那之後我們有過幾次信件往返。

我一直很高興能和馬克再度取得聯繫，他能鼓舞人心，受到許多人尊敬，身爲一名年輕軍官，在我父親死後給我很大的影響。馬克長得俊秀、身材健壯，是個橄欖球員，在服役時取得心理學碩士學位。當我在叢林裡努力振作時，我有時會想到馬克，他會怎麼沈著、幽默和智慧地處理這些狀況。在漸漸接受這個事實之後，我對於在他死前能和他有這麼一點聯繫感到榮幸。人之將死方才徹悟生命中珍貴的事物，突然間，缺乏食物、在荊棘樹叢間擦得滿身是傷似乎成了全世界最微不足道的事。我盯著他在螢幕上的照片，深吸一口氣，接著緩緩吐出來，我要從馬克身上得到力量，我要確保他對我的典範影響在死後仍繼續長存。

九月二十四日，喬和我踏著沈重的步伐離開茹魯阿市，背包更費力地上肩，每人背了九公斤的食物——足夠吃兩個星期——我的背包是離譜的四十公斤重，喬緊追在後，有三十六公斤。自從路克和我在二〇〇八年四月離開卡馬那後，還沒背過這麼重的行李，但地圖上前方一片空白，沒有地方可以再補給。

附近的叢林一團混亂，過去的老農田現在荊棘纏繞，三小時內我們渾身擦傷，心情低落，勉強走了三公里，已經下午三點半了。

就在這時候，我們發現了水和回到茹魯阿市的寬廣路徑，理論上應該紮營，但蚊子實在太多了，這悲慘的開端讓人心生厭煩。

這時我腦子裡閃過一個厚臉皮的想法，「喬我們何不把背包藏在這裡，回到茹魯阿市最後一次睡在床上？」我說。我想好好睡一覺，但可不想背著這重量走回鎮上。計畫成行，我們把背包埋在大堆葉子下，走那條寬廣道路，四十分鐘就再度回到鎮上，只帶了水壺和我的皮夾。

幾個小時後，在同一個旅館房間，喬隔著門叫我：「愛德，警察來了，有話跟你說。」我走到外面，看到兩名警察坐在嶄新的警車裡，我笑著問警官有什麼問題。

「我們接獲報告，你和你的朋友在郊外鬼鬼祟祟，我們要看你的護照。」警察局長以葡萄牙文說道。

「當然可以，」我回答，「但只有一個小問題，我們的護照藏在鎮外三公里的樹叢裡。」

毫無意外，他們不認爲這不可疑，以走私毒品的罪嫌逮捕我們。

警察局長不是個和善的人，把我們關起來帶給他極大的滿足感。唯一的男子牢房已經滿了，大約有六個人待在一個個往上疊的吊床裡，因此他們要我們睡在男囚房和女囚房之間的水泥走道上。沒有床，更別說寢具了，一道鐵門鎖著我們和外界隔絕，透過信箱上的窗口，可以往外看到警察圍坐在桌邊玩牌談笑，我們大概在義式西部片（譯注1）裡。

第二天早上，四名武裝警察陪著我們來到藏背包的地方，接著命令我們帶回鎮上警察局。在警局我們第一次出示護照，然後必須將所有東西清空，解釋每項用途，好笑的是，這些警察對我們疑心的樣子，就像一年多前秘魯的亞歐寧卡人，現在我們又被要求做同樣的事，不過這一次，我猜想

譯注1：義大利式西部片是西部片的其中一種類型，泛指一些出現在一九六〇年代、由義大利人導演及監製（多與西班牙或德國聯合製片）的西部片。

警察是因爲我們抵達時沒有前來報備、解釋來意，認爲被冒犯，在我看來他們是在展示權力。

到了下午，整個程序都結束了，我們再度入住旅館。喬和我餓極了，去吃點東西，遇到一家人——美國先生、巴西太太——太太在管理國家公園的機構巴西環境及再生自然資源協會（IBAMA）工作。當我們解釋正在從事的活動，那位太太表示，我們即將經過的是保留區，而我們沒有許可是不行的。

我意識到這是浪費時間，繼而浪費金錢，我表面保持冷靜有禮，但內心認爲我們又要應付額外的官僚以取得通行。她安排我到她的辦公室會面，我們也必須從她的部門雇用一名可信賴的嚮導，確保我們遵守保留區的規定。我對這些沒意見，只是又被另一件麻煩事耽誤行程感到洩氣。

於此同時，有個好消息是我們從PayPal網站募得不少捐款，現在我們有錢在特費之後進行下一段路程。

我們很快再度出發，許可在手，還有一位昂貴的強制性嚮導尾隨在後。在清楚規畫的路徑網疾行，兩天就輕易地走過保留區。我們和嚮導道別，在他和我們短暫相處的時間內，就讓我們的釣魚技巧大幅進步，接著我們前往一個看似從沒有人進去過的區域。

想像一個用來訓練士兵壕溝戰的森林，原木下是地道迷宮，溝渠向四面八方展開，每一道壕溝都有四呎深，非常乾燥，內有倒落的樹作爲障礙物，荊棘的大小像四吋的釘子，刺藤割過皮膚就像起司刀劃過般。

這就是我們進入的叢林，我從未看過這種場景，乾燥的壕溝在濕季是天然排水渠道，但現在只是我們的障礙物。這些壕溝令我聯想到軍事訓練，代表這整個場面就像是精心設計的測膽場所。我們輪流拿大砍刀開路——每半小時換人走在前頭——手上越來越多針刺傷口。我們從爛泥滑落掉進充滿糾結荊棘的溝渠，努力托起自己，雙膝沾滿泥巴從另一端爬上來，在找到一座原木橋跨過溝渠時，喬轉頭對我說：「生命中有許多障礙，愛德，你必須學會找到答案。」「我的天啊，喬，眞是金玉良言。」我心裡默默這麼想著，翻了翻白眼。

經過這些天，藉由馬克・赫爾傑出的典範使自己更強大的希望漸漸落空，我發現很難不自憐。每一步都疲累又緩慢，在一次從腐爛的原木跌落溝渠、削掉一塊小腿肉後，我看到喬的臉上流露出同情。我也很氣自己無法表現得更好。

從喬的神色，我瞥見外界看待我的樣子，因此，在我們紮營、喝了提神的甜咖啡以及最後的油煎鹹牛肉後，我開始思考，結論是我的弱點就在自己的腦袋裡，而且我要把探險當做一場遊戲。我就這麼辦，至少目前如此，而且奏效了。

我用正面樂觀的態度開始每一天，每當出現負面經驗時，我給自己的挑戰就是不去在意，不讓它擊敗我。每次挑戰成功，我會嘉許自己，並且想著透過回應外界影響的方式我掌控了局面，進一步提振士氣。每一次割傷、跌倒或被叮咬都成了再次肯定我駕馭了局面——我又徹底愛上步行，我們開始順利穿過叢林。艱難行進成了令人興奮的事——我們速度加快了，簡直就像在打電玩，在漫遊行進的路上，蛇、黃蜂窩或原木橋成了必須快速通過、淡漠攻克的障礙。我覺得自己就像電影《駭客任務》中的基努・李維——在他變得非常強大時，可以只用一隻手快速打鬥，但身體其他部位卻輕鬆自在。

然而，出乎意料的溝渠仍然拖累了速度，因此十月初，我們再度將木薯粉配給減半才不至於耗盡。如果沒有抓到魚，每天的熱量是一千卡，和抵達茹魯阿河之前的一天四百五十卡相比，我們很快就習慣這種看似餘裕的餐食。

十月五日，我們離開紮營的小水坑，帶著二公升用氫氧化鈉處理過的泥水出發。怪異的溝渠森林現在看來像颶風肆虐過一樣，每棵巨木都碎裂橫臥。陽光傾瀉而入，矮樹叢橫生，彷彿一直服用合成代謝類的類固醇。一天八小時走下來，進度緩慢到只剩二公里，我們必須卸下背包，劈砍通過濃密的屏障，一個人砍，另一人拿著兩個背包前進。

叢林被撕裂加上乾季開始，這代表到了下午五點我們已經嚴重脫水，而且喝的是前一晚從水坑裡帶來的殘餘棕泥水。這裡的地下水位很低，因此鑿井沒有用。我們開始擔心找不到水，沒有水喝或用來煮飯，以及接下來難受的一晚，沒洗澡髒兮兮地入睡。

就在這個時候，轟隆的雷聲響起，低沈持久地迴盪在樹蔭間，光線明顯暗了下來，喬和我在漸暗的天色中心照不宣地互看了一眼。

我們瞬間改變計畫，喬放下背包往前急衝，尋找還挺立著的樹，這樣我們才能豎起防雨棚。我拖著兩個帆布包在後，被一根根多刺的枝幹絆住。

第一滴雨從枝幹間透進來時，我們正綁好遮雨棚的最後一個車夫結，防水相機袋在防水布下方的一端，背包襯裡則放在另一端；當暴雨傾盆而下，清涼的雨水從遮雨棚流進臨時貯水器時，就像花園的水管注滿兒童游泳池一般。

熱帶性大雨只下了六分鐘，但我們集了三十五公升的水：三十五公升純淨的水，無須再經化學處理。

我們洗澡，喝了一堆咖啡，喬很快地說了聲感謝主，我們便就寢了——像四周倒落的原木一樣呼呼大睡。

到了十月中，再度進入這輩子待過最偏遠的地區，這的確不是以距離來衡量，而是以返回文明的天數來計算。第二個全球定位系統也壞了，因此必須改用地圖和羅盤方位角；我帶著兩份地圖，一份是一比一百萬的飛行導航圖，以及史丹佛公司出版的一比四百萬南美洲上半部地圖，這兩份地圖沒有等高線，也不是用來做微尺度導航。我估算自上次使用全球定位系統後至今所行的距離，試著盡可能在茂密的樹叢中直線行進，然而誤差範圍每天不斷增加，但也沒有辦法交互查對我們確切的位置。

我們得經常在導航圖上用鉛筆重畫河流的位置，因爲上面的位置非常不精確，只是地面上河道可能的概略位置而已。事實上，我們反而開始使用較精確但較不詳細的一比四百萬的地圖，我帶著這張地圖原本只是爲了讓感興趣的當地人看看這趟徒步之旅的全貌而已，地圖上涵蓋九個國家；在這張史丹佛地圖上，一公釐代表地面上四公里，我們一天很少移動超過三公釐，在距離如此短的情況下計算方位角，很有可能不正確。這是個導航笑話；如果沒有危及到我們的性命的話，這本是件可笑的事。

我們帶著應急指位無線電示標，但由於醫療保險早已失效，就算拔掉插銷也不會有什麼事，沒有人會發起救援行動。我們全得靠自己。

遠離人跡這一點，也可以在此地的野生生物上看出來；我們第一次在漁網裡抓到兩隻小鱷魚，不過我們不擔心小鱷魚，在收取漁獲時，我們擔心的是成鱷。

令人感到安慰的是我倆很少生病，喬病過一次，但整體看來，我們有強健的體魄，也許運氣也很好。這讓我們引以爲傲，因此當喬開始說頭痛、視線發黑模糊時，實在令人擔心。

喬非常疼痛，也病了。我不知道他生什麼病，但給他止痛藥。溫度計的電池沒電了，我記得和路克在赫里福郡上醫療訓練課時的對話，我們都認爲要帶水銀溫度計。

到了傍晚，在達成至少找到水再休息的共識後，喬奮力撐完那天的路程，我們來到一個淺水坑，我知道我可以開鑿，讓喬直接不支倒地。這個對自己的意志力和精神相當自豪的男人，就這麼讓背包掉落地面，自己也隨即倒落。

我認爲一杯熱騰騰的甜咖啡和一頓好菜對喬有幫助，因此在他一動也不動地躺著時開始紮營。

我挖掘水坑，好用便當盒舀水到背包內襯做的貯水器裡，我撿柴火、生火、煮咖啡，在燒水時，我把喬的吊床搭好，堅持要他用儲備水洗澡、換上乾燥的睡衣，接著他爬上吊床，立刻熟睡。我開始搭自己的吊床、煮咖啡和晚餐。

那天晚上我意識到我倆有多麼彼此依賴；那晚很忙碌，因爲我必須做所有平常兩人分攤的事。天快黑時我把喬叫醒吃晚餐，他看來有起色，勉強吞下食物，一吃完又立刻回吊床睡覺，我拿著手電筒洗碗。

有一種心靈的純淨，是只有在你忘了自己並盡力幫助別人時才會出現。要是我們當中有人在這裡生重病，那是會致命的。除了拖著或背著喬，沒有其他撤退方式，如果他不能走他就會死，這他也知道。

不過到了早上他好多了，一部分是因爲他的意志力，我可以感覺到他對自己前一天的狀況很失望，那天早上他起床時的心態是自己會好起來。

我在網路上發表了那天的視頻部落格，諷刺的是對喬病情的診斷是來自一位部落格讀者。有幾個人告訴我這聽起來像嚴重的偏頭痛，看來似乎有道理。

上網時，我讀到藍納夫·費恩斯爵士的探險信託基金恢復贊助，而且提供我們更多的錢。這次我還收到兩封電子郵件，一封來自藍納夫·費恩斯爵士本人，一封來自環球探險信託基金受託人安東（Anton）。

親愛的愛德（藍納夫爵士來信）：

恭喜你至今的進展。

我想情勢對你而言會越來越困難；四十年來，我肯定參與過超過三十場大型冒險，至少有一半失敗了，探險家總是要自己做出決定，何時回頭，何時繼續。

有時候繼續下去只是一味的愚蠢和不負責任；然而有時候卻有機會努力克服困難，讓情勢好轉，在這種情況下，擊退在士氣低落時產生的「脆弱想法」是值得的。只有你才能做出最後的裁決。

無論你在未來幾週/幾個月做出什麼決定，要知道你已經做得非常好，我們環球探險信託基金所有人都以你爲榮。

致上我最美好的祝福

藍

光收到這封信就讓我欣喜若狂，但也訝異他似乎提供了「退出條款」。在步行時有太多時間可以思考，我開始好奇他指的是哪種危險，我崩潰了嗎？部落格寫得那麼明顯嗎？我是否不負責任？喬和我坐下來長談，正如藍納夫爵士所言：「只有你才能做出最後的裁決。」我們要放棄嗎？

我們是不是搞砸了。

安東的來信直截了當鼓舞士氣：

親愛的愛德：

我看過藍寄給你的信件副本，促使我也寫封信給你！

我們環球探險信託基金收到許多探險經費申請，其中一項提供資助的條件是這個計畫必須非常有野心，對於人類成就的進展有深遠影響，很少有申請案完全符合這些條件，我們的目標是支持那些符合我們「瘋狂但非凡」的條件。當我們諮詢一位英國頂尖亞馬遜研究權威對你的探險的看法，他認為這是一趟不可能的旅程，然而他指出，雖然這是「瘋狂」的想法，如果你成功了，將是非常「了不起」，因此，這正是我們要支持的探險。正如藍所說，並非所有探險都會成功，當事情進展變得太過艱鉅時，我們環球探險信託基金完全能夠理解，然而，如果你堅持下去，前進到其他人認為不可能到達的地方，讓這些專家跌破眼鏡，你將站在人類成就的前線。

在英國和遠方有越來越多觀眾關注著你，我們沒有人能瞭解你有多低落，願你順利度過這些艱難時刻，如果你應付得來，就完成了一件驚人且值得的成就，已經為你贏得海內外廣大的推崇。

致上我最美好的祝福

安東

這封信讓我熱淚盈眶，在叢林之中收到這樣的信多麼令人感動，在我身後確實有如此驚人的支持，我以此來強化我的決心。

現在是十月底，乾季把叢林裡的每滴水分都吸乾，乾涸的河床讓我和喬可悲地等在最細小的叢林藤蔓下，只爲幾滴提神的水，我們依賴挖掘乾涸的河床，希望碰到地下水位，但通常徒勞無功。幸好乾季不代表沒有雨——只是水位較低——因此我們不只一次因夜間大雨而得救，現在很會使用臨時貯水器。

由於魚在水裡，飢腸轆轆讓我們更覺得乾渴，有好幾個星期，無法捕到足夠的魚煙燻帶上路，我們僅能餬口——抓到的魚馬上吞下肚，毫不考慮爲未來幾天儲存糧食，我們很滿足於在能吃的時候就吃一頓，之後再運用智慧確保能再找到食物。

喬老是會引用一句在我看來極其淺白的話：「有就有，沒有就沒有。」之前總是被這句話惹惱，無意義的說教，根本是在傷口上撒鹽，但聽過他在惡名昭彰的恐怖分子光明之路活動的秘魯山林間生存、躲避的故事，我才開始理解這句話的來龍去脈。

這話的意思是說如果沒有食物，抱怨沒有意義——一直想也沒用——如果你接受這不是你能控制的，並且不顧一切地繼續向前，就能學會滿足於更少的資源。

我們抵達通往特費湖（Lago Tefé）和特費的巴瓦那河（River Bauaná）時，最後的配糧吃完了，離下一條也是通往特費湖的大河還有四十公里左右，我們做出一個謹慎的決定，在此地做記號，然後往下游尋找人跡。我們距離特費還有一百公里，但決定轉向南邊，因此將不會真的步行通過特費。我們只是沒有必要那麼靠近蘇里摩希河，如果距離主河道一百公里遠，就可以避開許多大湖。

我用鮮艷的塑膠袋在樹上綁蝴蝶結做記號，接著將筏子充氣，出發尋找食物；此行和九月在米納拉濟紐河浪費時間的相似性在我腦海揮之不去，不同的是我們知道這條河通往特費，因此猜想也許真的人口稠密。

下午四點，我們決定停止划行開始紮營，由於沒有食物，要吃東西就得花幾小時釣魚，我在匯入這條河的小溪溪口撒網，喬去挖蟲子當餌，半小時過去了，網裡沒有半條魚，喬也無法再找到任何蟲子，又過了半小時還是空空如也，就在我檢查漁網時，覺得聽到上游有聲音。

「那裡有人！」我對他大叫，我們都專注地聽著，認為一定是猴子，我進一步盯著看，覺得看到有塊藍色防雨布半遮著一艘船。

「那裡有人。」我確定，喬和我馬上把沒釣到半條魚的事擱在一旁，決定前去自我介紹，漁夫和獵人通常有很多食物，在我們划向那約在一百公尺外的船時，肚子餓得咕咕叫。由於我一手在攝影，喬比我先抵達，他向那兩人自我介紹，接著對我大喊，說他們邀請我們一起吃。他們煮了魚湯還有一大桶木薯粉。

我們又一次不可思議的好運；距離特費還超過一百公里，在吃完最後糧食的八小時後，就遇上食物充足的漁夫。我們倒了一大堆金黃色的木薯粉顆粒到魚湯裡，大口滿足地吃著。這個區域的亞馬遜河根深蒂固的好客精神實在令人驚奇，人們通常對我們說的第一句話是：「要不要吃點東西？你一定餓了！」之後才問我們打哪來。

那兩人已經補完魚要返回下游，如果我們願意的話可以和他們一起前往幾公里外離這最近的村莊，我們抓住機會，因為需要買食物，因此都擠進艘小船，嘎啦啦地往下游去，來到位在一塊高地上的茅草屋小聚落。那個村莊其實就只有一戶人家，他們提供一間廢棄的外屋，讓我們在黑暗中拉起吊床，接著那家人也請我們吃一頓，因此我們撐得飽飽地上床睡覺，腸子發出咕嚕嚕的聲響。

屋主安東尼奧並沒有多餘的食物賣給我們，但他隔天要到下游的商店，如果我們不介意等，他可以帶我們往返。喬和我利用這個機會休息一天，我們閑散地幫那家人製作木薯粉，直徑三公尺的巨大平底鍋放在泥灶上，四周燃著熊熊柴火烘烤著木薯粉，並且用獨木舟的木槳在澡盆大小的平底鍋裡攪拌，剛做好的木薯粉味道好極了，就像傳統麵包坊早晨飄來的陣陣香味。

第二天買完食物，安東尼奧同意帶我們回到樹枝上綁塑膠袋的地方，我們搭起吊床，回想著我們所能想像最幸運、最有效率的一次休息和再補給。四十八小時沒走路，我們就買齊了食物儲備：木薯粉、鹽、咖啡、糖、奶粉和幾球大蒜。我們精神煥發、輕鬆自在，而且只花了一點錢。

我們連通外界的網路和電話連結全球寬頻衛星行動通訊接著故障了，就是無法開啓，除了緊急狀況之外，它也是我們在探險中實況發表視頻和部落格的必要裝備。在我們抵達特費以及有網路連線的地方後，我必須要求在利馬的馬林寄備用全球寬頻衛星行動通訊到伊基托斯，然後派喬回秘魯取回，這聽起來很浪費時間，但當你試著在南美洲跨國郵寄物品時，你很快就會發現自己去拿，把它當作行李來運送會安全得多，否則光是文書工作就要花上幾星期。喬也喜歡這個主意，因爲他必須從特費飛到塔巴廷加，他之前從沒坐過飛機。

我請求財務協助的迴響相當熱烈，現在我們已經有足夠的錢爲這趟探險再保險，因此我和之前的保險公司克勞斯公司（THB Clowes）討論，我們的裝備不再保險，但至少又有醫療保險。從事後來看，我不確定我會再保這麼專業（又昂貴）的保險，因爲我們幾乎已經接受無論如何必須自行撤退。然而問題在於，探險已經上路了，我們無法保標準英國登山協會（British Mountaineering Council, BMC）保險，因此不得已再度支付超過一千英鎊的保費。同時我也在網路上訂購一台新的全球定位系統，寄到一位新的贊助人彼特·凱西（Pete Casey）那，我同意他可以過來和我們走三星期以感謝他慷慨的捐款。他會爲我們帶來所需的新配備，他在所有配備看來都要解體的時刻來到，對我們來說彌足珍貴。

事後看來，那段只用一張不精確的地圖，和一個在英國買的、甚至無法在南美洲平衡的便宜羅盤導航，讓旅程更加刺激；我們只能湊合著用，回歸到幾百年前的方法，但我們依然往前進，只需更加機警並且留意速度和路徑規畫：「有就有，沒有就沒有。」

喬和我抵達一座寬廣的內陸湖紮營。湖的水位很低，我們必須蹚過到腳踝深的泥巴到湖邊，但那裡有一大片較高的林地俯瞰整座湖，可以在那紮營。由於亟需蛋白質，我們每人拿著一個刺網和兩根長竿涉水入湖，在大腿深的地方架起刺網。

在漁網的另一端接好竿子之前，已經捕到魚了，湖裡的魚非常密集，漁獲很豐富。我們掏出一條又一條的魚到鍋裡煮，沒有一條魚看來是水虎魚，因此決定把網子留置一夜，隔天一早就能大豐收。（水虎魚會吃其他的魚，而且其間會破壞網子。）

夕陽西斜時，營地看來像家一樣舒適又美麗，在茂密的林木中待那麼長一段時間後，湖邊開闊的空間讓人感到放鬆。我們笨手笨腳地走下水邊洗澡，日落後，在黑暗中點亮頭燈，正當我們在湖邊脫衣，站穩在泥地的木頭堆上以保持腳部乾淨時，我瞥見湖面上盡是反射的光點。

「媽的！」我對喬說，「天啊，看湖裡有多少隻鱷魚！」一開始喬不認爲是鱷魚，等他再近一點看，發現我是對的，滿是鱷魚的湖，以及在水面上反射我們頭燈燈光的眼睛數目，證實了我們的恐懼；黑凱門鱷是短吻鱷的一種，可以長到五公尺長，這種身形在水裡能輕易地攻擊並殺死成人。從漁網收取最後漁獲的想法成了泡影，而一想到站在大約有十五隻大型掠食動物的湖邊洗澡有多麼容易遭到襲擊，我們像孩子般咯咯地笑了起來。

我們走上坡地時傳來激烈的扭動聲，這是鱷魚從魚網裡取食，聲響持續整晚，我難以成眠。

隔天早上我發現漁網自長竿脫離，漂浮在湖的另一頭，喬的漁網纏繞在我們這一側湖岸的灌木叢裡，兩個網都殘破不堪，上面有許多大洞，又是一件要替換的東西，然而也又學了一課。

出發後不到二百公尺我們抵達特費河，這條河通往特費，我們決定在此休息，往下游九十公里到鎮上和贊助人彼特碰頭。這座湖在我們回頭時是個明顯的標記，因此我們向下游划，找船帶我們到特費。

我們很快找到一個部落願意讓我們停留、吃飯，並為我們安排隔天搭獨木舟到特費。一如以往，我們在巴西吃得好，受到無懈可擊的款待，晚上在衛星電視看巴西的肥皂劇。

特費之前的名稱叫艾加（Eag），一八〇〇年代列斯特（Leicester）出生的博物學家和探險家亨利．華特．貝茲（Henry Walter Bates）以此為根據地，他待在亞馬遜的期間，寄回家鄉的一萬四千種物種（多數是昆蟲）中，有八千種對科學界來說是新發現，他和印第安人嚮導的探險故事紀錄在他的著作《亞馬遜河上的博物學家》（*The Naturalist on the River Amazons*），被譽為自然歷史之旅的最佳著作之一。

特費就像許多亞馬遜河流域的城鎮一樣，沒有道路可進入，它坐落在特費河河口的巨大湖泊特費湖北端。在橫渡湖泊抵達特費時，喬告訴我，雖然他沒見過海，但他現在知道海必定是什麼樣子了；巨大的浪拍打小獨木舟的船頭，在湖心可以看到距兩岸各三十公里。

我們在離開茹魯阿市四十三天後第一次入住旅館，儘管我們認識鎮上的人，喬和我整整三天都躲在旅館睡覺，吃飯時間才出沒，但僅此而已，和人打交道的慾望大概和孤僻的數學教授差不多。

我們慢慢恢復正常，我送喬回伊基托斯，時間眞的扣得很緊，巴西簽證只剩幾天就到期了，如果喬延誤了，他很有可能再也進不了這個國家，但我們必須和外界聯繫，因此得送喬回去取件。

儘管我們希望合法地留在巴西，但現在已經放棄這個想法了。卡沃斯告訴我們，可以飛到委內瑞拉，試著從那裡再入境，但他無法保證我們回到巴西，很明顯地，與其被困在巴西之外不能再入境還不如冒著被遣返的風險待在這裡。我們還有九個半月要走，從現在開始必須不計一切代價避開聯邦警察，因爲我們是非法移民了。

喬帶著備用的全球寬頻衛星行動通訊回來，彼特則帶著成堆的替換裝備抵達，當中最重要的是全球定位系統，其他還包括給喬的新麥克派帆布包以及給我倆的新奧特伯格叢林靴。

現在是十一月初，我們僱了另一艘小船回到大批鱷魚出沒的湖邊，航行一整天後抵達，由於天色已黑，船留下來，我們全都在此紮營；我接上全球寬頻衛星行動通訊，現在有了全球定位系統，我要將新位置更新到地圖上，令我厭惡的是新全球寬頻衛星行動通訊竟然無法使用——可以打電話卻不能上網；我花了好幾個小時和所有的電池電力與英國AST衛星通訊公司通話，但我不連上網他們就無法解決問題。海事衛星公司（Inmarsat）的網絡顯然做過「重大衛星變更」，我們必須爲通訊盒下載新軟體，它在馬林位於利馬的公寓裡閒置了好幾個月。我們只好在沒有網路的情況下繼續前進，接下來三週的部落格只能透過打衛星電話給我的前女友克羅伊，她的電話是這世上我唯一背下來的號碼，她在英國發表部落格，使用從Google抓下來的圖片。

我們背著比以往更重的重量出發。我估計這段路程需要二十四天，中間沒有半個部落，因此必須有足夠的食物。由於彼特和我們一起走，我花大錢買了雜糧棒當午餐，這樣才能維持一整天的能量；我們買了四百三十二條雜糧棒，搜刮了特費五家商店的所有存貨，現在我們的背包其重無比，喬大約四十公斤，我的達四十四公斤，彼特從未在叢林行走過，因此三十五公斤左右，但比我和喬多數時候背得還重。

路況非常難走，第一天我們來到一片長滿茂密珍珠茅的原野，但也只能往前推進，被紙割傷根本比不上被珍珠茅割傷的傷口；好比紙先浸泡在膠水裡，然後是銳利的玻璃劃過般，我們的手鮮血淋漓，衣服也被刮破，勉力走了四小時後就累倒了，決定紮營。

彼特是英國南方克勞利（Crawley）的建築工人，體格強健，但他不知道讓自己置身在什麼樣的環境裡。

這肯定是我做過最艱難的事，我不知道會有這麼困難，你得經歷過了才會相信，言語無法精準描述。（彼特在第一天過後這麼說道。）

他還有二十三天要走。

彼特全身馬上被蚊子和沙蠅咬傷，我爲他感到難過，他對所有東西都起嚴重反應，我們必須每晚給他抗組織胺藥物讓他入睡。我已經習慣在泥地挖掘的洞裡洗滌，沒有河釣魚時就光吃乾木薯粉當晚餐，但突然間我領會到我們過的生活是多麼原始、獸性，彼特顯然被前方路途的身心挑戰震懾，幸好他有強烈的渴望不讓自己和我們失望，因此他忍受惡劣的境況和艱苦的長日，鮮少抱怨。

二〇〇九年十一月十二日，當我拿著大砍刀在前頭劈砍時，無意中踩到一條結實、蜷繞著的響尾蛇，在蛇蓄勢要攻擊時，彼特看到地面上晃動的影子，棕黑色的蛇和林地的顏色非常相似，他能看到並且猛然後退避開，眞是奇蹟。

這並非罕見的意外，我和喬時常會遇上，而我之所以還記得大概是因爲這是我第一次透過他人的眼睛看這件事。這也提醒了我們在那裡有多孤獨；我們有四十八小時的抗毒蛇血清，可以讓其中一人存活四十八小時。從我們行經的林木間撤退是荒謬的想法，如果有可能扛著擔架通過枝節纏繞的森林，最少也要花上一星期。

很嚴肅的假設，如果彼特被咬了，而且中毒，我們能做的也只是紮營，把他的腳固定在吊床上，接下來兩天爲他施打抗毒蛇血清，如果之後蛇毒仍在體內，他當然就會死，即使沒死，也必須自己走出去。情況向來就是如此，但第一次從新手的眼中看到，讓我得以用新的角度看待我們要完成這世界第一的探險所必須承擔的風險。

我們的保險也許是再度生效了，但說實在的，艾克斯梅德的四人團隊從赫里福郡到底能多快趕到？等他們抵達巴西境內，張羅地圖、交通工具和當地嚮導，接著從最近的可航行河道出發，再徒步走到我們的位置，至少需要好幾天。

一星期後，喬、彼特和我走下一段泥濘、樹木叢生的坡路，平常被林木遮蔽的地平線出現了，這意味著前方有河。走到坡底，我們遇上一片最銼磨人心志的緊密竹林交織著珍珠茅，喬明顯地意志消沈，對於要花好幾個小時的功夫拖著身軀穿過密佈的竹林感到厭煩。我們知道行進的速度會像蝸牛一樣，指關節則會因爲近距離砍伐而紅腫流血。

我們的地圖沒有小比例尺的導航細節，但幾個月來我頭一次想起Google Earth幫得上忙，我們仍然沒有網路連結，但圖片已經存在記憶體裡，由於有一陣子沒用Macbook，電池還有很多電力。

我拿出電腦，把從新的全球定位系統取得的經緯度輸入Google Earth，立刻看到我們所在之處以及前方河流的形狀，也看到如果我們偏向右邊行進，就會迎向一個大河灣的頂點，因此我從Google Earth上取下那個點的坐標輸入全球定位系統，得到一個方位角，把方位角輸入羅盤，瞬間我們就有了一個新方向，以及到該河流最短的可能距離。

那個方向極爲正確，我們一次也沒有走進竹林裡，運用科技的結合我繪出新路徑，成效讓我非常滿意；才走一公里多就來到那條寬闊的河，我們都替自己感到高興，幾乎不費吹灰之力就逃過夢魘般的下午。從那時候開始，Google Earth取代了不精確的大比例尺地圖成爲導航的首選輔助器，這段路程的剩餘里程我們直接在Macbook上使用，不過從下個大城鎮出發時，我們將前方的路徑用螢幕截圖列印下來，上面還襯著坐標方格，這就是接下來九個月以及前方兩千多公里的導航方式。

不過即使是Google也有其極限，我誤判了一條白線，堅信這條白線是通往哥亞利鎮（Coari）

的道路。那條線的確是人爲穿過樹林開出來的，但不是路，而是一條油管；這是個雙重打擊：我以爲能有幾天輕鬆走在道路上的希望不但泡湯，油管砍伐過的區域最近重新生長，我們在赤道的烈日下進度極爲緩慢，此外由於上方沒有樹蔭控制再生速度，草木瘋狂生長，長得無縫無隙。

我們緊張地接近一個人人都穿橘色工作褲的營地，因爲我們沒有得到許可經過他們的地盤，石油公司肯定不會太高興；其實我們根本不用擔心：油管工人硬要我們吃豬肉、咖啡和冰涼的飲料，之後令人難以置信的是，在我們離開營地時，他們全都起立鼓掌，歷經三星期在叢林中馬不停蹄地行走後，接觸到像這樣的善意不可能不爲之動容，人們瞭解我們的目的也表示支持，對我們來說意義重大。和在巴西許多地方一樣，這些工人不願收任何食物的費用，他們只希望我們快樂地啓程。

我們在哥亞利和彼特道別，他在三週內掉了六公斤，但是他堅持不懈，爲自己贏得光榮。儘管他有頑強的韌性，但他的謙卑和對喬的仁慈，讓此行對我有所助益。

我拿著全球寬頻衛星行動通訊身體從旅館的窗戶探出去，終於在AST的工程師遠距詳細的解說下，使用「遠端還原至出廠設定」讓它復活。當知道該怎麼做之後一切就變得很簡單，但耗費了四十八小時做了所有嘗試，直到AST的工程師想到這個簡單的解決辦法。

喬和我在旅館的餐廳做「狗餅乾」，那是一種富含卡路里的能量點心，用麵粉、糖、燕麥、奶油和焦糖牛奶醬製成，以肉桂和薑調味，非常好吃，而且價格遠低於雜糧棒。最後我們在市場買了兩頂耶誕帽，再度出發走入樹叢。

14 「全心投入」

二〇〇九年十二月十日，我已經走了二十一個月，但還有七個月要努力，我坐在背包上對喬說，我覺得好無聊，不是精力耗盡、筋疲力盡或疲倦——就是無聊。

我可以從喬的表情看出他完全理解，一段九天的路程我們才剛走了三天，休息也很充足，目前的障礙不是來自體能——而是心理。

眼前又是一個遠離家人的耶誕節，我們知道屆時會在叢林裡吃木薯粉配鹽，也知道那天會試著走超過七公里，然後如果河流夠寬的話。會找個地方撒網。每件事都駭人的相似。

這不是我們會不會放棄的問題——我們從未想過要放棄；無論是否在虛張聲勢：我們寧死也不要回家當個失敗者。現在我們要做的是爲此行注入新的活力，因爲有時候這趟旅程變得像是自找的徒刑。

二〇〇九年十二月十七日部落格：

十年前的昨天，我睡在爸媽家的客房裡，那是位在列斯特郡（Leicestershire）的郊區小村莊莫斯利（Mowsley）。我剛從桑德赫斯特的英國陸軍軍官學校畢業，身為一名年輕少尉，我沒有自己的房子，在銜訓假期間待在父母家，直到第一次到德文郡和多塞特郡軍團（Devonshire and Dorset Regiment）報到。

那時天色還很黑，我猶在半夢半醒間，母親衝了進來，無法抑制聲音裡驚駭的哀痛：「你父親死了！」

媽和我在前一晚載他到皇家醫院，那是他痛恨、不想去的地方，在那裡，醫護人員給他用的藥讓他產生幻覺，問我到底愛不愛他，在那裡，我們留下他一人，開車經過酒吧回家。

媽和我坐在樓梯頂上，緊緊相擁淚流滿面，我停不下來，一直大聲說著：「爸，我愛你，爸，我愛你，爸，我愛你……」我要他知道——我要設法將這訊息傳達給他。

幾個小時後，我最後一次見到他，我們到醫院，他還沒整裝，嘴巴半闔，身體躺在那裡只剩軀殼，家裡最堅強的一環——將大家緊緊相繫的力量——已經走了；我讓護士將他手指上的金圖章戒指取下來，我戴上那枚戒指，從那天起我一直戴著，直到在秘魯因為吸引太多亞西寧卡印第安人注意，才請馬林幫我保管，那枚戒指現在在利馬。

爸爸在他的年代算高大，有六呎三吋高，他沈默寡言，具有含蓄不露的幽默感，曾兩度對抗過癌症病魔，因為從二十幾歲開始就接受過時的放射療法和化療，他的成人時期身體大多相當虛弱；他是我所認識心理和道德最堅強的人，他對媽媽、姊姊和我的愛無庸置疑。

無論天候如何，他總是會現身，戴著低頂圓帽，穿著大衣和威靈頓長統靴，鼻尖上有水滴，站在邊線上看我打橄欖球，即使在他病重的時刻，血小板指數之低，如果被球砸到可能會喪命——因爲大出血不止而死亡——他還是來看我打球，這種支持是爲人子永不會忘的。

我寫這段文字時，淚水滑落面頰，這是我抒發壓力、憂慮和孤寂的管道，並不是我還未走出喪父之痛，而是必須在壓抑了幾個月的恐懼和焦慮之後，再度碰觸我的情感。不讓自己經歷這短暫的脆弱我無法繼續下去，這能使我繼續向前，而且變得更堅強，有更冷靜、持平的觀點。

亞馬遜河不是一般的河流——就像泰晤士河——它是水位高漲時衝向森林的大片洪水的中心，氾濫的洪水在某些地方超過一百公里，相當於倫敦到巴黎的距離，河口處每秒鐘湧出二十萬立方公尺的水到大西洋，這可不是兩個渺小、不起眼又無助的漫步者想被吞沒的地方。據說驟發的洪水會在一夜間將營地完全沖走，殺人於無形。

雨季開始了，喬和我好幾天沒有乾木頭生火，但幸好我們知道如何使用濕木頭生火——到如今已經練習過非常多次；洗完澡後我們光著身子吃東西——沒有必要穿上乾衣服（馬上又會濕掉）——彼此早就過了尷尬期。

耶誕夜前夕，我們太過接近蘇里摩希河，無法避開危險的淹水森林，現在身處每年都會淹水的森林裡，泥濘的林地越來越潮濕，一天比一天難行。

我們必須避開淹水森林，在河水氾濫以前找到高地，高地會是我們最期待的耶誕節禮物。

耶誕節那天雨下個不停，我們濕漉漉地走了一天，爲網站錄了一些傻氣的視頻，還在吊床裡戴耶誕帽爲網站拍攝玩鬧照片；我們紮營時，大雨持續不斷，我用濕透的木頭生火，喬去看看能不能在河裡捕到魚，我確信他不會走好運。

喬去了好久，我坐在雨中想著與世隔絕的孤獨耶誕節，但就在天色漸暗之時，喬回來了，帶著七、八條魚，穿過鰓串在一根木棍上。

「幹得好，喬！」我咧嘴大笑，在附近的小溪幫他把魚去鱗片、掏內臟，我們炒了一些大蒜，接著加魚肉塊和水，眞是大豐收，一份很棒的耶誕節禮物，我們談笑，喬練習用英文說「耶誕快樂」，「明年的這個時候，喬，我們就會在家與家人團聚。」我說道。我們坐著凝視橘紅色的火焰，夢想外面的世界。

每一天喬和我的衣服都會被汗水濕透貼在身上，我們每一小時休息十分鐘，習慣性地擰乾上衣——這是衣服整天最乾的狀態了——接著上衣會被當抹布一樣用來擦頸後和肘彎處的沙粒和污垢。在這珍貴的十分鐘裡，我們坐在背包上，交換疲憊的眼神。

在高度潮濕的環境裡，雨水帶來清新，但持續不斷的降雨也代表河水正在上漲，流洩出來的水滲進低窪的淹水森林——但目前只浸濕我們的靴子，我們的進度還是不錯。

十二月三十一日，我們剛通過一片茂盛的多刺竹林來到河邊，在及腰的河裡清掉燈芯草，騰出空間將筏子充氣，我們只需在這裡渡河，但現在是除夕，我們很累了，卻還在這裡充筏子……。

「喬，」我鼓起勇氣說道，「我們可以乘坐充氣筏往下游到**巴里卡度巴**（Paricatuba）漁村，今晚不要孤單地待在叢林裡……」他笑了。我確認他也想著一樣的事，我們的新年有了新計畫。

我們用全球定位系統在此地做記號，明天再返回（或者後天，端看今晚過得如何）；四小時後，我們已經坐在這美麗村莊前方一處水上漂浮屋的木頭甲板上，人手一杯啤酒，在我們身後從河流延伸上去的空曠坡地上，有間巨大的粉紅色水泥教堂矗立在山坡頂端，在我們爲新環境乾杯時，炙熱的夕陽烤著我這外國佬的頸子。

那個晚上大多時候都圍坐著看一部五吋螢幕，播放葡萄牙文的巴西熱門音樂，我認爲我的葡萄牙文進步了——在聽糊在一起的鼻音字方面——不過試著瞭解含糊酒醉的葡萄牙文眞的非常困難，那晚最後在一群非常誠懇的老人擁抱我們、說我們是朋友的模糊記憶中結束。

隔天起床，喬很想休假一天，因此我檢查電子郵件並且記帳，我們兩人在除夕花了十二英鎊，對於這次放縱，我沒有太大的罪惡感，那些啤酒清涼又解渴，會讓你露出滿足的微笑，非常値得。

一月二日，我們必須回到上次步行結束的地方，因此雇了一艘木船和一名笑容爽朗的矮胖船夫阿馬拉駛船帶我們回上游，他的引擎在我們身後噗噗作響，我們必須回到那天離開的確切位置。在接近全球定位系統導航點時，我開始將帶我們到下游巴里卡度巴村的筏子充氣，我站在狹窄船身的船頭，正對著充氣筏吹最後幾口氣，把它充得像鼓一樣緊繃，一陣強風把我和充氣筏都吹落河，我並不擔心提早浸到水裡，轉過身傻氣地笑著，準備接受喬的嘲笑，卻看到我弄翻了整艘船，兩名稍微驚慌的船員正忙著打撈落水裝備，船和沈重的引擎都消失在混濁的水中。

喬抓住了裝有我錢包和全球定位系統的乾袋子，阿馬拉則試著解開纏在三公尺下河床蘆葦裡的外掛引擎，我拖著沈沒的木船到淺水處，盡快把水倒出來，才好回到猶在驚慌的阿馬拉身邊，他現在還在水深沒頂處，展現出綠巨人浩克般的力量，把馬達拖上來放到船上。我們又聚集在一起了，令我們大爲寬慰的是，唯一的損失只有一把那天買的大砍刀。災情原本有可能會更慘重。

喬和我爲我的笨拙道歉——因爲引擎進水了，阿馬拉現在必須划船回去。我們渡過河，度過最愉快的一天，穿過出乎意外乾燥、開闊的淹水森林，不需要用到那把已經滅頂的大砍刀。下午兩點，我們走進巴里卡度巴村，聽到那艘船還沒回來的消息，我必須雇另一艘獨木舟展開搜救工作，尋找可憐的阿馬拉。

我和新船夫阿爾瓦羅走遍了整段河徹底搜尋，有趣的是他長得很像影集《辦公室風雲》（*The Office*）（英國版）裡的克里斯．芬奇（Chris Finch），芬奇和我靜靜地互看一眼，我們都下了結論，阿馬拉一定在波濤起伏的危險河流裡淹沒了。在我們檢查一家在途中沒有經過的水上漂浮屋時，找到了微笑著啜飲咖啡的阿馬拉，他正在太陽下曬引擎。

徒步走到巴里卡度巴村最棒的事就是，在空曠的河岸上方、粉紅教堂後面有高地一路通向前往瑪瑙斯的寬廣公路，眼下我們已經避開了洪水，預計只要十天就會抵達公路。

每件事都是相對的，當你已經走了六百三十九天，一段十天路程，穿越村人記憶中沒人走過的未知叢林，看來是小事一樁。我們帶著充分的補給和高昂的士氣出發尋找BR-319公路，知道到了瑪瑙斯就能充分休息，受到巴里卡度巴村熱情的接待，感覺就像已經放假了。

但在惡劣的叢林走了四天後，喬直截了當地告訴我：「世上沒幾個人會跟著你經歷這些。」他說得極是，這十天裡沒什麼令人開心的事，沒有美麗的河流，鮮少野生生物，只有一公里又一公里的凌亂次生灌木叢，必須不斷劈砍才能前進。也許是因爲瑪瑙斯近在咫尺，我們每小時都在算時間，腦子捲進會把人逼瘋的絕望漩渦，我們在戰鬥還沒結束就降低了防備，因此讓這段路有多難多慢的負面想法動搖了。

我們必須改變策略，努力再次控制自己的想法。我的方法每天都不一樣，但我記得我唱〈全心投入〉（Dedication）這首歌，這是BBC以前一個兒童節目《破紀錄者》（*Record Breakers*）的主題曲，由節目主持人羅伊・卡索（Roy Castle）演唱並吹奏小號。我已經好幾年沒聽到這首歌了——是喬的態度讓這首歌在我腦海裡盤旋不去。

有天早上，喬從濕滑的原木上失足摔倒，意識到大砍刀自手中滑落，在他著地時本能地去抓刀子，刀鋒自手指落下。我看著這一切慢動作發生，他臉上驚恐的表情說明了一切，我祈禱他不要斷了任何一根手指，他緊握著手，倉皇地從另一端過來，我迅速拿出醫藥箱，他的左手四指嚴重切傷，其中小指割得最深，清洗過後擦上碘酒，我們用膠帶緊緊纏住他的手止血。喬勇敢如常，要繼續前進，但我告訴他就地紮營，有時候堅持繼續沒有必要，對任何人都沒有好處，反正這條河流會是極佳的營地。

喬在下午兩點半開始釣魚時手仍然很痛，他不想受到傷勢羈絆，因此在我生火時，他在蜿蜒的河裡找到一池流速緩慢的水潭，往潭中拋下魚鉤和釣線。

我煮著少量配給的米和豆子、黑咖啡當晚餐，要他過來，但他說把食物放進便當盒，他晚點再吃；我獨自吃完後，六點二十左右，天色漸黑，我爬上床，在愜意、乾燥的吊床小窩裡看書，八點我剛看完書，就看到喬的頭燈在樹叢間上下晃動，朝忽明忽暗的柴火餘燼而來。

「我們有晚餐了！」他宣告著，咧著嘴甩下一尾鯰魚，在黑暗中我看不到魚，但我知道在哪。他花了五個半小時捕獲這條戰利品，我起身掏魚內臟，煮鯰魚，喬則去洗澡。

吃魚時，我讚美喬驚人的耐性，這補充了我們兩人幾天以來所需的蛋白質，面對這樣的讚美，他只是一貫地淡然以對。釣魚一直是喬在單調步行裡的娛樂，但這一次我猜想他展現這種堅持不懈的毅力，是在砍刀事件後再度駕馭叢林的方式。

我回想路克和我如何扞格不入，喬和我的關係又是如何不同，我們互相尊重、技能互補，兩人團隊運作得非常順利。我很幸運有喬與我同行，是他的全心投入讓那首歌在我腦海裡一遍又一遍地迴盪著，喬學會了這個詞，並且會在走路時拉開嗓門以英語唱著：「你需要的就是全心投入！」

BR-319是一條筆直橫切過亞馬遜河的開放性傷口。那時是二〇一〇年一月月中，我們踏上這條破碎的道路，標示著從塔巴廷加開始穿越的大片叢林已來到了終點；一旦鋪上路面，這條路從瑪瑙斯到西南方的波多韋柳（Porto Velho）在亞馬遜雨林切過一道疤痕，一天的交通流量是兩部四輪傳動卡車。

我們走這條路前往東北方的大城瑪瑙斯，頭幾天走在直射的高溫日光下，我把絲質睡袋內裡墊在帽子下，避免臉和頸子曬傷。隨著走在道路上的時間漸長，身體開始吃不消，我們成了烤焦的行屍走肉；喬比我還難捱——他出現一些狀況，那天辛苦的長日結束後，我們停在一處廢棄的道路修築工地，他直接倒頭大睡。到了第二天中午喬還不太能走，我們在一戶人家停下來，討點水給喬喝。我認爲他覺得因爲皮膚黑，不能中暑，但在我看來就是中暑了。他完全沒有遮掩，而且他正在服用脫氧羥四環黴素抗瘧疾，對光非常敏感。

幾個月來我頭一次決定留下喬獨自前進，我並不擔心他，他可以休息到復原，搭那家人的摩托車便車追上我。這是我第一次覺得單獨行走得到解放，我還對自己唱歌，那天下了兩個小時的大雨，然而我覺得堅強又自由，晚上在路邊廢棄的茅草棚休息，非常清楚這是幾個月來頭一次我眞的孤身一人。

到了第二天，喬覺得好多了，我們在稍往北一點的地方會合，繼續一起走。與我們聊天的人說這道路的鄰近區域其實是森林保護區，甚至要有許可才能砍樹蓋屋，這是個好消息，但那人也說到了二〇一四年，BR-319會徹底地重鋪路面，我不禁擔憂起增加的交通流量對該區域整體保育而言並不是件好事。

後來我有個主意——在夜間行走，我們可以在涼爽的夜裡累積里程，不用忍受悶熱的白天。我們在傍晚五點出發，兩小時後——就在天黑之後——開始下雨了。

叢林裡的雨很清新，可以讓人消暑，但在漆黑的空曠道路上，凜冽的風穿透濕透的T恤則又是另一回事了。沒有保暖或防水的衣服可穿，到了十點我們已經語無倫次、筋疲力盡，有體溫過低的風險。

現在我們被迫要尋找避雨處，但找不到夠近的兩棵樹讓我們豎起防水布，鄰近的森林已經砍光了，沒有月亮，更糟的是路的兩邊已經淹水了。電線杆上有條異常現代的光纖電纜穿過這片荒野，彷彿在嘲笑著我們，因爲這些電線杆是我們所見唯一的垂直長柱——但顯然也間隔太遠了，無法爲我們所用。

雨刺痛地打在臉上，我們試著去敲住家的門，請求讓我們避一避，我們不用吞下整本英——葡柯林斯袖珍字典，也知道人家叫我們滾蛋，從他們溫暖安全的家裡也傳出既響亮又清楚叫我們滾蛋的聲音。

晚上十一點四十五分，喬已經像個殭屍——他怕冷，我們在秘魯的洪水中就發現這一點了——但這是他最冷的一次。

別無選擇，我們只能顫抖著繼續前進。幾百公尺外有燈光吸引我們的注意，因此我們向前邁進，從遠處可以看到一名男子的剪影在他一側敞開的房子裡，不知怎麼我立刻就知道他和其他人不同，我走在喬前面（他現在已經失去求生意志），勉強擠出笑容，問他能不能借用周邊的樹搭起防水帆布。

「當然，」那名男子微笑道，帶著毫不遲疑的溫暖，「另外，請用一些炸魚和飯。」

這個略帶聖經意味的故事在我穿著乾衣服、滿口多汁的魚肉問他叫什麼名字時結束。

「彌賽亞。」他答道。我笑著搖搖頭。

過去七、八個月在巴西期間，百分之九十五的時間裡我和喬沒見過道路，甚至連小徑都很少見，我們的慣例是封閉在繁茂的叢林裡，任何方向都只能看到前方幾公尺，每半小時輪流走在前面，手持砍刀在樹叢間阻力最小的路線劈出通道。

大部分的當地人搭船行經亞馬遜河的偏遠區域——龐大的水道系統使之成爲理所當然的選擇——不幸的是這並不適用在我們有點荒謬的承諾，走完河流全程。因此我們就像村裡的獵人，但是背上的重量重二十倍，前進茂盛的雨林。自從二〇〇九年五月跨過哥倫比亞國界，我們平均每天走七公里這樣的路途。

但隨著我們越接近河口，亞馬遜河改變了，接下來兩個星期，喬和我最沒有阻力的路線是進出瑪瑙斯的道路，穿著卡駱駝鞋踩在平滑的柏油碎石路面感覺很怪異，我們一邊還是可以聽到成群的吼猴在荒涼的叢林路邊嚎叫。

有時候我們一天走四十或四十五公里，這種夢幻般文明大道的好處是我們可以朝大西洋——和家——大步邁進。

二〇一〇年二月十六日，我們抵達蘇里摩希河南岸，必須渡河到北岸的瑪瑙斯以繼續旅程，從這裡我們知道距離大西洋約剩一千八百公里。令人憂心的是，在渡船出發處有個聯邦警察檢查站，我們現在是非法移民，如果聯邦警察檢查我們的護照，我們可能會被拘留、關押、驅逐出境。聯邦警察有權力阻止任何人進入瑪瑙斯，在我們走過穿著制服表情嚴肅的警察身邊時，我的心狂跳，而他們連眼睛也沒眨一下。

我們眼前就是離開哥倫比亞後一路鬆散跟隨的蘇里摩希河，以及從北方圭亞那盾山（Guiana Shield Mountains）而下的寬廣黑色河流內格羅河（River Negro）的匯流處。湍急的蘇里摩希河帶著沈積物，因此呈泥濁棕色，而內格羅河是條黑水河，意味著流速較慢，在這種流速下，植物的單寧酸被過濾出來，因此河水既酸且顏色深如茶，內格羅河水也較溫暖。兩條河匯流後，河水仍保持分離，幾公里後才混合，這兩種分明的顏色造成驚人的視覺效果，兩條河匯流後再度成爲亞馬遜河。

喬和我順利地划到河的北岸，瑪瑙斯就位在那裡，我們從河邊的川崎工廠繼續行進，穿過瑪瑙斯繁忙的小巷，在我們閃避轟隆隆的巴士，冒險通過斑馬線的黃燈時，一個遺忘已久的世界從我的潛意識中自己掙脫出來。

另一個再度開啓的世界是愛情，我的前女友克羅伊從英國到瑪瑙斯來看我。我們一直以Skype

和電子郵件保持聯絡，儘管對我們兩人而言顯然都有風險，但我們還是認爲如果她能來共度一段時間會很有趣；而事實上也的確很有趣。

但是在她來訪接近尾聲時，我直覺知道我無法給她承諾，而我覺得她希望我能做到。我還有六個月的叢林路途，不希望因爲有人在外面等電話或擔心我而分神，如果我要完成這段旅程就必須自私——這總是帶點犧牲——因此在她離開時，我們都還是單身。

除了一直都在的喬和我永遠珍愛的媽媽之外，克羅伊依舊是整趟旅程中最支持我的人，她完全瞭解我，做爲我在最沮喪時隨時都能求助的人，她值得我記上一筆，她也做了許多工作，尋找環境相關議題張貼到網站上，在我心力交瘁或無法做到時，讓這一方面的任務持續運作。我們仍是最親密的朋友，我也希望一直保持下去。

克羅伊離開了，喬和我在出發前到瑪瑙斯一家大型購物中心採買補給，我們踏上手扶梯，喬站立不穩，他驚訝地環顧四周發現電梯全都自己往上走，我理解到他以前從沒見過這玩意兒。

二〇一〇年二月底，我們離開這城市，踏上AM-010公路前往**伊塔皮蘭加**（Itapiranga），在一百三十四公里處，我們在一個骯髒的路邊村莊過夜，要是我們又餓又累的話，這裡會是個受歡迎的地方：筆記型電腦可以充電、有自來水，還有個廚娘爲我們煮易飽的餐點。但我們不特別餓，也不特別累，在瑪瑙斯剛充分休息過，因而能看清眞實樣貌。

這個垃圾滿地的破敗村莊看起來似乎沒有人特別在乎個人福祉；我們在一間小屋過夜，味道聞起來像戶外廁所，小屋就在學校旁，男孩子會來這裡抽菸、小便。當我打開水龍頭時，生平第一次因爲洗澡水發出惡臭而直往後退；從色情雜誌撕下來的頁面在我吊床底下被踩成垃圾，即使在我「洗完」後，仍覺得非常噁心。我的房間很高級了，喬的房間角落有坨人屎。

我們有四面牆和屋頂，因此我實在不該抱怨，即使只對我自己，但我還是要抱怨，給我們叢林的駭人自然景象，我們可以過得很好，通常到最後還會愛上它，但這個骯髒的地方有種摧毀靈魂的氣息，我必須承認，我從未問過它的名字。

唯一一件令我感到好笑的事是當我們上床後，我聽到啪的一聲響，喬的吊床鬆脫，他重重摔落地。儘管他喘著氣，而且很痛，我仍然無法停止笑，我笑到流淚，還持續好幾分鐘，而咒罵、喘息、咕噥聲不斷從他房裡傳來。

15 「那個外國佬話不多」

三月初，我被左臂二頭肌上一個類似潰瘍、持久不癒的傷口所困擾，那只是新年那天被沙蠅叮咬後的一個小小的開放性傷口，經過九個星期了傷口依舊潮濕（流膿），「火山口」只有一顆豌豆大小，而整個「火山」足足有一枚十便士銅板大，並不會痛，但有個清晰、發炎紅腫的圓塊，就是無法痊癒。

我認爲那是個熱帶性潰瘍，用消毒藥粉治療，並且依序服用安比西林和滅滴靈療程，因爲無法取得氟氯苯甲異噁唑青黴素。這些藥完全無效，因此儘管一整個月來我們已經離開潮濕的叢林，走在乾燥、乏味的道路上，身體還是有一小部分讓我覺得煩心，無法置之不理。

來自部落格的大眾意見，特別是兩位醫生約翰．詹姆士（John James）和卡洛林．鮑（Caroline Baugh），讓我知道我最可能患的是利什曼病（譯注1），以目前的狀況來說無須擔心，但有百分之六的機會變異成黏膜與皮膚利什曼病，可能破壞我的軟顎（口、鼻）導致毀容，在臉上永遠留下大

譯注1：利什曼病是一種經由沙蠅叮咬所傳播的原蟲疾病。

洞。我認命地繼續與它共存幾個月，因爲我希望繼續向前，不想結束探險。

從瑪瑙斯開始的道路網到伊塔皮蘭加鎮爲止，我們在那休息一天，之後繼續向叢林出發，從那裡穿越低矮的沼澤地，所幸一度有條路貫穿其中，剩餘的堤岸讓我們遠離大多的洪水。

喬走在前頭時，我看到他高舉砍刀及肩，像拿來福槍一樣，假裝對著他前方的某樣東西開槍，我在他身後東張西望，發現好像看到一條超過二公尺的巨蟒。

我迅速地卸下背包拿出相機上前攝影，那條勇敢的蛇不但沒有逃之夭夭，看來反而很感興趣，頸子展開幾乎就像眼鏡蛇，朝我而來，我停住，往後退一步，牠也停下來。

我搞不清楚牠到底有沒有危險，雖然我一開始以爲這是一條小的巨蟒（對人類無害），但現在被缺乏斑紋和牠的頭型給搞糊塗了。

我把照片寄給在蓋亞那的夥伴艾許．赫蘭德（Ash Holland），結果證實那是一條擬水眼鏡蛇。喬和我以前都沒見過「水蛇」。美洲沒有眞正的眼鏡蛇，因此這個名稱的由來是從牠們和亞洲眼鏡蛇的整體相似性以及虛張聲勢的防禦展現，包括伸展喉嚨和頸部——恰恰就是我所看到的。

幾秒鐘後牠鑽進矮樹叢中，我們再也沒有看過牠。這個新景象讓我反思身邊一切未知的驚奇事物，對每天所見事物保持興趣其實比你所想的還困難，尤其是在我們精力耗盡的時候，我理解到主動強迫自己去學更多是保持心態健康的一種方式。

即使我不知道那是什麼，我可以努力去查，並且再度思及雨林。我失去興趣已久，只把叢林當做必須克服的重重難關，而鮮少去欣賞一束束穿透參天陰暗的樹蔭照射進來的陽光，也很少停下來領會壯觀的林木，或是佈滿苔蘚的板根之美，我無視鳥類，懶得拍攝在頭頂上尖叫、晃動枝幹的猴群。在我身邊的自然奇觀還不如粉白的牆壁，我理解到自己的無知又愚蠢。我可以讓腦袋接收這類的刺激，以免變得無趣又具殺傷力。

我需要的只是給大腦正面刺激，探險很簡單，現在我所有的問題來自於一顆孤獨、無趣又遲鈍的大腦，懶散又無聊的大腦會攫住負面思想和問題，並且誇大這些問題直到完全消磨心智爲止。如果我不主動積極地保持正面態度，這樣的狀況就會經常發生。

進入**索塞巴斯托**（São Sebastiao）必須橫渡一條大支流，從水上看過去，這個城鎮非常美麗，有尖頂教堂和顏色柔和的房子。港口上約有三十名男女看著我們划充氣筏上岸、把充氣筏消氣後捆到背包裡，接著走進鎮上最近的旅社；我覺得自己就像史恩·康納萊在《金手指》中扮演的詹姆士·龐德，當他脫掉保溫潛水衣時露出燕尾服以及紅色康乃馨。之後我們繞行十四公里來到**烏魯卡拉**（Urucará），一路尋找堅實的土地行走，偶爾稍微浸水，所幸還能保持某種節奏越過低地；我們從烏魯卡拉往北進入後方的山，從這裡還有一百公里才會抵達雅夢達河（River Nhamundá），在那裡會再遇到部落和人。

我的靴子終於解體了，我在烏魯卡拉買了一雙標準尺寸的橡膠靴，對我來說太小了，看來亞馬遜沒有太多四十六號的鞋，接下來的幾個禮拜得要忍受這雙便宜貨。我們買了十五天的糧食，背著四十五公斤重的背包上路，我很清楚先前的八百公里路是走在道路上，現在背著這樣的重量返回叢林對身體是種衝擊，但預料在山丘上不能釣魚，因此必須盡可能帶上路，我們能帶的是一人一天兩千卡的熱量。

探險進行到這個階段，我也很訝異叢林竟然可以如此多山，我們行走的坡地，得吃力地穿過一路向上的糾纏荊棘。從Google Earth列印出來的圖上沒有等高線，四周只能看到十五到二十公尺的距離，這就像在能見度零的極地下導航，讓人無法決定方向，更不可能做出明智的路徑規畫。

到了坡頂，我們的小腿痠痛，肺部灼熱喘不過氣，只想著能有可以沿著行走以保持高度的平坦山脊，然而裂縫般的地隙在腳下隱隱逼近，我們必須自己下去，一次又一次。

這裡的林木間隔寬敞，要不是坡地的話，原本是可以快速行進的。在上下費勁攀爬時，很少用到砍刀，第一天我們走了三公里，五個小時後就停下來，那天沒有精神撿柴火，但日子一天天過去，背包漸輕，小腿也更有力。

我的兩個小腳趾和腳前掌都長了大水泡，再多的膠布也無法改善這雙便宜的靴子太小、鞋底太硬、沒有避震墊的事實，我可以穿著它，但每一步路都讓我皺眉，我必須緊縮腳趾，不讓趾頭碰觸到靴尖。

三月十四日，走了五個半小時後，我停在小溪邊汲水，喬和我都卸下背包，我裝水加氯，背上背包，喬把背包和襯衫都脫掉，兩腿叉開站在溪裡，用水壺往頭上澆水。

「你不想洗澡嗎？」喬問我。

「不，老兄，我想抵達營地時再洗。」我答道。

「我不曉得我們在趕時間。」

「我們沒有在趕時間，喬，我只是累了，我想抵達營地。」

喬因為我催他而生氣，由於輪到他帶路，他決定給我個教訓。他以飛快的速度走上樹木叢生的險陡坡地，他要讓我看到如果趕時間，我們可以走多快。我非但沒有要他慢下來、別做蠢事，反而決定加入這場幼稚的戰局，而且要贏。

我們穿過樹叢一路爬坡，五分鐘、十分鐘、十五分鐘，每次喬轉身，我就在他旁邊，盡力裝做若無其事、沈著冷靜。兩人都揮汗如雨，但沒有人想慢下來或放棄，我們越走越快爬上山丘，二十分鐘後來到山頂，正好是每小時的休息時間。我們放下背包，喬顯然很氣沒能狠狠把我拋在後頭。我們剛開始在秘魯一起行走時，他可以輕易把我甩在後頭，現在我雖然上氣不接下氣，但跟上他沒什麼太大問題。

我們兩人都一觸即發，但都還沒說什麼。

「喬，你幾歲？」

「三十。」

「比較像十三。」我抨擊他。

「我以為你在趕時間。」他反駁。

我們怒目相視。這是快要真正起爭執的一次，我們迎向彼此憤怒的目光。

「你沒事吧？愛德。」

「沒事，你呢？」接著僵局打破了。我無從解釋，但我們同時看到自己的愚蠢，開始嘲笑自己，緊張的局面立即緩和下來，就像從此行最艱難的二十五分鐘的氣力中得到了快感。我們的心情依舊激動，腿部肌肉也猶自抽動著，我們握手，就這樣了。

這個意外並不尋常，因為儘管我們偶爾都會心情不好，但多半不理對方，不發一語，等著情緒過去。這是頭一次我們正面槓上，幸好是以爬坡來表現而非打上一架，但仍是一次交鋒，沒人有損失，因此我倆都不介意，只是讓我們更瞭解彼此以及如何一起行走。

最後喬在一棵棕櫚樹下找到四顆野禽蛋，為那天劃下了完美的句點，我們用炒蛋和咖啡當晚餐慶祝。

每天傍晚，我們在A4大小的Google Earth列印地圖紙上標出全球定位系統坐標追蹤進度，我們正慢慢向東移動。

三月十八日早上十點，我們在喬領路前往的一座巨大山丘頂上休息，在嚴格控管的十分鐘休息後，該我領路了，我沒有往我們想前行的方向走下峻峭的坡地，反而決定冒險一賭，轉向右邊繼續走上稜線。這種冒險一賭的帶路方式問題在於，在樹叢間最遠只能看到前方十五公尺，而且我不知道我推測的這個方向是否對我們有幫助。我有個預感，那個村莊呈環形劇場形狀，山嘴會轉回我們行進的方向。走上山脊，更多的光線流洩進來，我們所經之處地面幾乎平坦，左手邊則是一面陡坡，沒多久左邊的陡坡開始不同，我們又彎回想前行的方向上。腳下的葉子就像來自英國秋天的林地，我們沒有走下險惡的下坡，而是進一步往上爬，我們只是繞行，並且在這最怡人的森林裡維持在同樣的高度上。

我露出微笑，因爲在下方可以看到我們避開的大村莊，我一直確信我們的運氣會有所不同，山嘴會開始下降。一整個小時，我們沿著旋上雨林樹蔭的最美山脊行走，維持在這個高度上，清爽的微風從敞開的一側吹進來，我們的左臉頰一陣涼爽。

成群的松鼠猴在頭頂上的樹叢間跳躍，看來應該是鮮少有人行經此處，我們距可航行的河有五天的路程，獵人不會走這麼遠。我的直覺沒錯！這段漂亮的森林成了我這趟探險中最愉悅的路段。我渴望牛奶餅乾。

現在我們對紮營的例行公事已經很熟練，夜晚成了一種享受；克羅伊帶來吊床新的輕型六角形防水布（她買的，感謝她），因此我們用喬的舊防水布做防火屏，有一塊九平方公尺的乾燥空地煮飯、吃東西、儲存柴火和晾衣服是一大奢侈，多背一塊防水布非常值得。我們在帆布下方直直地掛上一條粗繩，這是用來晾在河裡洗的白天衣服的晾衣繩，因此每天早上都有乾燥乾淨的衣服可穿，不只更衛生，也提高士氣，衣服甚至還暖烘烘的，就像剛從曬衣櫥（譯注2）裡拿出來。

我們會砍長長的Y形柱，在煮飯、吃東西時將防水布撐起遠離火苗，這樣煙才不會燻到眼睛，即使我們紮營時下雨了，並且持續下了整晚，到早上總還是會有乾衣服穿、乾木頭生火。

我便宜的卡西歐錶帶斷了，我用背包裡的冰鎬固定帶代替，雖然不好看，但很管用，我一路用到探險結束。

之後叢林越來越封閉，越來越緩，我任由腳痛影響我。有一天我穿過四個黃蜂窩，通過最後兩個時我可悲地憤怒咆哮，那是難受的一天；我的情緒失控，我想回家。

離雅夢達河（River Nhamundá）兩天路程時，我的手機鬧鐘在五點四十五分和五點五十五分響過兩次，我全都不理會，在六點四十自然醒來時，我往吊床外看見愉快的景象，喬已經生好火，煮好早餐，我們提早出發，順利地一起走了六個小時。但接著我又頹喪了起來，喬看出我又要崩潰了，建議我們停下來紮營。

聽他這麼說眞高興，通常大多是我做決定，但喬和我太瞭解彼此，現在我們知道敦促對方的底線，以及何時需要休息。

我們晚餐吃了半公斤的米，以及用奶粉泡了兩便當盒的熱牛奶，就像在喝花蜜一樣，我可以感覺糖流經肌肉和大腦，爲我枯竭的電池充電。最後兩天我們還剩三天食物，因此配糧相當充裕，我們也很享受。

二〇一〇年三月二十二日日記：

我會想念這種生活。我知道會有情緒低落的時候，也不是一直都很容易，但我會想念只有我和喬在樹林間煮著簡單食物、感受掌握步行以及放鬆的夜晚

今晚我們翻出史丹佛地圖，看來會在八月中結束，六月中（洪水高峰期）我們將橫渡亞馬遜河三角洲的「頸部」，但須要一些刺激振奮我們繼續向前。

這枝太空筆倒著寫時非常驚人，很適合在吊床上寫日記——我猜也適合太空人。

我們穿過這段森林的時間壓力來自要和一名美國廣播公司的記者見面，因全球定位系統無法開啓，我不知道距離河流還有多遠，幸好他取消了，壓力也隨之解除——反正我們也會放他鴿子。沿著山脊走雖能保持高度，但也更難確定我們是否在方位角上，只能估計我們走了多遠。

三月二十四日這一天，我們走了九．五公里，終於抵達雅夢達河。探險到此刻，我這輩子從沒這麼瘦過，當我和喬漫步在沙質河岸上眺望這顯眼的黑水河，我整段路都得提著短褲。

譯注2：英國家戶裡通常有個小房間或櫥子放置暖氣系統的主要電熱元件，因爲這個空間通常很暖，因此英國人會在裡面烘乾衣服。

我們必須找人再補給，因此划船往上游去，令人驚訝的是上行非常容易，因為黑水河水流很慢。我們抵達一戶人家，馬上受邀吃午餐，男主人叫西羅，他在屋後的空地種西瓜，我們一個接一個吃，鮮甜的汁液從我們微笑的臉龐滴落，那戶人家隔天要到下游的雅夢達市，我們看到一個大好機會一、買新的全球定位系統。二、將所有電氣用品充電。三、買食物。四、買新靴避免長水泡。五、休息。

現在是三月底，從哥倫比亞邊境到現在所在之處花了十一個月，我們已經穿過二千公里史上從未有人徒步走過的雨林；這條河有二公里寬，幾乎像個湖，船隻在平緩的河面上突突響地前進，就像海上郵輪，這條河是巴西亞馬遜州和帕拉州（Pará）的界限，我判斷可以在五個月內通過整個帕拉州，結束這段探險。

有兩件東西採買不到：大一點的靴子和全球定位系統。我們被告知必須到瑪瑙斯才買得到全球定位系統，但我不打算這麼做。在哥亞利花那麼多時間修理全球寬頻衛星行動通訊，現在我很瞭解這個裝置，它裡面有個簡陋的全球定位系統，只顯示度和分，這代表我們無法精確定位，但可以說出是在方圓二公里內的某處，這對我來說已經夠精準了——我們會以全球寬頻衛星行動通訊為主要輔助導航工具繼續前進，而我的腳依舊塞在同一雙小靴子裡。

我們返回上游，在上次中斷步行的西岸下船，我們把小筏子充氣，慢慢地划過偌大的黑色鏡面，卻不經意地直接進入一個被島擋住在河面上看不到的小村落，我起先擔心著會受到何種「歡迎」。

事實上根本不需要擔心，不到一小時我們就和整村人坐在教堂外用葡萄牙文玩賓果，我贏了一大串pifayos（一種可口的橘色水果），一對年輕夫妻把水果煮了讓我和喬當晚餐。

我在村莊裡發現五十公里外、穿過叢林在磁方位角六十二度的地方有些礦井。這些礦井像是大疤痕，從Google Earth上輕易就能看見，從那裡通往道路對我們會有所幫助。根據村民的說法，那五十公里無法行走，但我們帶了八天食物出發，頗自得於我們的瘋狂。

三月二十九日，第一天走完後，我用從全球寬頻衛星行動通訊取得的資料在地圖上畫出第一個二公里圓圈，判斷大約走了八至十二公里，眞是個驚人的數字：因爲我們整天涉過沼澤、洪水和濃密的刺藤，如果眞的走了十公里左右，那眞的了不起。

我們整天披荊斬棘，沒什麼衝力，有一度我幾乎脫水昏厥，我花了很大的力氣不讓自己用舌頭清理那個利什曼病傷口，因爲我覺得會提高它變化的可能性，或是擴散到嘴巴。

因爲拿出全球寬頻衛星行動通訊導航，也就順便檢查電子郵件，令人難以置信的是有個我從未聽過的人——貝利．麥可卡西（Barry McCarthy）——贊助了六千英鎊。喬和我爲此起舞——這眞是一筆很慷慨的捐款。

喬和我決定這次帶一樣新食材——麵粉。我們總會帶一些調味料、鹽和食用油，這次決定加一點麵粉爲用餐時間增色。寫到這裡，我知道其實只有喬和我有興趣，但只說下面這一點就夠了，喬花很多心思在製作酥皮沙丁魚的細節上，並且非常用心地揉麵團，我發誓我從未這麼享受過酥皮點心。由於多了這麼點微不足道的小東西，夜晚變得更有趣，也鼓舞了我們。

亞馬遜州這側的雅夢達河地勢較緩，但有許多倒落的樹木拖累了行進速度。第四天我們抵達一條最近剛開的泥土路，儘管這不在我們的計畫裡，但仍決定沿著這條路走，最後來到一戶人家，他們讓我們進去過夜，還請我們吃熱騰騰的燉牛肝。

我們和這對中年夫妻聊天的時候，他們建議我們抵達特隆貝塔（Trombetas）後，向聯邦警局出示護照。我很訝異特隆貝塔也有檢查哨，喬和我默默地互看一眼，我們都知道絕對不要接近特隆貝塔。

這家人說這條新路一路通往礦井，他們沒提到這是私人道路，我們也沒問，只是一條沒鋪柏油的路。

因此我們改變計畫，繼續沿著這條路走，通過礦區，但在抵達特隆貝塔前離開這條路（避開聯邦警察），進入叢林。我們不和美國廣播公司的記者碰面也是好事，因爲特隆貝塔就是約定見面的地點，如果我們到了那裡和他見面，接著立即被捕，那就糗了。

四月二日，我們提早出發，在這條路上進度很快，早上經過巴西環境及再生自然資源協會的一個檢查站，由於我們是非法的，我們遠遠地就揮手，開玩笑地向公園管理員的猴子大喊：「好可愛的猴子！」一路沒停地繼續走在道路的另一側，而他也沒攔住我們，我們成功地進入礦區南邊的國家森林保護區。

天色漸黑，我們決定和道路保持安全距離，因爲我們是非法移民，而且沒有得到許可就進入森林保護區紮營。我們沿著小溪前進約一百公尺進入樹叢，盡可能不砍伐、不發出噪音地紮營，並確保我們的煙不會飄到路上。

隔天一早我們從南邊接近礦區，那是一幅驚人的景象：一座露天開採的鋁土礦場，將大片雨林徹底剷除，大量開採鋁土礦，礦場裡有大型的工業用輸送帶，礦業公司有自己的鐵路，將一車車未經處理的礦土運出去。除了瑪瑙斯城之外，我還沒看過將雨林改變得如此徹底的案例，這些傷疤在Google Earth上清楚可見，只要搜尋特隆貝塔，往南邊就可以看到。

我後來得知礦場有百分之百的再植計畫，他們改種一百種不同的當地物種，改種之後這仍然是完全不同的森林，但至少沒有被剷平變成牧場。

就在我們快走出礦場的另一頭，一名穿靴子的男子過來喊我們，我們走向他，他強勢地要我們留在原地，等他打電話給上司。我們知道自己是在私人土地上嗎？顯然巴西環境及再生自然資源協會檢查哨那位養寵物猴的管理員打過電話，他們等了兩天，要阻止我們進一步上路。

那家公司叫北河礦業（Mineracão Rio do Norte, MRN），斷然拒絕我們行經他們的土地。礦區經理開著車窗不透光的閃亮黑色輕型貨車過來，立刻告訴我們不能再走這條路，因爲這是私人土地，他要親自載我們到特隆貝塔的聯邦警察局，這就是那種你覺得自己陷入大麻煩、無法逃脫的時刻，接著我決定撒個漫天大謊來脫困；我向他解釋我們的探險，除了一路都要用走的之外（這是事實），我們一路上從沒有坐過車（完全是謊言），如果他要我們上他的車，我們走了兩年就全都白費了。

他雖然自負，但並不冷酷，我向他保證我們會原路退回去，橫渡亞馬遜河，走另一端，這會多花好幾星期的時間，但我們不能搞砸了——不能上他的車。

那人接受了，他的助手拍了一張我們的照片後就放行。他們警告我們小心美洲豹，我們兩個都笑了，「我是說眞的，」他在背後大喊，「這裡有很多美洲豹，常常會走到路上。」我的確相信這個地方充滿美洲豹。那天我們就看到巴西刺鼠和野豬，吼猴也在我們身邊不斷嚎叫，儘管此地在開礦，野生動物仍相當豐富多元。

一離開他們的視線，我們立即溜進樹叢，在他們的私人土地上照原訂計畫向東行進，沒有浪費時間，沒有折回原路，他們在叢林裡永遠找不到我們，眼不見爲淨，我們又再度驚險地避過聯邦警察。之後我在網路上收到幾個巴西人給的警告，他們說帕拉州的人會比我至今遇過的任何一個原住民都危險，農業綜合企業、伐木和開礦在此規模相當龐大，擋人路者命不長矣，我決心不去煩惱這些威脅。

從這裡往東向特隆貝塔河有四十六公里，我們有五天的糧食，問題是我們比預期的還要南邊，因此更靠近亞馬遜主河道。

隔天早上，該來的還是來了，我們遇上了及膝的洪水，接下來是腰，再來是胸。我們從一塊乾地跳到另一塊，一如過去在淹水森林的情形，進度降到一小時只前進幾百公尺，如果繼續這樣下去，我們的食物撐不到特隆貝塔河。

然後我有個主意。我們在一塊三公尺乘四公尺的島上，雨才剛下，但我需要用電腦，我們在島上豎起防雨布。我必須知道淹水範圍，我拿出筆電，翻出美國太空總署在行前寄給我的那張舊淹水森林資料照片，那是一張很大的八百萬位元組照片，上面沒有任何坐標方格，接著我從全球寬頻衛星行動通訊取出那二公里直徑的圓形，畫在Google Earth列印出來有經緯度的圖片上，將兩張地圖擺在一起比對，我可以用河流的形狀在電腦螢幕的淹水照片上替換代表我們約略位置的圓形，我馬上看到一道有色的細髮絲，代表洪水穿過此區域，這意味著這區域大致很乾燥，如果我們繼續走，花不了幾個小時就能走出狹窄的洪水帶。

我們收好電子器材和防水布，繼續通過洪水區，不到一個小時，水位開始退到腰間，接著到膝蓋，之後我們又回到硬地上；這又是另一個神奇導航科技奏效的例子，省下我們往回走又花上好幾天，直到能買到更多食物，或選擇另一條路徑。世上唯一能給我們所需資訊的地圖就是美國太空總署的那張圖檔。

我坐下來，脫掉橡膠靴子，倒出水以及洪水帶來的細枝和葉子，再擰乾襪子。從這裡到特隆貝塔河都是乾地，我很確定我們可以不引起注意就避開這個不友善的礦區。

那晚，喬在酥皮裡放了點糖，欣喜的程度又提高了，這塊酥皮用神戶牛排或北平烤鴨都不換——眞的非常好吃。

四月八日，我們抵達一條通往特隆貝塔河的獵人小徑，與一戶巴西印第安人和白人混血的家庭待在一起，他們說有一條IBAMA小徑一路通往奧里希米納鎭（Oriximina），我們可以在那裡划船渡河進城，然而事實卻不完全如此。

那條小徑很快就到了盡頭，我必須承認我已到了厭倦的地步，對喬很暴躁。我們都筋疲力盡需要休息，但又極度渴望徒步走到奧里希米納，免得又要再回來補足步行。我變得完全不可理喻，値得讚美的是喬在這段路程中完全忍受我，他也累了，但他沒有我的煩惱——錢、時間壓力、和遠在英國的製作公司之間的齟齬（他們要改變規則）以及努力不讓這場探險分崩離析，喬只需一直走，我羨慕他的從容餘裕。我覺得自己就像在沼澤地上透過行動網路裝置經營一家企業，因爲沒有錢在英國聘請營運經理，我必須處理每一封電子郵件，整場探險的各個方面都是我在協調，全靠著嚴格的限制電池使用時間和每個月有限的頻寬，很難覺得自己全盤掌握，我知道這不是喬的錯，我不能再把氣出在他身上。

沿著河邊走會經過許多農田和有工人住的獨棟房屋，我們會在一些人家過夜，晚上我經常爲葡萄牙文苦惱，吃飯時覺得自己像社交毒藥，因爲我只想著爬回吊床睡覺。但喬在這方面很了不起，他學習葡萄牙文比我快，而且對這些人眞的感興趣，他會選其中一個主題——宗教、林業或農業——聊上好幾個小時，他的笑聲常在，令人愉悅，這些農家在他的陪伴下都很放鬆。我必須說他覺得好笑的事並非每次都讓我覺得有趣，但是是他的笑聲有趣，而且我確信我們遇上的那些人之所以如此歡迎我們，喬發揮了很大的作用。

當我聽到這些人家說「那個外國佬話不多」時，有時會覺得厭煩，我會想到很難跟他們解釋這場探險對我而言是場磨難，再說得時不時要奮力保持專注，尤其晚上是最糟的時候，因爲黑暗中我看不到人們的嘴，腦子太疲累無法翻譯葡萄牙文。

到了早上，經過一夜睡眠有較多的精力，我會特別努力去和那些人家聊天，但如果有人想接觸人群、學習不同文化，我絕不建議用和我一樣的方式旅行，我幾乎總是因爲太累而不在乎。

二〇一〇年四月十三日我訂了回家的機票，爲了降低成本必須訂下這張票，由於還有四個半月要走，所以把信用卡放到桌上時我很緊張，仍有很多未知的事可能發生，不過必須在限期內完成探險對士氣有幫助。我預計在八月二十九日抵達倫敦希斯洛機場。

四月二十二日一道銀白色的閃光在我們眼前爆炸，接著一聲巨響劃破溫暖潮濕的空中，一根距我和喬三公尺遠的電線杆，在猛烈的熱帶大雨中被雷劈了。我們不住地微笑、大笑，身體注滿腎上腺素，應付危機狀況。我們在雨中幾乎是像漂流般地過街，咧嘴大笑，高喊著：「老兄，門兒都沒有！」就像電影裡的阿比與阿弟一樣。

每次遇到存有危險元素的嚴重意外時，我們和多數人一樣會加倍緊張地動起來解決問題，感官意識增強，時間感知慢下來，我們都有生存本能，身體的設定是會盡其所能地幫我們應付緊急狀態；在危急時刻會變得非常專注、有能耐。

人們常會問我們如何應付這些危險：涉過有黑凱門鱷的水域、接近致命毒蛇，或遇上兇猛的部落。老實說這些時刻都令人感到刺激和興奮——時間過得很快；這些危險幫助我們擺脫更具殺傷力的現象——單調和無聊。

喬和我漸漸地無法從休息中恢復體力，經過兩天的休息，我們走路依舊像殭屍，完全沒有復原的跡象。

到了現在，探險已經變成不斷重複同樣動作的牢籠，無論別人怎麼說，不可能一直保持樂觀正面。我們的大腦渴望新的刺激，厭惡每天和當地居民平靜、客套地討論我們有多瘋狂，我有時候根本不在乎雨林的命運——只想見朋友、看運動比賽、上夜店；砍光整片雨林——我只想在我第一個外甥出世時在場。長期的疲累會耗盡人對所有事物的熱情，有時候通過長滿蘭花的參天巨木、交織一整片的藤蔓植物以及河床佈滿砂石的清澈小溪，我們完全沒有留意，這些能幫助我們度過這一天嗎？不行？那就去他的。

然而在內心深處，熱情、動力和信仰依然還在。喬和我嘲笑那些問我們有沒有想過放棄的人，畢竟經歷過這些日子之後，這只是一個荒謬的概念，我們當然不會——不會走了兩年之後放棄——內心深處我們都有要成功的強烈決心。

是我們善變且容易疲倦的大腦引出了這些問題，我的目標就是要駕馭大腦，危險容易應付——是那些單調平凡的日子讓我們難以克服。

我在奧里希米納檢驗皮膚利什曼病呈陽性反應，說服醫生給我整個療程的靜脈注射藥物，因爲我還要繼續前進，他勉爲其難地答應了，在接下來的二十一天，我必須自己找血管注射。我之前練習過注射，但從沒實際嘗試（而且從未在自己身上打過），替自己扎針多少是個考驗，有時候很容易，有時候則把手臂弄得血淋淋一團糟，讓自己不舒服。

從奧里希米納開始，喬和我進入完全不同型態的雨林，這裡是高楚人（譯注3）文化，舉目所及全是牧場，煙塵瀰漫的漫長道路連接起亞馬遜河北岸上的小鎮，多數雨林早已被夷平。

每個城鎮都更像是德州的偏遠鄉鎮而非亞馬遜，幾乎看不到原住民臉孔，這裡是殖民者的土地，看似膚色越白就能得到越多土地和錢財。我在這裡也認出了來自阿根廷的特徵：高楚人的服裝風格類似，也喝瑪黛茶；瑪黛茶是用熱水沖泡乾燥的瑪黛茶葉，裝在挖空的葫蘆裡，用金屬吸管大家輪著喝。我很難把悠閒自在的阿根廷文化和這種農業綜合企業聯想在一起，阿根廷的畜牧業比較合理，他們有上千公頃的大草原或天然牧場，生產最上等的牛肉；而在這裡，每一塊肉都是從原本蒼翠繁茂、豐富多樣的雨林產出來的，每當我被這些農場主人的慷慨和拉丁牛仔風格打動時，我同

譯注3：南美草原地區的牛仔，特別指西班牙人與印第安人混血者。

時也知道這是一個我反對的產業。

從後勤上來說，這裡是我們的夢幻天堂：有很多買食物的地方，一條可以穿卡駱馳鞋行走的寬廣灰色道路。我們本可以此做爲脫離叢林喘口氣的灰色步行假期，但我們都不想耽擱，因此每天挺進大段距離，走完這段貧瘠的農業路段，再度回到叢林，也更接近終點。

這時候我的公關薇琪安排美國廣播公司來此爲我們拍攝幾天；攝影師/製作人是一名紐西蘭人，叫巴特．普萊斯（Bart Price），他想雇一艘快船來和我們會合，我提議爲他安排，而他同時也試著從瑪瑙斯找有門路的人替他處理，我不知道他遇人的運氣如何，但因爲我當時正走在塵土飛揚的道路上，不需要喬，因此派他到聖塔倫市（Santarém）爲美國人找最棒的快船。喬很喜歡這個任務，盡可能和人討論以找到最好的船，他花了三天終於找到一艘非常適合新聞團隊的船。

我向巴特回報我們找到船了，他要我直接訂下來，我很高興喬不負所托，巴特也很滿意。

巴特在清晨抵達，我們立刻和他去喝酒，打從一開始我就喜歡他在戰火摧殘下的幽默感和憤世嫉俗的觀點。他是個大漢，個頭比我高，體重也過重了些，長期在全球各地做戰地報導。他有很多故事可說，但最後話題回到船上，他告訴我在瑪瑙斯交涉的那位中間人是個「沒用的笨蛋」，告訴他「不可能」在聖塔倫找到快船，我笑開懷，立刻知道他和誰交涉，「他是不是也叫卡沃斯？」我問道，很驕傲喬能找到上好的船，卡沃斯根本連試都懶得試。

拍攝進行得很順利，幾天後美國廣播公司的另一名記者比爾．威爾（Bill Weir）加入巴特，我們一起在叢林拍攝了一陣子。這有點拖累我們的進度，但我認爲如果沒人知道，這場步行的價值會少很多，這次的拍攝會剪成好幾則新聞在他們電視網的不同節目裡播放，此外能打破日常慣例也很棒，這兩人滿意地離開了。

我的第一個外甥亞契沒多久後出世了，這又是另一個提醒我錯過了家鄉生活的例子。我們繼續開拔前進。

二〇一〇年五月十四日日記：

每次我寫下日期，總覺得自己是在未來，我們眞的在二〇一〇年嗎？天啊。

五月中道路路段結束了，我們準備出發重返叢林，但地圖上的道路結束了，而地面上的道路卻仍延續不絕；過去三年來新開的伐木小徑向東延伸，有人告訴我們這些小徑一路通往**阿爾梅林**（Almeirim），我們希望在那裡最後一次橫渡亞馬遜河。我們一向很清楚沒必要讓日子過得太辛苦，決定寄放沈重的裝備——靴子、充氣筏、槳和釣具等道路上不會用到的配備——輕裝走上嶄新的道路越過山丘，等我們到了阿爾梅林，再坐船取回重裝備，這代表我們的背包會從每人四十公斤減到約十公斤，棒透了。

當然，無可避免的事又發生了。新路在帕魯河（Paru River）中斷，我們必須以減重的路上裝備穿越叢林，在那麼多禮拜的灰塵和牛糞後，再度走在樹蔭下眞是太好了，但我們毫無準備。

喬穿涼鞋、我穿卡洛馳鞋進入樹叢，感覺有點裸露又脆弱，我絕不會建議任何人穿這種鞋子進入叢林——我們多次跌倒，而且腳上札了許多荊棘。如果沒有人可以出借獨木舟，我們就得用背包當漂浮物游泳渡河；因為速度減慢了，也沒有工具釣魚，我們必須把剩下兩天的配糧分成五天份。

我們減半的限量晚餐包括共吃一包拉麵湯包和一份沙丁魚。我們的氣力和熱情都很低落，感覺有點猝不及防。

農業區又有新玩意兒等著我們——扁蝨。我們全身都是扁蝨，牠們非常小，如果不仔細看會誤以為只是發癢而已。另外我們兩人的喉嚨也都感染了，在喬為我抓背後的扁蝨時，我正努力拔出膝蓋上的厚黑荊棘，眞是令人心滿意足。

我們蹲在帳棚雨罩下的一小塊空地上，四周都是叢林屏障，昆蟲高而尖的嗡鳴聲就像叢林的心跳，一束束微弱的夕陽光暉撒進高聳的樹叢，讓明亮的綠葉和遠處的暗影形成強烈對比。

由於長期的步行，再加上還有兩個月要走，我們都有點沮喪；遠離在乎的人，一再重複著早已不感興趣的事情。

我們從叢林出來，走上往南到阿爾梅林鎮及亞馬遜河岸的小徑，登上最後一座山丘，往下可以看到小鎮的後方和眼前廣闊的河流，一輛警察摩托車上面坐著兩個人，上山丘朝我們而來，車子停下來，後座的人下車掏出槍，大喊：「雙手舉起來！」

「時候到了。」我心想，聯邦警察逮到我們了；他們一路追蹤，我們就要進監牢，被指控在巴西非法居留。他們命令我們進警車，就在我要拿起背包時，持槍的警察大喊要我別碰。

我的腎上腺素流竄，腦子閃過各種做法；我們只需回答問題、表現有禮，並且盡可能輕描淡寫地提及非法情事，這些是當地警察而非聯邦警察——他們可能不知道。

在警局我們又一次被搜身，又一次把背包清空，接著他們檢查護照，然後還給我們，說可以走了。我一頭霧水，問他們逮捕原因，原來是有線報說我們攜械從北方接近這城鎮，一旦他們發現我們沒有武器就放行了，還推薦好旅館。我想那個線民看到的一定是攝影機上的吊桿式麥克風，不管是什麼，當地警察完全忽略了護照上過期的簽證，我們又再次鬆了一大口氣。

在阿爾梅林的旅館陽台上，我決定必須專業地處理探險心理層面的問題。所有有探險經驗的人都建議我，探險的心理層面是最困難的一環，但怪異的是，我從未費心學習或接受訓練，我勉強拼湊著讓探險進行了好一陣子，但總是陷入不快的負面心境。我想多瞭解人類的大腦，上網研究基本人類需求，這樣可以把我的精神狀態放在和目前壓力有關的情境下。

我也拿到一位神經語言程式學大師菲爾．派克（Phil Parker）的電話，看他能否幫助我更有效地掌握自己的心態。我和菲爾談過三次，每次約一個半小時，他告訴我一些非常簡單的技巧，幫我對問題再度有所看法，以及從自己太過專注在單一任務而造成的強烈幽閉恐怖中解放出來。

並沒有什麼神奇的解決方法，但和像菲爾這樣瞭解大腦的人談話的確得到安慰。我想我從對話中學到最重要的就是我能自由選擇對任何事情的反應，我可以反應小一點，選擇最適合當下任務的心境。

我們要從阿爾梅林最後一次橫越亞馬遜河，到彼岸有二十八公里，大概是在瑪瑙斯橫渡時的兩倍寬，喬和我相當狂妄地要我們的小橡膠筏渡河。

16 最後衝刺

亞馬遜河在就在眼前，我們自訂的「渡河後必須走回出發地點正對面」的規矩又邁向一個新境界，我估計這次到對岸時會往下游多移五十公里，因此爲了抵銷水流助力的距離，我們必須走五十公里，因爲南岸（往回走的那岸）都是低窪地，不可行，因此我告訴喬，出發前必須在北岸往下游走五十公里。

Google地圖上顯示有路，代表我們有兩天輕鬆的溜達行程，儘管Google Earth顯示沒有路，但事實上是有條泥土路，上頭懸垂著樹木擋住Google的衛星；那條路通往內陸，遠離河道，通過一大片叫**聖雷滿多**（San Raimundo）的稻作區，小徑在那到了盡頭。聖雷滿多是個殖民部落，一開始是一位美國人來此，決定在淹水森林種稻，他從四周引進當地勞工，付給他們還過得去的薪水，讓他們住在附近一個叫**佩斯奇薩**（Pesquisa）的村莊，實驗最終失敗了，但在種植期間，砍伐了大片雨林，至今在Google Earth上還能看到。

聖雷滿多位在絕壁上，高聳於稻田之間，瞭望整個亞馬遜河三角洲，這是入海前最後一個重要的高地，和一名看似照管這些廢棄建築的老人談話的結果令人憂心，他說我們選擇的路徑是不可行的，從這裡到海之間沒有足夠的硬地可走，唯一的方式就是坐船。老人在此處工作生活達二十年，直言不諱地嘲笑我們太天真，我希望他有一天會讀到這本書。

因爲不想在聖雷滿多和這位末日預言家待在一起，我們走下峭壁，來到工人的小村莊佩斯奇薩，這裡的居民是當年的種稻工人，他們繼續居住在此，靠著捕魚和種植一般木薯作物維生。

我們受到最友善的歡迎，特別是因爲整個村莊看來都處於樂陶陶的半醉狀態，我們拖著步伐走在一條陋街上，到處都是垃圾以及微醉、衣不蔽體的巴西人，不到十分鐘，村長就要我們「當自己家一樣」，一名叫娜札雷斯的婦女帶著挑逗的笑容爲我們煮炸雞。

從這裡開始，就後勤來說，計畫非常簡單，但所有人都說會淹水，我們只能沿著一條緊鄰老農田的小溪行進，一路通往亞馬遜河主河道，走我們要修正的五十公里路。

隔天早上，我們沿著一條堤岸走，那一定是淹水稻田上的舊路；順利地行進了五公里，路的每一邊都有淹水農田，不久就遇上濃密的刺藤和珍珠茅，被迫離開堤岸走進水中，一踏入蘆葦叢就被成群的吸血蚊圍攻，我們在取代了稻米的蘆葦和雜草間奮力行進，希望這些草長得夠茂密，不會有鱷魚。

左手邊可以看到一條帶狀森林，緊鄰著萊歐利斯河（Raiolis River）淹沒的稻田，堤岸已經無法行走，待在農田裡也沒有意義，因此我們向左往林木線行進，一路上刻意製造噪音嚇跑鱷魚。

雜草叢生的農田上亮白的日光被古老、陰暗的樹叢給遮住了，我們身處陰涼的淹水森林，走在及腰的棕色水中，沒多久樹木間距拉開，不用劈砍就能行走，我們在陰暗幽僻的世界裡大步前進時，一路上可以看到明亮的水道就在左手邊。

我們找到一塊高出水面的乾地過夜，雖然面積不大，但雙腳是踩在乾燥地面上。我們在樹間拉起吊床，吊床相當接近水面，但別無選擇只能就地紮營，希望晚上上游不會下雨，因爲吊床只離水面幾呎。就在我們爬進睡袋時，喬告訴我水位已經上升了，這是個不祥的預兆，淹水無可避免的感覺隨著水滲進來，我們紮營的地面慢慢變成一片幾公分深的水域。已經不可能睡覺了，我們達成共識，只要水位再上升一呎就將筏子充氣、收起吊床，往河上推進在暗夜中尋找部落。不過水位沒有再上升，凌晨兩點左右，我們兩個都在這片水鄉澤國上不知不覺地睡著了。

萊歐利斯河上的第一個部落是艾**斯比里托度桑托**（Espirito do Santo），我們遇上了留著長髮、圓胖、鬍鬚髒亂的阿林多，阿林多和他兒子在捕魚，但一無所獲。他一眼就讓人覺得奇怪的地方在於，爲了在河上固守陣地，他往下游划，這表示我們要不是跟錯了河，就是這條河往高處流，我確信這是不可能的。

阿林多帶我們去他家，讓我們待在水上木樁上的單房小屋，那房子有道長長的平台延伸到河裡，我們坐在太陽下，在平台上洗澡，他的好幾個孩子在一旁玩鬧潑水。

接著我終於明白了，「阿林多，河水每天往上流兩次嗎？」「對啊！」他說道，好像這是世界上最顯而易見的問題。我微笑著，很高興終於想通了，不過身爲地理系畢業生，沒能早一點搞清楚確實滿丟臉的。探險結束前兩個月，河水已經受到潮汐影響，每當海潮進來，河流就會改變方向。我們一直維持良好的進度，但我擔心亞馬遜河本身的南岸森林，我們還是必須橫渡整個三角洲的頸部，這代表必須走過許多淹水區域，將會拖慢速度。我們的進度已經落後十一天，八月底還要趕飛機。

在淹水森林步行的最後三天，景色非常優美開闊，我們的負擔很輕，享受著祕境的美景和清淨，就像洞穴探險家細細品味地下陰暗世界鮮爲人知的孤獨與獨占，我們也找到自己尚未爲人所愛卻絕美的環境，我們已經適應而且漸漸愛上了。我們終於抵達萊歐利斯河口，從附近人家找來一艘船，快速地在幾個小時內往上游航行五十公里回到阿爾梅林。現在我們已經走完了估計河流會帶著我們往下游去的距離，準備好最後一次划行橫渡亞馬遜河主河道。

我們在六月十一日和十二日從阿爾梅林橫渡亞馬遜河，划行總距離約四十九公里，但我不會吹噓這段路程，因爲非常簡單，沒什麼好擔心的，充氣筏比任何獨木舟都還平穩，毫不費力地隨大浪起伏，在橫渡到約三分之二的路程時，因爲天色漸黑，我們於島上一戶立在木樁的小屋前停下來，隔天繼續划到南岸的小村莊**維拉金霍**（Vilazinho）。

接著開始穿越叢林密佈的亞馬遜河三角洲，前往四百公里外的貝倫市。在維拉金霍有兩名熱心的漁夫和我們一起走了頭一個小時，他們說可以幫助我們找到伐木小徑，他們的確幫了大忙，在接下來五天的路程中，我們爬升到海平面七十一公尺高的地方，如果思及塔巴廷加（二〇〇九年四月進入巴西的城市，在我們西方三千公里處）只在海平面上八十一公尺，這是出乎意料之外的高地，我們穿越令人驚奇的乾燥路面，進展非常順利。

我一直自我訓練的神經語言程式學相當有效，這種簡單的知識讓我有能力選擇自己的心情，讓我大開眼界，我只須輔導自己，判斷哪種心情最適合處理當下的局面，憤怒有幫助嗎？當然沒有，因此我變得更開心。每當我察覺有一股負面、低潮或憤怒的情緒襲來，我會輔導自己平復，擁有掌控感受的知識大大提振我的士氣，這種訓練不會消逝，因此我輔導自己的次數越來越少，喬不再是事情出錯時怪罪的焦點。我負起全責，只專注在如何正面解決問題。

我又開始夢想未來的探險，當時的想法是划船走完剛果河全程，這會是場極端危險又令人興奮的探險，我確信還沒人做過——我錯了，一名叫菲爾·哈伍德（Phil Harwood）的英國人在二〇〇八年我剛開始探險時划完了全程（靠了一點帆船的幫助）。但這個夢想幫助我在好幾個星期的時間裡專注在正面事物上。

開闊乾燥的森林讓我們大展拳腳，不只追上了落後的進度，甚至還超前。

六月底，綿延數公里的美麗淹水森林又把我們拉回現實，我們在深茶色、味酸的水裡涉水而過——稍微像檸檬。

距離大西洋還有一段很長的距離，但我們像孩子般興高采烈地談彼此未來的憧憬，彷彿明天就要到家了。我的腦海裡全是未來的探險，喬則夢想著到列斯特郡後，成為橄欖球場上的邊鋒好手。

在眞正的叢林裡走完最後一段路程是件很棒的事。我們恢復了慣例，米和豆子是主食，重量再度上身，我們覺得自己很強健，也擺脫了牧場道路上令人無精打采的單調乏味。

我們身上仍滿是扁蝨、我的背包破損、喬的靴子用線纏綁、全球寬頻衛星行動通訊用膠帶和電纜帶修補——但都無所謂了，現在有股難以動搖的成就感在我倆心裡滋生，還有一個多月要走，我們能保持這種正面動能嗎？

我們從東南方抄近路穿過三角洲，垂直橫渡湖泊和河流。在湖邊，我們的蚊帳在風中鼓起，背部在薄薄的吊床上發冷。

有隻小馬蠅寄生在我腦袋瓜上，之前就有過，只有一點不便，僅此而已。成年母馬蠅把蛋下在蚊子的底側，當蚊子咬你時蛋隨之落下，受到體溫刺激，這些寄生蟲就長在肌膚裡，幼蟲吃你的血肉成長，感覺就像針札，很煩人，特別是在要睡覺的時候。

要把馬蠅弄出來必須先殺死牠，因爲幾乎不可能活生生地把牠擠出來，悶死牠是最簡單的方式。我有一小條用來修補東西的強力膠，喬只在馬蠅呼吸的開口處搽了一點，幾小時內牠就死了，隔天用樹枝尖刺劃破皮膚（因爲被包覆住了），喬只消把牠擠出來，接著輕輕地拉幼蟲直到整條出來，這眞是爽快。

我們抵達卡休阿納湖（Lake Caxiuana）後，在小鎮**波特爾**（Portel）休息，但坐立難安，我們根本不累也不覺得需要休息，只想走路。

六月二十四日，進度如此之快，因此我把班機提前三個星期到八月十日，只剩下四十七天可以行走，我們火力全開，帶著衝勁和意志通過所有類型的叢林。

通常走出叢林來到河邊時往往不會有商店，因此只能買當地住戶有得賣的東西，一般來說只有木薯粉或米，但那時喬和我興致高昂，什麼東西都好，一有機會就大口大口地喝冰涼巴西莓汁，那黏稠紫色的飲料是當地收成的巴西莓新鮮磨製而成，在當季盛產而且是主食，此外看來富含營養。

不出所料，在我改變班機日期後，森林又開始變得難走，我們花了好幾天的時間在半沼澤地上努力維持里程數，然而雙腳深陷爛泥。

我們比以往更能挺過叢林艱險並保有幽默感。巴西東部我們所走過的雨林全開發過了——所有的大樹被砍除，次生灌木叢橫生，凌亂的伐木小徑誘使我們走往不同的方向，但我們行進更加快速，緊跟著直線羅盤方位角，拿著大砍刀一切聽憑命運。

我們橫渡卡邁拉比河（River Camairapi），選了一大片看來是天然草原的陸地行走，向東前往亞昆達河（Jacundá River）。六月十日，我們一天走了二十三公里，但又被太陽烤焦了，休息時躲在最小簇的灌木叢下。

我們沿著電線加速行進，但沒多久電線就轉了方向，我們被迫回到叢林，隔天是兩年半來最難行的日子之一。

我們希望抵達亞昆達河——距離那條電線只有十一公里。一開始有條小徑大致在我們的方向上，但一如以往，小徑很快轉向，遠離我們的路徑，因此我們算出到河邊的方位角，投身矮樹叢。一開始只是纏錯、緩慢，就像通過有刺鐵絲網障礙，接著地面沒入水中，我們在沼澤地行進。此刻我們的幽默感也失效了，前陣子輕鬆的日子似乎降低了我們的耐受力，喬痛恨往回走，因此當我建議回到小徑上另尋路徑繞過沼澤地時，他拒絕了，我勉強同意繼續向前。

但這麼做眞是太蠢了，在沼澤地又走了一小時後，我們還有四公里要走，只能硬著頭皮繼續走。

我們開始彼此惡聲惡氣地說話、相互怪罪，在探險中這是很糟的行爲，但我們都失去了洞察力，我完全無法讓自己冷靜下來；「眞是明智的決定啊，喬——謝啦！」我幼稚地在他努力把腳從泥中拔出來時激怒他，兩人都怒氣沖沖，失去了平日鼓舞自己、朝光明面看的能力，他只是回瞪我。

我們的壞情緒讓情況雪上加霜——一小時又一小時以極緩慢的進度悲慘地行進，距離目標河流約一公里時，沼澤變得更深，我們在叢叢扭曲盤錯的樹木間游泳。

叢林變得非常繁密，我們必須卸下背包，掛在水面上的樹枝，拿砍刀往前開路，到了晚上六點，已經漸微的日光被暴雨雲完全遮住——閃電和雷聲宣告一場強烈熱帶暴風雨來襲，雨打下來刺痛我們，但我們必須拿出頭燈繼續前行。

壞心情煙消雲散了。我們知道讓自己陷入負面情緒會使情況更嚴重，現在必須合作；在成簇蘆葦間顫抖過夜的恐懼取代了沮喪的心情，雨穿透單薄骯髒的衣服打在身上，我們沒有驚慌，但急切地想突破重圍。

紮營是不可能的，因爲沒有夠大的樹綁吊床，也沒有硬地面。小小的火蟻不斷咬我，還有馬蠅來摻一腳，我們努力在雨中保持帽沿下的頭燈燈光，繼續向前行。

隨著天色全黑，叢林逐漸轉成蘆葦，我們知道目標近了。晚上七點，我們把筏子充氣，在高漲的河裡大大鬆了口氣，在狂風怒雨中，我們必須大吼才聽得到對方。

在完全不知道附近有沒有人居住的情況下，我做了記號打算明早返回。上游一公里處的閃爍微光給我們新的能量，我們拼命地划過去。

住在木椿小屋上的人一開始很怕我們，有人要我們繼續划。在天黑後抵達不是個好主意，這些部落會拒人於千里之外，因爲他們認爲夜行者不是好東西。我堅持不懈（稍微有點乞求），他終於讓步，允許我們爬上他乾燥溫暖的家。我們顫抖著，向他謝了又謝，他告訴我們西班牙剛贏得世界盃。又回到常態了——我們洗澡，穿上乾衣服，喝咖啡。

這種時刻我都會懷疑我能否忠實地表達出穿上乾短褲、捧著一杯甜咖啡有多讓我歡欣鼓舞。喬和我不需要對彼此道歉——我們已經像兄弟一樣，瞭解是這些棘手的時刻扭曲了我們的行爲；如果我們還是提了，也只會嘲笑自己被困境給影響了。

也許只有在眞正的絕望過後才能感受到全然的滿足，我們在一小間木造儲藏室拉起吊床，伴著木椿下的水流聲中入睡。

從亞昆達河起，我們必須穿越叢林到一條通往卡梅塔（Cametá）的公路，這是整場探險的最後一段叢林路程，而且現在的行程很趕。我們必須接待一名來自倫敦《都市報》（*Metro*）的記者，他要來走幾天，接著盡快走到公路。

我現在幾乎只用Google Earth導航，發現有一條最近剛開出來的小徑通往卡梅塔公路；我們抵達小徑，準備脫掉叢林靴換上公路鞋時，我發現了我的失誤，這條白色、南北向的細線是條廢棄、雜草叢生的電信線路，走這邊會比直接穿越次生叢林慢上兩倍。這裡一度打算開路，但在印第安人燒橋抗議，拒絕這種侵入性的基礎設施後計畫就擱置了。這條電線曾供給奧艾拉斯鎮（Oeiras）電力，但很多電線杆後來傾倒了，電纜糾結，和藤蔓交纏在一起，在廢棄的這些年間，光線照進這片長形區域，形成一道三十呎寬、三十呎高、五十哩長的珍珠茅刺藤灌木叢。

只剩下十三天可走，喬和我接受這項挑戰，快步通過凌亂的灌木叢，有漂亮的雨林也有令人難以忍受的雨林，而我們處於後者。此刻就是這種黑色幽默驅策著我們，休息時不時交換心照不宣的眼神，以及一份共享的自憐，命運在我們以為叢林時光已經結束時，又多給了我們一段；其結果是抵達貝倫的道路系統後，必須增加每天的里程。

超現實已經不足以形容我們一面同心協力地衝破灌木叢以取得進展，一面和位在亞特蘭大的CNN做串流視訊電話。而這開啟了日後許多訪問，能幹的公關薇琪．李莫為他們安排，從那時起每天在小徑或道路邊上採訪我直到我們抵達大西洋。在擺脫叢林之前，每天採訪前半小時我們都很焦慮，因為要在林蔭間找個足以讓訊號穿透的空隙。

我們心底有一小部分其實很高興道路沒有出現，讓我們多了幾天叢林路，新生的急迫感和必須完全專注在任務上爲我們重新注入熱情，「別無選擇了，」喬笑著說，「我們必須抵達。」

七月三十一日這天在清晨五點靜悄悄地展開，我默默搧風讓餘燼復燃，在黑暗中煮飯。當天天色漸明時我們拔營，努力在廢棄的電線間行進，一旁的森林不是珍珠茅就是濃密的竹林，我們在珍珠茅和竹林之間迂迴行進，尋找最快速的脫困路徑。

一整天我們都知道左手邊有條河流，也經常遇到當地人。早上九點三十分，途經一戶人家，告訴我們一個大好消息，距離目標橋梁（標示著文明起點的橋樑）只剩一小時路程，我們毫無懷疑，天眞地任由情緒高漲。

在接下來幻滅的兩個小時後，一位正在修理獨木舟的好心男子告訴我們還有一個半小時，又一個小時後，一位矮胖的女士也這麼說。

就在兩點之前，我們看到了殘破的木橋，爬過橋墩基柱，走進iPone 4和用兩指滑動螢幕的世界裡。

恣意擴展的城區代表已經逼近貝倫，我們的蠻荒之旅最後無可避免地在城市告終，但喬和我並不埋怨——我們已經走過夠多的雨林了——文明的誘惑在此刻最受歡迎。

我們必須從卡梅塔渡河，花了一整天划船，晚上七點摸黑到了貝倫這頭，找了一家便宜旅社，查看地圖和距離，現在一天要走五十五公里（一天十一到十二小時的步行），在剩下的最後一週抵達海洋。

我們的興奮之情被疲憊澆熄，每天路程結束後錄製視頻讓我到凌晨兩點才睡覺，早上五點半就起床趕路。

現在變得有點像是每天不斷看著時鐘，公路步行不時讓倒數路標打斷，告訴我們還有幾公里路要走，這一刻我們離貝倫還有八十六公里，十二分半後——滴答——八十五公里。

在赤道烈日的烘烤下，我們嘴唇乾裂、T恤褪色，開始懷念起雨林樹蔭下的陰涼。

現階段喬和我一般而言會稍事休息，恢復體力，但時間壓力代表每日的里程不得鬆懈。

在秘魯和我們走過一段的攝影師基斯·杜卡泰爾前來拍攝最後一段路程。我和喬都很高興他歸隊，儘管他因爲椎間盤凸出住院一個月，仍決意要來拍一些精采照片。他對攝影的全心投入幾乎要了他的命，有一次他躺在馬路中央從柏油路面上拍照，聽到卡車駛來的聲音時，連忙回到路邊，那輛卡車由北向南駛，卡車通過後，基斯想繼續拍照，他走回馬路中間沒有往南向看，一輛摩托車急轉彎才避開他，這次險些撞上，瀕死經驗把他嚇得楞在原地，接著大笑，當做是學到一次教訓。

八月四日晚上十一點三十二分，只剩下五天，還有二百六十公里路要走，我寫完每日部落格，鬧鐘設定兩點起床繼續行走。最後一段路程會把我們累垮，因爲白天體力透支，晚上又沒有足夠睡眠恢復。前一晚因爲在凌晨兩點到機場接基斯，我根本沒有上床，更別說睡覺了。

有別於叢林的是道路已經城市化，並且是私人所有，而這正是問題的所在，因爲我們不可能在人家的花園紮營，因此我決定把基地設在貝倫，雇一輛車每天載我們進出繼續行走。然而我並沒有考慮到車程，因此每天十二到十四小時的行走，加上四小時來回，以及採訪、寫部落格和編輯影片，意味著睡眠是被忽略的一大奢侈。如果重來一次，我會雇一輛露營車和一名司機一星期，每天結束後就癱倒在後座。

第二天也是一樣：早上四點起床，七點開始步行，晚上十點抵達**波多杜阿拉巴里**（Porto do Arapari），處理信件以及行政工作，凌晨一點二十七分上床。

我們必須自波多杜阿拉巴里渡過一片水域，抵達貝倫，之後繼續走向大西洋海岸。迂迴的道路太過遙遠，不是個可行的選項，因此我們最後一次拿出充氣筏使用。

「貝倫周遭的潮水很危險，」人們如此警告，「水位起伏很大，水流可能非常強勁。」

喬和我聽了進去但也忽略這些建議。這兩年來已經聽過太多誇大的負面訊息，我們的反應很冷淡，甚至有些不屑一顧。

我們忽略的另一個原因是如果要在八月九日限期以前抵達，那也沒別的選擇，因此隔天清晨，我們啓航，開始此趟探險中最後一次渡河。

那天是八月六日，朝陽只從地平線上露出半個頭，撒下溫暖的日光柔和了水面，「看——很簡單。」當我們慢慢划離南岸時，喬笑著如此說道。但就在我們停止划行兩分鐘抹防曬油時，全球定位系統劃破寧靜，提醒我們正在快速倒退。

我們奮力划行，企圖衝破這塊倒流的水域，用力划了約三公里後，才再度變得輕鬆，重拾速度，剩餘的十公里我們鬆懈下來。

但眼看最後一段航程就在前方，衛星導航預估抵達時間開始攀升，下午一點……兩點……三點……看來水流再度改變，我們正快速往海漂去。

我想都沒想立即改變路徑，往最近的堤岸划去，而非預計的港口，喬緊跟在後。大自然對我們展示驚人的力量以及人類的脆弱，我們向海急馳而去時，貝倫颼地從眼前左方飄忽至右，我們像兩塊軟木浮子漂在淹水的溝渠裡。

我們費了九牛二虎之力往對岸靠近，城市消失在右手邊，海灘、岩石從左邊朝我們而來。我們的胸口、手臂灼熱，突破重圍進到一塊相對平靜的水域，努力在滿是垃圾的淤泥灘登陸。我們氣喘吁吁，互看一眼，默默地鬆了口氣。

「我就說吧，很簡單。」喬微笑道。

最後一個重大阻礙已經拋在身後，但這天還是要繼續步行，盡可能遠離這城市。我們最後一次收起充氣筏，往北穿過繁華的城市街道，街上還殘留著世界盃的黃綠裝飾。

八月七日星期六這天的計畫是整晚向前推進，這樣星期天晚上才有時間在**馬盧達**（Maruda）休息——距離星期一早上走上海灘只剩最後一點距離。

星期六凌晨三點，我們還有八十五公里要走，走路時我睡著了——和有時候開車非常疲累的驚恐感覺類似。我估計如果停下來躺在路邊睡個二十分鐘就能恢復。躺著的時候我突然奇癢無比，我狂亂地抓著，但癢得令人發狂，最後發現是全身起疹子，我無法行走也不能躺平。

這是個超現實、夢一般的經驗，我在路邊躺了一小時，要求打求救電話。我太累了，無法思考剩下的路程，隨著時間流逝，我在極度疲累的狀態下，頭部著地昏了過去。

在我昏倒期間，基斯被找來，把我們送上出租車，只睡了幾分鐘症狀幾乎都消退了，我臉色慘白，但頭腦恢復清醒。

後來決定我們需要三小時的適當睡眠，因此前往馬盧達的旅館。當我從強制的休息中醒過來時，感覺煥然一新，我寫了部落格，接著搭上雇用的車子返回昏倒地點。

喬和我在正午開始行走，現在再無選擇，必須整個下午和晚上完成剩餘的八十五公里——我們希望在太陽升起時抵達海灘。以前從未一天走過這麼長的距離，更遑論是在這樣的時間壓力和身體狀況下。一車的巴西記者跟著我們。

我的身體在接近終點時決定停工讓我有點慚愧，那一天——最後一天——是整場探險中最長的一天。

那晚的確很漫長，雖然我們一開始以每小時五公里快速前進，但隨著時間的過去，速度漸漸慢了下來。黎明前我接到來自瑪瑙斯的愛爾蘭朋友克里夫來電，說他有個新聞團隊想來拍攝，但被他擋下來，因爲他不希望他們拖累我們的速度。

世界上最大的兩家新聞媒體美聯社和路透社也來了，還有多家巴西頻道。

太陽開始升起，喬和我已經麻木了，雙腿緊繃，我覺得小腿肌肉彷彿隨時會撕裂。此時克里夫才允許新聞團隊出發。

他們在灰白的晨曦中就像突擊部隊蜂擁而入，在我們行走時頂上的鹵素燈讓人睜不開眼睛，狗仔式的閃光攝影更讓我們失去方向。沒有人說半句話；事前的簡報要他們等到我們轉過彎往馬盧達海灘時再採訪，屆時會是早上八點左右。

媒體的出現以及大家都在看著，提振了我們的士氣，我們幾乎飄飄然地過街。當天色漸明，新聞團隊輪流和我們一起走，採訪我們；這眞是不可思議的經驗，感覺很不眞實，但所有人對我和喬所做的事這麼有興趣，讓我們相當自豪。

大約有四公里路，有幾個朋友同行，他們和我們一樣興奮，我們一行大約十人一起走，直到最後五百公尺，他們留下我和喬獨自完成這段旅程的最後一段路。

我們感覺到接近終點了，因爲聞到了空氣中的鹹味，聽到遠處浪花拍岸的聲音，接著我們轉過彎看見朋友和新聞團隊都在海灘的另一端等著，在他們身後，穿過幾頂遊客遮陽傘，就是大西洋。

我們抵達遮陽傘時，投宿的旅館主人要介紹我給一些人認識，但我必須推辭。只剩下五十公尺的沙灘要走，喬和我丟下行李，開始狂奔，我們咧嘴大笑，向海灘猛衝，手牽手向大海奔去，直到被浪花絆倒，我們縱身鹹鹹的海水中。

我們緊緊相擁，有點不確定接下來要做什麼。我非常高興，而喬臉上的表情也是純然的喜悅，他出生在秘魯中部，從未看過海，這樣子的初體驗眞是了不起。

基斯帶我們更進一步地走到海裡，拍些照片，要我們跳進浪裡嬉戲；我現在處於頭暈目眩、情緒激動的狀態，很高興有人告訴我該怎麼做。

我拿出自己的攝錄影機錄製此行的最後一段視頻日記，遠離所有人，最後一次對我的數位朋友傾吐秘密。我激動不已。

喬和我在沙灘上拿著大幅贊助商的旗幟拍照，接著克里夫給我們一人一瓶香檳，在我快速地教導喬如何打開後，我們像一級方程式賽車手般搖晃香檳，接著把香檳倒在彼此的頭上，周圍閃光燈四起。

結束了，九百多萬步，蚊子和螞蟻叮咬各超過二十萬次，八百六十多天行走八千多公里——當中七百三十三天有喬作伴——約六百次的黃蜂螫，被蠍子螫了十來次，十部高畫質攝錄影機，六雙靴子，三部全球定位系統，以及一次金氏世界紀錄。驕傲與滿足充塞胸間，我此生不會忘記這一天，沒有人能從我們身邊奪走。

後記

到了八月九日，全球已經有超過九百篇文章報導我們的事蹟。我回到倫敦受到英雄式的歡迎，頭兩個星期上了各種電視和廣播節目，還受邀到皇家地理協會演講，並成爲該協會的一員，也成爲藍納夫．費恩斯爵士的環球探險信託基金理事。

反思過後，我對我們的成就相當自豪，爲慈善團體募得的款項只有二萬七千英鎊，但和全世界的學校建立聯繫，進行得比我想像中的還順利，這主要歸功於王子的雨林計畫網站，我在上面有個雙週出刊的兒童部落格；和學校聯繫是我在未來探險中希望能發展起來的。二〇一一年一月我在英國做了一趟校園巡迴，見到孩子們談到亞馬遜臉上流露的興奮之情，以及他們急切地告訴我他們所知的那片神秘遙遠的叢林。

這本書在二〇一一年二月完成，那是探險結束後六個月；寫書時，喬的簽證申請通過了，他應該在六天後就會抵達英國，他的計畫是和我母親待在列斯特郡，學英文並且加入我的當地橄欖球隊——石門隊——他的新歷險正要開始。

我現在住在倫敦，寫我的第一本書，正計畫新的冒險。目前靠著在世界各地做激勵演說維生。

這次的經驗以我認爲不可能的方式改變了我。我待過軍隊，在阿富汗與聯合國共事，在世界各地帶領探險活動，當然在這種脈絡下，光是一次的探險不會對我的性格產生太大影響。事實上，儘管在這次冒險之前的經驗累積幫助我完成瘋狂的夢想，但這些經驗和這本書上記載的經歷、事件一比都相形見絀。我發現自己現在因爲對周遭的一切更冷靜、滿足而感到愉悅。現在我的自信來自己身，而非他人的意見，我知道自己是誰、能力在哪，我一再面對自己的各種弱點，大致上來說，已經學會了如何駕馭弱點而不至於被拖累。

亞馬遜河流域的樹木依然在倒下，當局仍未強制禁止伐木，在兩年四個月裡，我從未見到任何一個政府主動制定亞馬遜禁伐政策，一個都沒有。

但我仍然樂觀，情勢正在改變，秘魯、哥倫比亞、巴西的孩童向我引述「地球的肺」這樣的詞句，知識分子也爲他們的森林驕傲，熱心於保育。只要這種普世的聲浪升高，並且取得權位，我對於善的價値終能獲勝懷抱希望，我相信全球投入的關注，足以讓這一切成眞。

徒步亞馬遜裝備清單

這是喬和我在二十八個月間發展出來的最佳裝備：

新力公司HVR-AIE 攝錄影機（×2）、備用電池（×12）、錄影帶儲備（×30）、清潔組（×1）和充電器（×1）。

Macpac Cascade 90背包（×2）。

Ortleib XL 100公升防水帆布包襯裡（×2）。

Ortleib乾燥袋（各種尺寸，多個），每件電氣用品個別防水。

矽石小袋（多個），放入每個電氣用品的乾燥袋內吸收殘存空氣內的濕氣。

全球寬頻衛星行動通訊（BGAN）Thrane & Thrane探險者500，配備區域網路線上網、標準英國家用電話聽筒一支、充電線、兩顆備用電池。

基本白色Macbook筆記型電腦（×1）、備用Macbook電池（×2）、電源線（×1）。

當地行動電話＋充電器（×2），在有收訊的地方使用。

四向轉接器（×1）（這樣就可以在一部發電機上充多個電器）。

任何可靠品牌的十八吋砍刀（×2），最好是木柄。金屬銼刀（×2）。

背包頂袋（×2）（以愛德的爲範例，喬的也類似）：衛星導航Garmin GPSmap 60CSx、第一副頭燈（Petzl Zipka Plus）、地圖、Leatherman Wave工具鉗組、一小管防曬油、防蚊液敵避（Deet 50%）、筆記本和鉛筆、強力膠帶、廁紙、打火機、生火用的樹脂、凡士林、面霜、降落傘線、Speedy Stitcher縫錐、淨化水氯滴劑。

釣魚用具（×1）：刺網（×2）、各種等級的強韌魚鉤、兩卷釣魚線、製作鋼絲前導線的金屬線（避免水虎魚將魚鉤從釣線上咬掉）。

艾爾帕卡（Alpacka）「育空」系列充氣筏（×2）、打氣筒袋（×2）。

AquaBound四件組碳纖划槳（×2）。

船隻修補裝備（×1）由傑森華倫（Jason Warren）採買：行動中快速修補裝備——三卷Tear Aid A型修補膠帶和水封塗料；持久修補裝備——一大塊塗有聚氨酯的7盎司尼龍，可以裁切下來搭配雙液型船舶黏著劑修補大片漏洞；防彈。

醫藥裝備（×1）：抗生素（兩個療程的滅滴靈〔Metronidazole〕、氟氯苯甲異噁唑青黴素〔Flucloxacillin〕、環丙沙星〔Ciprofloxacin〕、萬博黴素〔Amoxicillin〕）、特拉瑪竇（Tramadol）、布洛芬（Ibuprofen）、醋氨酚（Paracetamol）、敷料、碘酒。

夜間包（×2）（以愛德的為範例，喬的類似）：第二副頭燈（Petzl Tikka Plus）、書、「雨中書寫」日記本、鉛筆、筆、LED迷你照明燈、藥用滑石粉裝在提袋裡（可以把整隻腳放進去的袋子，避免浪費/溢出）、耳塞、「家庭主婦」（縫紉包）、強力膠、頭燈用的3號電池三個、iPod Nano、啓動iPod及充電的備用電源、克羅伊的護貝照片、維他命藥丸罐：包括抗組織胺藥物、綜合維他命和礦物質、個人藥品、四環黴素（預防瘧疾）。

盥洗包（×2）（愛德的，喬的類似）：妮維亞男用體香劑小罐裝、高露潔360牙刷、舒酸定牙膏、Protex抗菌香皂裝在一個小型樂扣樂扣保鮮盒裡。

睡覺裝備（×2）：大型降落傘絲雙人吊床組、客製化蚊帳，配有圭亞那風格的「巫師袖」讓吊床穿過去、軒尼士（Hennesey）六角防雨帆布蓬、超輕麥克派（Macpac）羽絨睡袋、絲質睡袋襯裡。

日間服裝（愛德的）：鴨舌棒球帽、稍具彈性的寬鬆T恤，濕透時易於穿脫、質輕的寬鬆登山褲、Bridgedale中等厚度登山襪、沒有內衣、Compass圓領衫、帆布包內放一雙備用襪子（喬的差異在於他偏好長袖上衣）。

夜間服裝（×2）：最後只剩短褲。

城鎮裝（×2）：額外的乾淨乾燥T恤和短褲，在抵達城鎮衣服全部送洗時穿。

鞋類（×2）：奧特伯格（Altberg）叢林靴（客製化圓孔眼取代標準「排水閥」）；洗澡、晚間在營地走動以及道路行走時穿的卡駱馳鞋（Crocs）；叢林靴磨壞時在當地購買的塑膠長筒靴。

備用裝備包（×2）：六個3號電池（頭燈用）、四個2號電池（全球定位系統用）、兩罐防蚊液敵避（Deet 100%）、備用日誌、備用筆和鉛筆、縫錐使用的備用線、備用廁紙、備用打火機和樹脂。

具備燈光和鬧鐘功能的最便宜卡西歐手錶（×2）。

Nalgene一公升水壺（×4）。

鋼杯（×2）。

四件式REI套鍋組（兩個小鍋子與小頂蓋套在一起）。

英語教學書（×1）（喬的）。

聖經（×1）（喬的）。

裝食物的大袋子（×2）。

樂扣樂扣午餐盒（×2），外食用、裝早上煮好的午餐、舀水洗澡，容量約一公升。

食物（每人每天）：125公克乾豆子、500公克米、一袋各類調味品：大蒜、鹽、蔬菜高湯、綜合香草；沖泡用品——咖啡、奶粉、糖（以及在糖用完時使用的「零卡路里」糖精）；短程路途帶麵粉做點心；捕到魚時才有魚；如果釣魚的可能性不高，偶爾帶著煙燻或乾燥肉。

謝誌

我要感謝所有在贊助基金用罄時資助我們的人，讓此行得以繼續。他們的捐款金額從五英鎊到六千英鎊不等，總共捐助近四萬八千英鎊，如有遺漏——在此道歉：這代表要不是我母親芭芭拉·史塔福特沒有收到通知，就是我在探險之後太過疲憊，不知在哪弄丟了。

以下依照姓氏字母順序排列：林恩·艾德靈頓（Lynn Adlington）、羅夫·艾爾寇塞（Ralph Alcocer）、道格拉斯·亞歷山大（Douglas Alexander）、瑪格努斯·安德森（Magnus Anderson）、維爾瑪·安德森（Velma Anderson）、席拉·阿斯特伯利（Sheila Astbury）、理查·阿特金斯（Richard Atkins）、史帝夫·巴克薛爾（Steve Backshall）、瓊·巴利（Jon Bailey）、馬克·巴羅克里夫（Mark Barrowcliffe）、卡洛林·鮑（Caroline Baugh）、大衛·鮑（David Baugh）、雷蒙·貝雷爾（Raymond Belair）、麥可與蘇貝里（Mike and Sue Berry）、瑞秋·畢比（Rachael Bibby）、伊莉莎白·比爾頓（Elizabeth Bilton）、T·C·賓斯泰得（T. C. Binstead）、丹與蕾貝卡柏區（Dan and Rebecca Birch）、雪倫與西蒙伯德（Sharon and Simon Bird）及其家族和友人、安迪·布萊克（Andy Blake）、麗莎·博格斯（Lisa Boggs）、理查·伯

施（Richard Booth）、麥克與瓊安伯斯沃斯（Mike and Joan Bosworth）、珍—菲利普·布德魯特（Jean-Philippe Boudreault）、彼得·波克（Peter Bowker）、卡爾與莎莉布萊德蕭（Carl and Sally Bradshaw）、密契爾·布拉斯（Mitchell Brass）、約翰與萊斯莉布雷（John and Lesley Bray）、尤安·布羅帝（Euan Brodie）、賈爾斯·布魯克斯（Giles Brookes）、吉爾·布朗（Gill Brown）、克里斯賓·布斯克（Crispin Busk）、凱蒂·卡特（Katie Carter）、彼特·凱西（Pete Casey）、提姆·查默思（Tim Chalmers）、查理與萊斯利查維斯（Charlie and Lesley Chivers）、羅賓·克里維（Robin Cleaver）、蘇·克里蒙特（Sue Clement）、亞德里恩·柯爾（Adrian Cole）、理查·康柏（Richard Comber）、菲利斯·康斯坦特（Phyllis Constant）、麥克·柯恩（Mike Corwin）、愛莉森·考克斯（Alison Cox）、蘿拉·考克斯（Laura Cox）、史文·克朗吉爾（Sven Crongeyer）、麥克道爾·克魯克（McDowell Crook）、洛夫·大流士（Ralf Darius）、席爾維亞·戴維斯（Sylvia Davis）、羅伯與寶琳道斯（Rob and Pauline Dawes）、蘇珊娜·戴（Susannah Day）、安德魯·戴蒙德（Andrew Diamond）、理查·道得威爾（Richard Dodwell）、尼克·鄧布魯斯克（Nick Dombrovskis）、蕭恩·道格拉斯（Shawn Douglas）、麥克·道爾（Mike Doyle）、雷·戴維爾（Leigh Driver）、安與大衛厄德利—威爾蒙特（Ann and David Eardley-Wilmot）、吉娜·艾鮑爾（Gina Ebole）、瓊安·愛德華（Joanne Edward）、強納生·愛莉森（Jonathan Ellison）、萊斯莉·法默（Lesley Farmer）、C·法蘿—瑞爾（C. Farrow-Ryue）、安東尼·費

南德斯（Anthony Fernandisse）、A・J・佛斯（A. J. Firth）、馬克・費伯（Mark Furber）、羅傑・法洛（Roger Forrow）、蓋伯（Gabe）、迪・賈塔諾（Di Gaetano）、基朗・賈芬妮（Kieran Gaffney）、傑哈德・金帝（Gerard Ginty）、克里斯・吉瑞爾（Kris Girrell）、丹・格拉素（Dan Glasuer）、安與約翰高丁（Ann and John Golding）、查理・高丁（Charli Golding）、提姆・威廉斯（Tim Williams）、曼蒂・格林（Mandy Green）、里茲・格林罕（Liz Greenham）、泰德・戈貝克（Ted Gurbac）、席爾維亞・赫爾克斯敦（Sylvia Halkerston）、羅伯特・赫爾（Robert Hall）、提娜・漢米爾頓—詹姆士（Tina Hamilton-James）、菲利普・哈默德（Philip Hammond）、羅傑・哈里斯（Roger Harris）、卡拉・哈特（Karla Hart）、史帝夫・希爾德（Steve Heald）、提摩西・赫克（Timothy Heck）、麗莎—梅・希爾（Lisa-Mae Hill）、拉柯塔・希利斯（Lakota Hillis）、亞曼達・希爾頓（Amanda Hilton）、克里斯與凡妮・希爾頓（Chris and Vonnie Hilton）、羅斯・希佩利（Ross Hippeley）、辛蒂・赫多夫（Cindy Holdorff）、瓊・赫斯頓（Jon Huston）、梅根・厄文（Megan Irving）、克里斯・傑克森（Chrissie Jackson）、麥可・傑克森（Michael Jackson）、大衛・詹可（David Janke）、湯・金吉（Tan Jingyi）、肯尼斯・約拿（Kenneth Joyner）、安德魯・凱莉（Andrew Kelly）、法蘭克・凱莉（Frank Kelly）、強納生・肯普（Jonathan Kemp）、莎拉・肯普（Sarah Kemp）、史帝芬與約書亞肯普（Steven and Jos Kemp）、費歐娜・甘迺迪（Fiona Kennedy）、J・S・肯特（J. S. Kent）、約瑟夫・基奧（Joseph Keogh）、J・克拉

斯基（J. Kratsky）、馬丁・克拉斯（Martin Kratz）、喬治・藍伯（George Lamb）、克里安・藍伯（Kellyann Lamb）、蘇・拉德那（Sue Lardner）、約翰・林恩（John Leen）、馬修・雷曼（Matthew Lehmann）、丹・雷恩格（Dan Leinenger）、來自帕羅奧托的雷那（Lena）、德佛拉・李奧格蘭德（Devora Leogrande）、塞吉歐・魯尼森（Sergio Leunissen）、克雷格・魯丁（Craig Lundeen）、蓋與薇琪麥肯（Guy and Vicki Macken）、那汀・曼寧（Nadine Manning）、莫特那・馬克霍夫（Mautner Markhof）、S. M.馬丁女士、凱莉・梅爾（Carrie Mayor）、巴瑞・麥克凱希（Barry McCarthy）、卡麥隆・麥克菲（Cameron McFee）、克雷爾・麥克菲（Claire McFee）、M・麥克肯錫（M. McKenzie）、珍娜特・米克（Janet Meek）、大衛與麗茲密契爾（David and Liz Mitchell）、喬蒂・密契爾（Jodie Mitchell）、瑪莉・密契爾（Mary Mitchell）、查爾斯・蒙帝爾（Charles Montier）、傑米・莫利斯（Jamie Morris）、李・莫利斯（Leah Morris）、愛德華・莫利森（Edward Morrison）、詹姆士・莫伊（James Moy）、安迪與羅伯特那斯利馬（Andy and Robert Nasreema）、GLCS的蘇・納許（Sue Nash）、阮于伊（Huy Nguyen）、馬克・諾特那（Mark Noltner）及2-4班、維恩・尼克森（Vern Nicholson）、莎・尼希特（Shah Nishit）、德賴登國小（Dryden Elementary）四年級、阿靈頓高地（Arlington Heights）、凱文・歐布萊恩（Kevin O'Brien）、瓊・歐蘭特斯（Jon Orantes）、OrgoneCrystals.com、賈維爾・奧特茲（Javier Ortez）、馬特・奧斯提格（Matt Ostiguy）、羅伯特・奧希（Robert Ousey）、莉塔・巴特羅

（Rita Partlow）、約翰・菲利普（John Phillips）、蘇珊・菲利普（Susan Phillips）、麥可、派克（Michael Pike）、安東尼・波利（Anthony Polley）、克雷爾・布羅克特（Clare Procter）、理查與潘妮波希（Richard and Penny Pursey）、C・奎恩女士（Mrs C. Quinn）、保羅・藍道爾（Paul Randle）、艾美・勞森（Amy Rawson）、羅伯特・里斯（Robert Rees）、提姆・里斯（Tim Rees）、ReGet軟體公司、瓊安與費伯理查森（Joan and Faber Richardson）、麥可・理查曼（Michael Richman）、史帝芬・瑞吉威（Stephen Ridgway）、湯尼・瑞契（Tony Ritchie）、湯姆・羅傑斯（Tom Rogers）、羅伊・羅洛（Roy Rollo）、麥可・羅頓（Michael Rowton）、密契爾・羅頓（Mitchell Rowton）、菲利帕・拉奇（Phillipa Rudge）、理查與蘇希羅素（Richard and Susie Russell）、提姆・羅素（Tim Russell）、麥可・薩爾格羅（Michael Salguero）爲卡琳與尚恩（Karlene and Shawn）、傑若米・史康龍（Jerome Scanlon）、布萊恩・史耐德（Bryan Schneider）、詹姆士・史考特・霍斯金（James Scott Hosking）、奧利佛・席勒（Oliver Seeler）、維傑・莎（Vijay Shah）、S・夏娜格（S. Shanagher）、麗莎・蕭（Lisa Shaw）、馬拉・席爾佛曼（Marla Silverma）與P.A.N.D.O.R.A.、約翰與寶拉西蒙（John and Paula Simon）、卡洛琳・錫姆斯（Caroline Sims）、希瑞爾・瑟克（Cyril Sirk）、海天國際公司（Sky 2 Sea International）、辛希亞・史密斯（Cynthia Smith）、J・斯諾（J. Snow）、A・索思蓋特（A. Southgate）、史博拉頓學校（Spratton School）、聖馬克天主教小學（St Mark's Catholic Primary School）、戴夫・

史帝芬（Dave Stevens）、愛德蒙·史都華（Edmund Stewart）、喬治安娜·史提勒（Georgina Steytler）、石門橄欖球隊、艾瑪·桑默思（Emma Summers ）（艾瑪，關於旗子的事很抱歉）、斯雷索卡（Szesciorka）、湯尼·塔伯特（Tony Talbot）、迪尼斯·索普（Denise Thorpe）、威廉·斯隆錫特（William Throndset）、安德莉亞·史拉素（Andrea Thrussell）、Tilton-on-the-Hill Produce Show、傑米·汀克（Jamie Tinker）、英格莉·托普（Ingrid Toppe）、卡洛琳娜·托利斯（Carolina Torres）、理查·泰勒（Richard Tyler）、德克·凡德威爾夫（Dirk Van de Werff）、蓋與蘇威克漢（Guy and Sue Wakeham）、麥克與莎莉威克漢（Mike and Sally Wakeham）、傑森·華倫（Jason Warren）、派特·華倫（Pat Warren）、哈利·華斯（Harry Wass）、莫亞·韋伯（Moya Webb）、榮恩·維戴爾（Ron Wedel）、蓋·威勒-普利（Guy Weller-Pooley）、克羅伊·威爾斯（Chloë Wells）、費歐娜與伊恩威道森（Fiona and Ian Widdowson）、荒野小屋學校（Wild Lodge School）、派翠西亞·威廉斯（Patricia Williams）、S·威靈蓋爾（S. Willingale）、卡羅與梅格威利斯（Carol and Meg Willis）、艾瑪·威爾森（Emma Wilson）、吉利·威爾森（Gillie Wilson）、溫蒂威爾森（Wendy Wilson）、溫斯普與馬克（Winsp and Mack）、蘇·瓦希克（Sue Wojcik）、康蒂王（Kandy Wong）、史恩·伍德沃德（Sean Woodward）、泰姆·萊特（Time Wright）、E·辛蒂（E. Zindy）。

此外也感謝以下贊助商提供裝備或資金讓此行成眞：主要贊助商JBS公司的強納森·史托

克，他們贊助了逾三萬四千英鎊，讓這場探險啓程並且持續超過一年；拯救世界基金會（Save Your World）的史考特・塞希爾（Scott Cecil）提供互動地圖；AST衛星通訊公司的崔西・哈里斯（Tracey Harris）借我三部非常昂貴的全球寬頻衛星行動通訊；來自能源經紀公司克雷爾（Clare）與西蒙（Simon）贊助部落格；環球探險信託基金的安東・包林、藍納夫・費恩斯爵士和所有受託人給我補助金和鼓勵；塑造未來基金會（Sculpt the Future Foundation）贊助資金；麥克派公司——官方帆布包、睡袋及帳篷供應商；紅旗招聘公司（Red Flag Recruitment）贊助我們；奧特伯格公司——官方叢林靴供應商；雨中書寫公司（Rite in the Rain）提供防水筆記本讓我寫日記；Embado公司的羅利和安迪協助我們架設網站；艾爾帕卡橡皮艇公司的雪莉提供我們便宜的充氣筏；美國太空總署的布魯斯・查普曼提供淹水森林資料；艾克斯梅德的蓋德和戴提供訓練和建言；軒尼士的湯姆和安——官方吊床供應商；羅夫・馬丁戴爾（Ralph Martindale）——大砍刀，以及夜星公司（Nightstar UK）的山姆・克羅斯利（Sam Crossley）——手電筒。

感謝所有短期爲我們導航的先生女士，以及讓我們停留的村莊，提供食物、讓我們掛吊床的人家，沒有這些慇勤招待、仁慈與善解，我們無法完成這趟旅程。

特別感謝法律事務所的茱莉安・亞歷山大（Julian Alexander）和維京出版社的克雷爾・瓦利斯（Clare Wallis）協助本書出版，並且在寫作時給與支持，也感謝維京團隊其他人的努力；感謝艾許・赫蘭德（Ash Holland）爲最初的網站提供照片；感謝克里夫・馬奎爾（Clive Maguire）在瑪瑙斯的免費膳宿和友誼；曼蒂普希（Mandy Pursey）提供籌措經費的點子；梅爾・高（Mel Gow）爲我安排以及運作社交網絡；胡利歐・賈羅（Julio Garro）協助處理秘魯簽證狀況；山姆・迪森（Sam Dyson）來走了一小段，並且容忍我；路克・柯利爾，沒有他，我不會開始這趟探險；傑森・華倫（Jason Warren）以及克雷爾・普羅柯特（Clare Proctor）在秘魯各地協助我，提供建議，並感謝他們的友誼；菲爾・派克（Phil Parker）透過衛星電話提供珍貴的神經語言程式學（NLP）輔導；在我們離開時，秘魯計畫的卡羅和大衛還有我母親（她是肌痛性腦脊髓炎協會董事）在泰晤士河上辦遊艇派對；珍妮特・米克（Janet Meek）舉辦歸國派對；娜迪雅・納希夫（Nadia Nassif）將所有部落格和網頁翻譯成葡萄牙文；威爾・馬瑟（Will Mather）只收取微薄的酬勞爲我設計兩個網頁，並且不斷更新修改；我的第一位嚮導奧茲瓦多・泰拉卡亞・羅薩瓦度；阿方索和安德列斯・東哥——亞歐寧卡兄弟；勞爾・伊努馬・歐加納馬（Raul Inuma Ojanama）以及霍黑・華亞巴華・舒納（Jorge Huayambahua Shuna）陪我從歐雷拉那走到諾塔；莫希斯・「波魯加」・索里亞・璜內和璜・羅德里格茲陪我從佩瓦斯走到哥倫比亞；傑若米・波森詹姆士（Jeremy Boanson-James）在英國爲我們拍照，並且製作贊助旗幟，珍妮・波森詹姆士（Janie Boanson-James）幫我管理Facebook頁面，是我最棒的姊姊，我非常愛她；馬林・羅培茲的後勤工作、友誼以及將所有網頁翻譯成西班牙文，並且翻譯所有部落格；基斯・杜卡泰爾投入自己的時間和金錢前來爲我們拍照，並且幫助我理清頭緒；喬治・米克（George Meek）幫我找贊助，在我需要時是個可以談天的忠實朋友；克雷格．朗文是我和電視相關事宜的橋梁，並且默默地無償爲我剪輯較早期的部落格以及與電視公司交涉；媒體聯絡公司的薇琪．李莫免費爲整場探險做公關（因爲她人實在太好了），到最後達成非常大的宣傳效果；克羅伊．威爾斯是世上最瞭解我的人。

我最感激的兩個人，一是我媽媽芭芭拉．史塔福特，感謝她爲我所做的一切：愛、支持、財務協助、記帳、提供建議和大量的辛苦工作，並且全心全意募集追加的款項，讓探險得以繼續；最後是賈迪爾．「喬」．桑契士．李維拉，他是我認識的最無私也最有耐心的人。

國家圖書館出版品預行編目資料

860天!! 前所未有亞馬遜河徒步大冒險／愛德．史塔福特作. 紀迺良譯. -- 初版. -- 臺北市：麥田出版：家庭傳媒城邦分公司發行, 2011.10
面； 公分
譯自：Walking the Amazon: 860 days: the impossible task: the incredible journey
ISBN 978-986-173-817-8（平裝）
1. 遊記　2. 徒步旅行　3. 亞馬遜河
756.8219　　101016368

860天!! 前所未有亞馬遜河徒步大冒險

作　　者　愛德．史塔福特
譯　　者　紀迺良
責任編輯　簡敏麗
封面設計　繁花似錦
編輯總監　劉麗真
總 經 理　陳逸瑛
發 行 人　凃玉雲

出　　版　麥田出版
104台北市中山區民生東路二段141號5樓
電話：(02)2500-7696　傳真：(02)2500-1966
發　　行　英屬蓋曼群島商家庭傳媒股份有限公司城邦分公司
104台北市中山區民生東路二段141號2樓
客服服務專線：(886)2-2500-7718；2500-7719
24小時傳真專線：(886)2-2500-1990；2500-1991
服務時間：週一至週五上午09:00~12:00；下午13:00~17:00
劃撥帳號：19863813；戶名：書虫股份有限公司
讀者服務信箱：service@readingclub.com.tw
網　　站　城邦讀書花園www.cite.com.tw
麥田部落格　blog.pixnet.net/ryefield
香港發行所　城邦（香港）出版集團有限公司
香港灣仔駱克道193號東超商業中心1樓
電話：(852)2508-6231　傳真：(852)2578-9337
E-mail：hkcite@biznetvigator.com
馬新發行所　城邦（馬新）出版集團【Cite (M) Sdn Bhd】
141, Jalan Radin Anum, Bandar Baru Sri Petaling,
57000 Kuala Lumpur, Malaysia.
電話：(603)90578822　傳真：(603)90576622
email:cite@cite.com.my

排　　版　浩瀚電腦排版股份有限公司
製版印刷　中原造像股份有限公司
初版一刷　2012年10月

城邦讀書花園
www.cite.com.tw

ISBN 978-986-173-817-8
定價：NT$360元　HK$120